∷　中華文化促進會主持編纂

∷　國家"十一五"重點圖書出版規劃項目

∷　中國社會科學院哲學社會科學創新工程學術出版資助項目

出品人　王石　段先念

今注本二十四史

三國志

八

蜀書〔一〕

晉 陳壽 撰　宋 裴松之 注

楊耀坤 揭克倫 校注

中國社會科學出版社

三國志 卷三一

蜀 書 一

劉二牧傳第一

劉焉字君郎，江夏竟陵人也，[1]漢魯恭王之後裔，[2]章帝元和中徙封竟陵，[3]支庶家焉。焉少仕州郡，以宗室拜中郎，[4]後以師祝公喪去官。[一]居陽城山，[5]積學教授，舉賢良方正，[6]辟司徒府，[7]歷雒陽令、冀州刺史、南陽太守、宗正、太常。[8]焉覩靈帝政治衰缺，王室多故，乃建議言：“刺史、太守，貨賂爲官，割剝百姓，以致離叛。可選清名重臣以爲牧伯，[9]鎮安方夏。”焉内求交阯牧，[10]欲避世難。議未即行，侍中廣漢董扶私謂焉曰：[11]“京師將亂，益州分野有天子氣。”[12]焉聞扶言，意更在益州。會益州刺史郤儉賦斂煩擾，[二]謠言遠聞，而并州殺刺史張壹，[13]涼州殺刺史耿鄙，[14]焉謀得施。出爲監軍使者，[15]領益州牧，[16]封陽城侯，[17]當收儉治罪；[三]扶亦求爲蜀郡西部屬國都尉，[18]及太倉令（會）巴西趙韙去官，[19]俱

隨焉。〔四〕

〔一〕臣松之案：祝公，司徒祝恬也。[20]

〔二〕儉，郤正祖也。

〔三〕《續漢書》曰：是時用劉虞爲幽州，[21]劉焉爲益州，劉表爲荊州，[22]賈琮爲冀州。虞等皆海內清名之士，或從列卿、尚書以選爲牧伯，各以本秩居任。[23]舊典：傳車參駕，[24]施赤爲帷裳。[25]

臣松之按：靈帝崩後，義軍起，孫堅殺荊州刺史王叡，然後劉表爲荊州，不與焉同時也。

《漢靈帝紀》曰：帝引見焉，宣示方略，加以賞賜，敕焉爲益州刺史。前刺史劉儁、郤儉皆貪殘放濫，[26]取受狼籍，元元無聊，呼嗟充野，焉到便收攝行法，以示萬姓，勿令漏露，使癰疽決潰，爲國生梗。焉受命而行，以道路不通，住荊州東界。

〔四〕陳壽《益部耆舊傳》曰：[27]董扶字茂安。少從師學，兼通數經，善歐陽《尚書》，[28]又事聘士楊厚，[29]究極圖讖。遂至京師，游覽太學，還家講授，弟子自遠而至。[30]永康元年，[31]日有蝕之，詔舉賢良方正之士，策問得失。左馮翊趙謙等舉扶，[32]扶以病不詣，遙於長安上封事，遂稱疾篤歸家。前後宰府十辟，公車三徵，[33]再舉賢良方正、博士、有道，皆不就，[34]名稱尤重。大將軍何進表薦扶曰：[35]“資游、夏之德，[36]述孔氏之風，內懷焦、董消復之術。[37]方今并、涼騷擾，西戎蠢叛，宜敕公車特召，待以異禮，諮謀奇策。”於是靈帝徵扶，即拜侍中。在朝稱爲儒宗，甚見器重。求爲蜀郡屬國都尉。扶出一歲而靈帝崩，天下大亂。後去官，年八十二卒于家。始扶發辭抗論，益部少雙，故號曰（致止）〔至止〕，[38]言人莫能當，所至而談止也。後丞相諸葛亮問秦宓以扶所長，宓曰：“董扶襃秋毫之善，貶纖芥之惡。”

[1] 江夏：郡名。漢代治所西陵縣，在今湖北新洲縣西。　竟陵：縣名。治所在今湖北潛江市西北。

[2] 魯恭王：劉餘，漢景帝之子。景帝前元二年（前155）立爲淮陽王。次年徙封爲魯王。（見《漢書》卷五三《魯恭王傳》）

[3] 元和：漢章帝劉炟年號（84—87）。　徙封竟陵：沈家本《瑣言》謂西漢王子侯王莽時俱已失國，東漢初續封者寥寥，安得有徙封竟陵之事。《後漢書》卷七五《劉焉傳》作“肅宗（章帝）時徙竟陵”，爲得其實。

[4] 中郎：官名。東漢時分屬五官、左、右三署中郎將，名義上仍職宿衛，實際上成爲後備官員，無固定職掌，或給事於中央諸機構。

[5] 陽城山：在今河南登封縣東北。俗名車嶺山。

[6] 賢良方正：漢代選舉科目之一，全稱爲賢良方正直言極諫科。由公卿大臣、諸侯王、郡守舉薦，皇帝親自策問，中選者授官。

[7] 司徒：官名。東漢時與太尉、司空並爲三公，共同行使宰相職能，位次太尉。本職掌民政。

[8] 雒陽：即洛陽。縣名。治所在今河南洛陽市東北白馬寺東。　冀州：東漢時刺史治所高邑縣，在今河北柏鄉縣北。桓帝、靈帝時刺史又常治鄴縣，在今河北臨漳縣西南鄴鎮東一里半。　南陽：郡名。治所宛縣，在今河南南陽市。　宗正：官名。漢代列卿之一，秩中二千石，由宗室擔任。掌皇族親屬事務，登記宗室王國譜牒，以別嫡庶。凡宗室親貴有罪，須先報宗正，方得處治。　太常：官名。東漢時仍爲列卿之首，秩中二千石，掌禮儀祭祀，選試博士等。

[9] 牧伯：即州牧。漢武帝置十三部刺史爲監察官，秩僅六百石。成帝時更爲牧，秩二千石。

[10] 交阯：刺史部名。東漢治所在龍編縣，在今越南河內東天德江北岸。漢獻帝建安八年（203）改爲交州，治所廣信縣，在

今廣西梧州市。

[11] 侍中：官名。秩比二千石。職掌門下衆事，侍從左右，顧問應對。漢靈帝時置侍中寺，不再隸屬少府。獻帝時定員六人，與給事黄門侍郎出入禁中，近侍帷幄，省尚書事。　廣漢：郡名。治所雒縣，在今四川廣漢市北。

[12] 益州：東漢刺史治所在雒縣，安帝元初二年（115）遷治所於涪縣，在今綿陽市涪江東岸。後又遷回雒縣。　分野：古代將天空星辰分爲十二次，與地上州國之位置相對應，稱爲分野。

[13] 并州：刺史治所晉陽縣，在今山西太原市西南古城營西古城。　張壹：殿本、盧弼《集解》本作“張益”，百衲本、校點本、《華陽國志·劉二牧志》作“張壹”，《後漢書·劉焉傳》又作“張懿”。今從百衲本等。

[14] 凉州：殿本、盧弼《集解》本作“梁州”，百衲本、校點本、《華陽國志》《後漢書》均作“凉州”。今從百衲本等。東漢中，凉州刺史治所在隴縣，在今甘肅張家川回族自治縣。漢靈帝中平後迄於建安末，刺史治所在冀縣，在今甘肅甘谷縣東。（本《續漢書·郡國志》王先謙《集解》引馬興龍說）

[15] 監軍使者：臨時差遣監督軍務之使職。

[16] 領：兼任官職稱領。

[17] 陽城：縣名。治所在今河南登封縣東南告城鎮。

[18] 蜀郡西部屬國都尉：官名。西漢於邊郡置屬國都尉，主管少數民族之事務。東漢亦於邊郡置屬國都尉，而漸漸分縣治民，職如太守。《後漢書》卷八六《西南夷列傳》謂漢武帝天漢四年（前97）以沈黎郡并蜀郡爲西部，“置兩都尉，一居旄牛，主徼外夷；一居青衣，主漢人”。安帝延光二年（123）旄牛夷叛，於是分置蜀郡屬國都尉，領四縣如太守。靈帝時，以蜀郡屬國都尉爲漢嘉郡（治所漢嘉縣）。又據《續漢書·郡國志》，漢嘉縣本青衣縣地。據此，蜀郡西部兩屬國都尉之一，即居青衣縣之屬國都尉已改爲漢嘉郡，則此所言蜀郡西部屬國都尉，當指居旄牛縣之屬國都尉。

（本盧弼《集解》）旄牛縣治所在今四川漢源縣北九襄鎮。

［19］太倉令：官名。東漢時秩六百石。主受郡國漕穀，管理國家糧倉。又"太倉令"下各本皆有"會"字。殿本《考證》云："'會'字疑衍。"錢大昕《廿二史考異》亦云："《華陽國志》無'會'字，以'太倉令'下屬。當從之。"校點本則從張熷説删"會"字，今從之。　巴西：郡名。治所閬中縣，在今四川閬中市。按，《華陽國志·劉二牧志》作"巴郡"爲是。巴西郡之置，在建安六年（見《宋書·州郡志》），此時尚無巴西郡。亦或陳壽以置郡後之郡名稱之。

［20］祝恬：漢桓帝延熹二年（159）爲司徒。（見《後漢書》卷七《桓帝紀》）

［21］幽州：刺史治所薊縣，在今北京城西南。

［22］荆州：劉表爲荆州刺史，治所在襄陽縣，在今湖北襄陽市襄州區。

［23］本秩：列卿秩中二千石，尚書秩雖六百石，而職任甚重。

［24］傳（zhuàn）車：百衲本"車"字作"軍"，今從殿本、盧弼《集解》本、校點本作"車"。傳車，刺史行部所乘之車。

［25］施赤爲帷裳：《續漢書·輿服志》云："大使車，立乘，駕駟、赤帷。持節者，重導從。"

［26］劉儁：盧弼《集解》本、校點本作"劉雋"，今從百衲本、殿本作"劉儁"。　瀅：殿本作"溢"，百衲本、盧弼《集解》本、校點本作"瀅"。今從百衲本等。

［27］益部耆舊傳：《晋書》卷八二《陳壽傳》、《華陽國志·陳壽傳》皆言陳壽著《益部耆舊傳》十篇。《隋書·經籍志》史部雜傳類著録"《益部耆舊傳》十四卷，陳長壽撰"。"長"字衍。《舊唐書·經籍志》《新唐書·藝文志》皆著録《益部耆舊傳》十四卷，陳壽撰。卷數之不同，當是後代之分法不同。此書宋以後亡佚。

［28］歐陽：歐陽生，西漢初人。從伏生學《尚書》，後傳授

倪寬，倪寬又傳授歐陽生子，遂世世相傳，並立爲博士。世稱歐陽《尚書》。（見《漢書》卷八八《歐陽生傳》）

[29] 楊厚：東漢廣漢新都（今四川成都市新都區東）人。家傳圖讖之學。漢安帝時曾爲中郎，順帝時又爲議郎、侍中。梁冀專權後，遂隱退教授，梁太后多次聘招皆不至。（見《後漢書》卷三〇上《楊厚傳》）

[30] 弟子：殿本、盧弼《集解》本作“子弟”，百衲本、校點本作“弟子”。今從百衲本等。

[31] 永康：漢桓帝劉志年號（167）。

[32] 左馮（píng）翊（yì）：官名。漢武帝以後，京都所在地的附近三郡，稱京兆尹、右扶風、左馮翊，合稱三輔；東漢建都洛陽，以三輔陵廟所在，不改其號，仍稱三輔。其長官名與地區名相同，職位相當於郡太守。左馮翊治所在高陵縣，在今陝西高陵縣西南。

[33] 公車：官署名。以公車司馬令主之。東漢時掌皇宮南闕門，並接待臣民上書及徵召。

[34] 博士：官名。掌教授經學。　有道：漢代選舉人才科目之一。

[35] 大將軍：官名。東漢時，常兼録尚書事，與太傅、太尉等共同主持政務。漢末，位在三公上。

[36] 游、夏：指子游、子夏。子夏姓卜，名商，字子夏。孔子之弟子，以熟悉古代文獻被稱贊。《論語·先進》：“文學：子游、子夏。”

[37] 焦：蓋指焦延壽，西漢人，善《易》學。《漢書》卷七五《京房傳》謂焦延壽字贛，“其説長於災變，分六十四卦，更直日用事，以風雨寒溫爲候，各有占驗”。　董：蓋指董仲舒，西漢人，善《公羊春秋》。《漢書》卷五六《董仲舒傳》云：“仲舒治國，以《春秋》災異之變推陰陽所以錯行，故求雨，閉諸陽，縱諸陰，其止雨反是；行之一國，未嘗不得所欲。”　消復：謂消除災

變，恢復正常。

[38] 至止：各本皆作"致止"。潘眉《考證》云："'致'當作'至'。"校點本即從潘説改，宋本《册府元龜》卷八三三正作"至止"，今從之。

　　是時（凉）〔益〕州逆賊馬相、趙祗等於綿竹縣自號黄巾，[1]合聚疲役之民，[2]一二日中得數千人，先殺綿竹令李升，吏民翕集，[3]合萬餘人，便前破雒縣，攻益州殺儉，又到蜀郡、犍爲，[4]旬月之間，破壞三郡。相自稱天子，衆以萬數。[5]州從事賈龍（素）領〔家〕兵數百人在犍爲東界，[6]攝斂吏民，得千餘人，攻相等，數日破走，[7]州界清静。[8]龍乃選吏卒迎焉。焉徙治綿竹，撫納離叛，務行寬惠，陰圖異計。張魯母始以鬼道，又有少容，常往來焉家，故焉遣魯爲督義司馬，[9]住漢中，[10]斷絶谷閣，[11]殺害漢使。焉上書言"米賊斷道，[12]不得復通"，又託他事殺州中豪强王咸、李權等十餘人，以立威刑。〔一〕犍爲太守任岐及賈龍由此反攻焉，焉擊殺岐、龍。〔二〕

　　〔一〕《益部耆舊雜記》曰：[13]李權字伯豫，爲臨邛長。[14]子福。見犍爲楊戲《輔臣贊》。
　　〔二〕《英雄記》曰：劉焉起兵，不與天下討董卓，保州自守。犍爲太守任岐自稱將軍，與從事陳超舉兵擊焉，焉擊破之。董卓使司徒趙謙將兵向州，[15]説校尉賈龍，[16]使引兵還擊焉，焉出青羌與戰，[17]故能破殺。岐、龍等皆蜀郡人。

　　[1] 益州：各本皆作"凉州"。潘眉《考證》云："范史作

'益州'，下云於綿竹合聚，則在益州矣。此'涼州'誤。"張熷亦有同説。校點本從張説改。今從之。　綿竹縣：治所在今四川德陽市北黄許鎮。

[2] 疲役：殿本、盧弼《集解》本作"疾役"，百衲本、校點本、《後漢書·劉焉傳》作"疲役"。今從百衲本等。

[3] 翕集：百衲本作"翕習"，殿本、盧弼《集解》本、校點本作"翕集"。今從殿本等。

[4] 蜀郡：治所成都縣，在今四川成都市舊東、西城區。　犍爲：郡名。治所武陽縣，在今四川彭山縣東北江口。

[5] 衆以萬數：《後漢書》卷七五《劉焉傳》云："衆至十餘萬人。"

[6] 從事：官名。漢代州牧刺史的佐吏，有別駕從事史、治中從事史、兵曹從事史、部從事史等，均可簡稱爲從事。　賈龍："賈龍"下各本皆有"素"字。盧弼《集解》引何焯云"素"字衍。校點本即從何焯説删"素"字。今從之。　領家兵：各本皆作"領兵"。《華陽國志·劉二牧志》作"領家兵"，校點本據之增"家"字。今亦從之。

[7] 數日：盧弼《集解》本作"數月"，百衲本、殿本、校點本作"數日"。今從百衲本等。

[8] 清静：盧弼《集解》本作"清净"，百衲本、殿本、校點本作"清静"。今從百衲本等。

[9] 督義司馬：官名。劉焉在益州自行設置之官。

[10] 漢中：郡名。治所南鄭縣，在今陝西漢中市東。

[11] 谷閣：潘眉《考證》云："谷閣，謂斜谷及閣道。"

[12] 米賊：指張魯祖父張陵創立之五斗米道，入道者須納五斗米，故以稱之。

[13] 益部耆舊雜記：《隋書》《舊唐書》之《經籍志》未著録，《新唐書·藝文志》著録《益州耆舊雜傳記》二卷，無撰人。侯康《補三國藝文志》謂《益州耆舊雜記》與《益州耆舊雜傳記》

皆一書，爲蜀漢時漢中陳術所撰，見本書卷四二《李譔傳》。

　　[14] 臨邛：縣名。治所在今四川邛崍市。

　　[15] 司徒趙謙：盧弼《集解》謂《後漢書》卷九《獻帝紀》與卷二七《趙典傳》皆謂趙謙爲司徒在董卓死後，此云"董卓使司徒趙謙"，疑誤。

　　[16] 校尉：官名。漢代軍職之稱。東漢末，位次中郎將。

　　[17] 青羌：東漢時西南地區之一種羌族，大概因服飾多青色，故稱青羌。因勇敢善戰，漢末統治者常以之爲兵。

　　焉意漸盛，造作乘輿車具千餘乘。[1]荆州牧劉表表上焉有似子夏在西河疑聖人之論。[2]時焉子範爲左中郎將，[3]誕治書御史，[4]璋爲奉車都尉，[5]皆從獻帝在長安，[一][6]惟（小）〔叔〕子別部司馬瑁素隨焉。[7]獻帝使璋曉諭焉，焉留璋不遣。[二]時征西將軍馬騰屯郿而反，[8]焉及範與騰通謀，引兵襲長安。範謀泄，奔槐里，[9]騰敗，退還涼州，範應時見殺，於是收誕行刑。[三]議郎河南龐羲與焉通家，[10]乃募將焉諸孫入蜀。時焉被天火燒城，車具蕩盡，延及民家。焉徙治成都，既痛其子，又感祅災，興平元年，[11]癰疽發背而卒。州大吏趙韙等貪璋温仁，[12]共上璋爲益州刺史，詔書因以爲監軍使者，領益州牧，以韙爲征東中郎將，[13]率衆擊劉表。[四]

　　〔一〕《英雄記》曰：範（聞）父焉爲益州牧，[14]董卓所徵發，皆不至。收範兄弟三人，鎖械於郿塢，[15]爲陰獄以繫之。[16]

　　〔二〕《典略》曰：時璋爲奉車都尉，在京師。焉託疾召璋，璋自表省焉，焉遂留璋不還。

　　〔三〕《英雄記》曰：範從長安亡之馬騰營，從焉求兵。焉使校尉孫肇將兵往助之，敗於長安。

　　〔四〕《英雄記》曰：焉死，子璋代爲刺史。會長安拜潁川扈瑁爲刺史，[17]入漢中。荆州別駕劉闔，[18]璋將沈彌、婁發、甘寧反，擊璋不勝，走入荆州。璋使趙韙進攻荆州，屯朐䏰。[19]上蠶，下如振反。

　　[1] 乘輿：皇帝、諸侯乘坐之車。

　　[2] 子夏：孔子弟子。孔子去世後，子夏在魏國居於西河教授，爲魏文侯師。《禮記·檀弓上》："子夏喪其子而喪其明。曾子弔之曰：'吾聞之也，朋友喪明則哭之。'曾子哭。子夏亦哭，曰：'天乎！予之無罪也。'曾子怒曰：'商，女何無罪也！吾與女事夫子於洙泗之間，退而老於西河之上，使西河之民疑女於夫子，爾罪一也。'"劉表此言，謂劉焉比擬天子。

　　[3] 左中郎將：官名。秩比二千石。漢代光禄勳下設五官、左、右三署，各置中郎將統領一署，各主其署郎官，爲皇帝侍衛。

　　[4] 治書御史：官名。亦稱治書侍御史，秩六百石，職掌依據法律審理疑獄，與符節郎共平廷尉奏事。以明習法律者充任。

　　[5] 奉車都尉：官名。秩比二千石，掌皇帝車輿，入侍左右。

　　[6] 長安：縣名。治所在今陝西西安市西北。

　　[7] 叔子：各本皆作"小子"。《華陽國志·劉二牧志》作"叔子"，校點本據改。今從之。叔子，第三子。　別部司馬：官名。東漢時，大將軍領營五部，部有軍司馬一人，秩比千石。其別營領屬稱別部司馬。後雖非大將軍者，亦或有置。

　　[8] 征西將軍：官名。東漢和帝時置，地位不高，與雜號將軍同。獻帝建安中曹操執政時，列爲四征將軍之一，地位提高，秩二千石。　郿：縣名。治所在今陝西眉縣東北。

　　[9] 槐里：縣名。治所在今陝西興平市東南。

　　[10] 議郎：官名。郎官之一種，屬光禄勳，秩六百石，不入

直宿衞，得參預朝政議論。　河南：即河南尹，治所洛陽縣，在今
河南洛陽市東北白馬寺東。　通家：姻親。

[11] 興平：漢獻帝劉協年號（194—195）。

[12] 州大吏：州府之主要屬官治中、別駕等。

[13] 征東中郎將：官名。劉璋臨時所置之武職。

[14] 範：各本“範”下有“聞”字。盧弼《集解》云：
“‘聞’字疑衍。”校點本即從盧説删“聞”字，今從之。

[15] 郿塢：董卓於郿縣所築之小城。

[16] 陰獄：秘密牢獄。

[17] 潁川：郡名。治所陽翟縣，在今河南禹州市。

[18] 別駕：官名。別駕從事史的簡稱，爲州牧刺史的主要屬
吏，州牧刺史巡行各地時，別乘傳車從行，故名別駕。

[19] 朐䏰：縣名。治所在今重慶雲陽縣西。

　璋，字季玉，既襲焉位，而張魯稍驕恣，不承順
璋，璋殺魯母及弟，遂爲讎敵。璋累遣龐羲等攻魯，
〔數爲〕所破。[1]魯部曲多在巴西，[2]故以羲爲巴西太
守，[3]領兵禦魯。〔一〕後羲與璋情好攜隙，趙韙稱兵内
向，[4]衆散見殺，皆由璋明斷少而外言入故也。〔二〕璋聞
曹公征荆州，已定漢中，[5]遣河内陰溥致敬於曹公。[6]
加璋振威將軍，[7]兄瑁平寇將軍。[8]瑁狂疾物故。〔三〕璋
復遣別駕從事蜀郡張肅送叟兵三百人并雜御物於曹
公，[9]曹公拜肅爲廣漢太守。璋復遣別駕張松詣曹公，
曹公時已定荆州，走先主，不復存録松，[10]松以此怨。
會曹公軍不利於赤壁，[11]兼以疫死。松還，疵毀曹公，
勸璋自絶，〔四〕因説璋曰：“劉豫州，[12]使君之肺腑，[13]
可與交通。”璋皆然之，遣法正連好先主，尋又令正及

孟達送兵數千助先主守禦，正遂還。後松復説璋曰：
"今州中諸將龐羲、李異等皆恃功驕豪，欲有外意，不
得豫州，則敵攻其外，民攻其内，必敗之道也。"璋又
從之，遣法正請先主。璋主簿黃權陳其利害，[14]從事
廣漢王累自倒縣於州門以諫，璋一無所納，敕在所供
奉先主，先主入境如歸。先主至江州，北由墊江水墊音
徒協反。詣涪，音浮。[15]去成都三百六十里，[16]是歲建安十
六年也。[17]璋率步騎三萬餘人，車乘帳幔，精光曜日，
往就與會；先主所將將士，更相之適，[18]歡飲百餘日。
璋資給先主，使討張魯，然後分別。〔五〕

〔一〕《英雄記》曰：龐羲與璋有舊，又免璋諸子於難，故璋
厚德羲，以羲爲巴西太守，遂專權勢。

〔二〕《英雄記》曰：先是，南陽、三輔人流入益州數萬
家，[19]收以爲兵，名曰東州兵。[20]璋性寬柔，無威略，東州人侵
暴舊民，璋不能禁，政令多闕，益州頗怨。趙韙素得人心，璋委
任之。韙因民怨謀叛，乃厚賂荆州請和，[21]陰結州中大姓，與俱
起兵，還擊璋。蜀郡、廣漢、犍爲皆應韙。璋馳入成都城守，東
州人畏（威）〔韙〕，[22]咸同心并力助璋，皆殊死戰，遂破反者，
進攻韙於江州。韙將龐樂、李異反殺韙軍，斬韙。

《漢獻帝春秋》曰：漢朝聞益州亂，遣五官中郎將牛亶爲益
州刺史；[23]徵璋爲卿，不至。

〔三〕臣松之案：魏臺訪"物故"之義，高堂隆答曰："聞之
先師：物，無也；故，事也；言無復所能於事也。"[24]

〔四〕《漢晉春秋》曰：張松見曹公，曹公方自矜伐，不存錄
松。松歸，乃勸璋自絶。

習鑿齒曰：昔齊桓一矜其功而叛者九國，[25]曹操暫自驕伐而

天下三分，皆勤之於數十年之內而棄之於俯仰之頃。豈不惜乎！是以君子勞謙日昃，[26]慮以下人，功高而居之以讓，勢尊而守之以卑。情近於物，故雖貴而人不厭其重；德洽羣生，故業廣而天下愈欣其慶。夫然，故能有其富貴，[27]保其功業，隆顯當時，傳福百世，何驕矜之有哉！君子是以知曹操之不能遂兼天下者也。

〔五〕《吳書》曰：璋以米二十萬斛，騎千匹，車千乘，繒絮錦帛，以資送劉備。

[1] 數爲所破：各本皆無“數爲”二字。殿本《考證》云：“《通鑑》‘攻魯’下多‘數爲’二字。”錢大昭《辨疑》又謂《後漢書》有“數爲”二字。校點本從殿本《考證》說增“數爲”二字。今從之。

[2] 巴西：《後漢書》卷七五《劉焉傳》作“巴土”。

[3] 巴西太守：《華陽國志·劉二牧志》與《後漢書·劉焉傳》皆作“巴郡太守”。按，當時尚無巴西郡，應作“巴郡太守”。因本傳此前之“巴”皆作“巴西”，故不改字。巴郡治所江州縣，在今重慶渝中區。

[4] 趙韙稱兵内向：《華陽國志·劉二牧志》謂事在建安五年（200），且記載其事甚詳，可參考。

[5] 已定漢中：王鳴盛云：“‘已定漢中’四字殊不可解，必有脫誤。曹公定漢中，張魯遁走，在建安二十年，距此時相後數年。”（《十七史商榷》卷四一）徐紹楨《質疑》亦云：“疑此傳‘已定漢中’四字爲傳録衍文也。”吳金華《校詁》亦謂“漢中”誤，當作“漢川”或“漢南”。

[6] 河内：郡名。治所懷縣，在今河南武陟縣西南。

[7] 振威將軍：官名。東漢置，爲雜號將軍，統兵出征。

[8] 平寇將軍：官名。漢末建安中曹操置，曹魏時定爲第三品。

　　〔9〕叟兵：由益州西南之少數民族組成的軍隊。因這一地區之少數民族自稱爲叟。《華陽國志·南中志》云：“夷人大種曰‘昆’，小種曰‘叟’。”

　　〔10〕存録：謂給應有之禮遇與録用。《華陽國志·劉二牧志》謂曹操“不存禮松，加表望不足，但拜越嶲蘇示令，松以是怨公”。

　　〔11〕赤壁：山名。在今湖北赤壁市西北長江邊。詳解見本書卷一《武帝紀》建安十三年注。

　　〔12〕劉豫州：劉備。因劉備曾爲豫州刺史。

　　〔13〕肺腑：比喻宗親。

　　〔14〕主簿：官名。漢代中央及州郡縣皆置，以典領文書，辦理事務。

　　〔15〕墊江：今甘肅、四川境内嘉陵江及其上游西漢水、白龍江、白水江，漢魏時均稱墊江。今重慶合川市因名墊江縣。此“北由墊江水詣涪”，即指從今重慶沿嘉陵江北上至合川市，再由今涪江至綿陽市。綿陽市涪江東岸即漢魏涪縣之治所。

　　〔16〕三百：殿本作“三千”，《考證》盧明楷云：“‘三千’或‘三百’之訛也。”百衲本、盧弼《集解》本、校點本皆作“三百”。今從百衲本等。

　　〔17〕建安：漢獻帝劉協年號（196—220）。

　　〔18〕之適：往來。吳金華《校詁》又云：“猶言拜訪。”

　　〔19〕三輔：地區名。西漢都城在長安，遂以長安爲中心置京兆尹、右扶風、左馮翊，合稱三輔。東漢定都洛陽，以三輔陵廟所在，不改其號，仍稱三輔。轄區在今陝西渭水流域。

　　〔20〕東州兵：以南陽、三輔在益州之東，故名。

　　〔21〕荆州：指荆州刺史劉表。

　　〔22〕畏讋：各本皆作“畏威”。校點本從何焯説改。今從之。

　　〔23〕五官中郎將：官名。秩比二千石，主管五官郎，職掌宿衛殿門，出充車騎，屬光禄勳。

　　〔24〕言無復所能於事：《後漢書》卷七九上《牟長傳》李賢

注引高堂隆此言作"言死者無復所能於事"。

[25]齊桓：春秋齊桓公。《公羊傳・僖公九年》："葵丘之會，桓公震而矜之，叛者九國。震之者何？猶曰振振然。矜之者何？猶曰莫若我也。"

[26]勞謙：勤勞而又謙遜。《易・謙》九三："勞謙君子，有終吉。"又《繫辭上傳》子曰："勞而不伐，有功而不德，厚之至也，語以其功下人者也。"

[27]有其：百衲本"其"字作"以"，殿本、盧弼《集解》本、校點本作"其"。今從殿本等。

明年，先主至葭萌，[1]還兵南向，[2]所在皆克。十九年，進圍成都數十日，城中尚有精兵三萬人，穀帛支一年，[3]吏民咸欲死戰。[4]璋言："父子在州二十餘年，無恩德以加百姓。百姓攻戰三年，[5]肌膏草野者，以璋故也，何心能安！"遂開城出降，羣下莫不流涕。[6]先主遷璋于南郡公安，[7]盡歸其財物故佩振威將軍印綬。[8]孫權殺關羽，取荊州，以璋爲益州牧，駐秭歸。[9]璋卒，南中豪率雍闓據益州反，[10]附於吳。權復以璋子闡爲益州刺史，處交、益界首。[11]丞相諸葛亮平南土，闡還吳，爲御史中丞。[一][12]初，璋長子循妻，龐羲女也。先主定蜀，羲爲左將軍司馬，[13]璋時從羲啓留循，先主以爲奉車中郎將。[14]是以璋二子之後，分在吳、蜀。

〔一〕《吳書》曰：[15]闡一名緯，爲人恭恪，輕財愛義，有仁讓之風，後疾終於家。

[1] 葭萌：縣名。治所在今四川廣元市西南。

[2] 還兵南向：《華陽國志·劉二牧志》與《後漢書》卷七五《劉焉傳》載其原因、過程甚詳，可參考。

[3] 一年：殿本、盧弼《集解》本、《華陽國志·劉二牧志》作“二年”，百衲本、校點本、《後漢書·劉焉傳》作“一年”。今從百衲本等。

[4] 死戰：趙幼文《校箋》謂《册府元龜》卷六九八“死”字作“拒”。

[5] 百姓：殿本、盧弼《集解》本、《華陽國志·劉二牧志》《後漢書·劉焉傳》無此“百姓”二字，百衲本、校點本、《通鑑》有。今從百衲本等。

[6] 流涕：殿本作“下淚”，百衲本、盧弼《集解》本、校點本作“流涕”。今從百衲本等。

[7] 南郡：治所江陵縣，在今湖北荆州市江陵縣。　公安：縣名。治所在今湖北公安縣西。

[8] 故佩：殿本、校點本“故”上有“及”字，百衲本、盧弼《集解》本無。今從百衲本等。

[9] 秭歸：縣名。治所在今湖北秭歸縣。

[10] 南中：地區名。相當於今四川南部及雲南、貴州地區。益州：百衲本、盧弼《集解》本、校點本作“益郡”，殿本作“益州”。盧弼《集解》云：“《郡國志》有益州郡，此奪‘州’字。”按，史籍慣例，“郡”字省，今從殿本。益州，郡名。治所滇池縣，在今雲南晉寧縣東北晉城鎮。

[11] 交：州名。孫權時刺史治所番禺，在今廣東廣州市。

[12] 御史中丞：官名。秩千石，爲御史臺長官，掌監察、執法。

[13] 左將軍司馬：官名。左將軍府之屬官，掌參贊軍務，管理府內武職，位僅次於長史。

[14] 奉車中郎將：官名。建安末劉備置，職掌不詳。

[15] 曰：百衲本、盧弼《集解》本作“云”，殿本、校點本

作“曰”。今從殿本等。

評曰：昔魏豹聞許負之言則納薄姬於室，[一][1]劉歆見圖讖之文則名字改易，[2]終於不免其身，而慶鍾二主。[3]此則神明不可虛要，天命不可妄冀，必然之驗也。而劉焉聞董扶之辭則心存益土，聽相者之言則求婚吳氏，[4]遂造輿服，圖竊神器，其惑甚矣。璋才非人雄，而據土亂世，負乘致寇，[5]自然之理，其見奪取，非不幸也。[二]

〔一〕孔衍《漢魏春秋》曰：許負，河內溫縣之婦人，[6]漢高祖封爲明雌亭侯。

臣松之以爲今東人呼母爲負，衍以許負爲婦人，如爲有似，然漢高祖時封皆列侯，未有鄉亭之爵，疑此封爲不然。

〔二〕張璠曰：劉璋愚弱而守善言，斯亦宋襄公、徐偃王之徒，[7]未爲無道之主也。張松、法正，雖君臣之義不正，然固以委名附質，進不顯陳事勢，若韓嵩、（劉光）〔劉先〕之說劉表，[8]退不告絕奔亡，若陳平、韓信之去項羽，[9]而兩端攜貳，爲謀不忠，罪之次也。

[1] 魏豹：戰國魏貴族。秦末兵起，楚懷王立之爲魏王，項羽又徙之爲西魏王；又屬漢王劉邦，後又叛漢，終被殺。魏豹爲魏王時，故魏王宗家女魏媼獻其女薄姬於魏王宮。魏媼又帶薄姬求善相者許負看相，許負言當生天子。魏豹聞之，遂堅定叛漢之心。漢王劉邦命曹參等擊虜魏豹後，得薄姬，後生漢文帝。（見《史記》卷九〇《魏豹列傳》與卷四九《外戚世家》）

[2] 劉歆：字子駿，漢楚元王之後。漢哀帝時爲侍中、太中大夫等。《漢書》卷三六《楚元王附歆傳》云：“歆以建平元年改名秀，字穎叔云。”顏師古注引應劭曰：“《河圖赤伏符》云‘劉秀發

兵捕不道，四夷雲集龍鬭野，四七之際火爲主'，故改名，幾以趣也。"王莽篡漢後，以劉歆爲國師，至漢光武帝劉秀等起兵反王莽，莽軍數敗，王涉、劉歆等亦謀反莽，謀泄，劉歆、王涉皆自殺。（見《漢書》卷九九下《王莽傳》）

［3］二主：指漢高祖劉邦與漢光武帝劉秀。

［4］求婚吳氏：事見本書卷三四《先主穆皇后傳》。

［5］負乘致寇：《易·解》六三："負且乘，致寇至，貞吝。"《繫辭上傳》子曰："作《易》者其知盜乎？《易》曰：'負且乘，致寇至。'負也者，小人之事也；乘也者，君子之器也；小人而乘君子之器，盜思奪之矣！"意謂，背負東西是小人之事，乘車是君子之用具，而小人背負東西乘立在車上，強盜一看不像君子，便下手強奪了。

［6］溫縣：治所在今河南溫縣西南。

［7］宋襄公：春秋時宋國國君。《左傳·僖公二十二年》："宋公及楚人戰于泓（水名，當在今河南柘城縣北）。宋人既成列，楚人未既濟。司馬曰：'彼衆我寡，及其未既濟也，請擊之。'公曰：'不可。'既濟而未成列，又以告。公曰：'未可。'既陳而後擊之，宋師敗績。公傷股。門官殲焉。國人皆咎公。公曰：'君子不重傷，不禽二毛。古之爲軍也，不以阻隘也。寡人雖亡國之餘，不鼓不成列。'"　徐偃王：周代東方徐國國君。《後漢書》卷八五《東夷列傳序》云："（徐）偃王處潢池東，地方五百里，行仁義，陸地而朝者三十有六國。（周）穆王後得驥騄之乘，乃使造父御以告楚，令伐徐，一日而至。於是楚文王大舉兵而滅之。偃王仁而無權，不忍鬭其人，故致於敗。"

［8］劉先：各本皆作"劉光"。潘眉《考證》云："《劉表傳》'劉光'作'劉先'。按先字始宗，當名先，此'光'字誤。"校點本即從潘説改，今從之。劉先與韓嵩事，俱見本書卷六《劉表傳》。

［9］若：百衲本"若"上有"不"字，殿本、盧弼《集解》本、校點本無。今從殿本等。　陳平韓信：二人皆先投項羽，後又去項羽投劉邦。其事詳見《史記》卷五六《陳丞相世家》、卷九二《淮陰侯列傳》。

三國志 卷三二

蜀書二^[1]

先主傳第二

先主姓劉，諱備，字玄德，涿郡涿縣人，^[2]漢景帝子中山靖王勝之後也。勝子貞，元狩六年封涿縣陸城亭侯，^[3]坐酎金失侯，因家焉。〔一〕先主祖雄，父弘，世仕州郡。雄舉孝廉，^[4]官至東郡范令。^[5]

〔一〕《典略》曰：備本臨邑侯枝屬也。^[6]

[1] 蜀書：在三國中，劉備所建之國號漢，而陳壽《三國志》卻稱爲蜀，故前代學者多非議陳壽。對此，劉咸炘《知意》有較恰當的解釋。他説：“推承祚之意，蓋以魏既居正，二方自不可以國號對之，故以地稱。一中國而鼎立分割，本前此所未有，無例可沿。名書爲《三國志》，而各自爲書，乃從其不相統屬之實，而名爲吴、蜀者，則示其本一全中國也；且晋既承魏，亦必不容有漢，承祚依時人之意，亦自不敢稱爲漢，此固非有心貶抑，然以魏爲正則明矣。”

　　[2] 涿郡：治所涿縣，在今河北涿州市。

　　[3] 元狩：漢武帝劉徹年號（前 122—前 117）。錢大昕云："案《漢書·王子侯表》，陸城侯貞，以元朔二年六月封。《志》誤。又西京無亭侯之名，'亭'亦衍文也。《地理志》，中山國有陸城縣，即此陸城侯國。蓋本中山之地，貞以王子侯封，因改隸涿郡，其後酎金失侯，地入於漢爲縣。宣、元之世，中山絶而更封，仍以縣爲中山也。"（《廿二史考異》卷一六）元朔，亦漢武帝劉徹年號（前 128—前 123）。又按，錢氏所指之誤，蓋原書之誤，非版本或傳抄之誤，故不改字。　　陸城：即陸成，治所在今河北蠡縣南。

　　[4] 孝廉：漢代選拔官吏的主要科目。孝指孝子，廉指廉潔之士。原本爲二科，後混同爲一科，也不再限於孝子和廉吏。東漢後期，定制爲不滿四十歲者不得察舉；被舉者先詣公府課試，以觀其能。郡國每年要向中央推舉一至二人。

　　[5] 范：縣名。治所在今河南范縣東南。

　　[6] 臨邑侯：沈家本《瑣言》謂《漢書·王子侯表》無臨邑侯，而中山靖王子有臨樂敦侯光，《典略》所言或即指此，然與傳文異矣。《後漢書》卷一四《北海靖王興傳》"子復爲臨邑侯"，注："臨邑，縣，屬東海。"然則臨邑侯乃齊武王之裔，非中山枝屬，惟臨邑國在東海，不聞遷涿。《典略》之説非也。

　　先主少孤，與母販履織席爲業。舍東南角籬上有桑樹生高五丈餘，遙望見童童如小車蓋，[1]往來者皆怪此樹非凡，或謂當出貴人。[一]先主少時，與宗中諸小兒於樹下戲，[2]言："吾必當乘此羽葆蓋車。"[3]叔父子敬謂曰："汝勿妄語，滅吾門也！"年十五，母使行學，與同宗劉德然、遼西公孫瓚俱事故九江太守同郡盧植。[4]德然父元起常資給先主，與德然等。元起妻曰："各自一家，何能常爾邪！"元起曰：[5]"吾宗中有此兒，非常人也。"而瓚深與先主相友。瓚年長，先主以兄事之。先主不甚樂讀書，喜狗馬、音樂、美衣服。身長七尺五寸。垂手下膝，[6]顧自見其耳。少語言，善下人，喜怒不形於色。好交結豪俠，年少爭附之。中山大商張世平、蘇雙等貲累千金，[7]販馬周旋於涿郡，見而異之，乃多與之金財。先主由是得用合徒衆。

〔一〕《漢晉春秋》曰：涿人李定云："此家必出貴人。"

[1] 望見童童如小車蓋：趙幼文《校箋》謂《藝文類聚》卷八八、《太平御覽》卷一一七、《事類賦》卷二五引俱無"見"字，又《事類賦》引"如"下無"小"字。《華陽國志》亦無"見"字、"小"字。又按，童童，《藝文類聚》作"憧憧"，《太平御覽》作"重重"，《華陽國志》亦作"童童"。童童，重叠茂密貌。

[2] 諸小兒：趙幼文《校箋》謂《藝文類聚》《太平御覽》《事類賦》引俱無"小"字。《華陽國志》、蕭常及郝經之《續後漢書》亦無"小"字。

[3] 羽葆蓋：以鳥羽連綴爲裝飾之車蓋。皇帝之乘輿亦有羽蓋。《續漢書·輿服志上》謂乘輿等"羽蓋華蚤"。劉昭注引徐廣曰："翠羽蓋黃裏，所謂黃屋車也。"

[4] 遼西：郡名。治所陽樂縣，在今遼寧義縣偏西南古城子溝。　九江：郡名。東漢時治所陰陵縣，在今安徽定遠縣西北。漢末治所移於壽春縣，在今安徽壽縣。　盧植：見本書卷二二《盧毓傳》與裴松之注引《續漢書》。

[5] 元起：盧弼《集解》本作"元起"，百衲本、殿本、校點

本作"起"。按，上文皆作"元起"，此不當作"起"。今從《集解》本。

[6] 垂手：盧弼《集解》云："《華陽國志》'手'作'臂'。"趙幼文《校箋》謂《藝文類聚》卷一七及《太平御覽》卷一一七、卷三六六、卷三六八（當作三六九）引"手"字俱作"臂"。

[7] 中山：王國名。治所盧奴縣，在今河北定州市。

靈帝末，黃巾起，州郡各舉義兵，先主率其屬從校尉鄒靖討黃巾賊有功，[1]除安喜尉。〔一〕[2]督郵以公事到縣，[3]先主求謁，不通，直入縛督郵，[4]杖二百，解綬繫其頸着馬柳，[5]五葬反。棄官亡命。〔二〕頃之，大將軍何進遣都尉毌丘毅詣丹楊募兵，[6]先主與俱行，至下邳遇賊，[7]力戰有功，除爲下密丞。[8]復去官。後爲高唐尉，[9]遷爲令。〔三〕爲賊所破，往奔中郎將公孫瓚，[10]瓚表爲別部司馬，[11]使與青州刺史田楷以拒冀州牧袁紹。[12]數有戰功，[13]試守平原令，[14]後領平原相。[15]郡民劉平素輕先主，恥爲之下，使客刺之。客不忍刺，語之而去。其得人心如此。〔四〕

〔一〕《典略》曰：平原劉子平知備有武勇，時張純反叛，青州被詔，遣從事將兵討純，[16]過平原，子平薦備於從事，遂與相隨，遇賊於野，備中創陽死，[17]賊去後，故人以車載之，得免。後以軍功，爲中山安喜尉。

〔二〕《典略》曰：其後州郡被詔書，其有軍功爲長吏者，[18]當沙汰之，備疑在遣中。督郵至縣，當遣備，備素知之。聞督郵在傳舍，[19]備欲求見督郵，督郵稱疾不肯見備，備恨之，因還治，將吏卒更詣傳舍，突入門，言"我被府君密教收督郵"。[20]遂就牀縛之，將出到界，自解其綬以繫督郵頸，縛之著樹，[21]鞭杖百餘下，欲殺之。督郵求哀，乃釋去之。

〔三〕《英雄記》云：靈帝末年，備嘗在京師，後與曹公俱還沛國，[22]募召合衆。會靈帝崩，天下大亂，備亦起軍從討董卓。

〔四〕《魏書》曰：劉平結客刺備，備不知而待客甚厚，客以狀語之而去。是時人民饑饉，屯聚鈔暴。備外禦寇難，內豐財施，士之（下）〔至〕者，[23]必與同席而坐，同簋而食，無所簡擇。衆多歸焉。

[1] 校尉：官名。漢代軍職之稱。東漢末，位次中郎將。 黃巾賊：趙幼文《校箋》謂《太平御覽》卷一一七、卷三五九、卷三六八（當作三六九）引無“黃巾”二字。《文選》鍾季士《檄蜀文》李善注、郝經《續後漢書》亦無此二字。蓋上文已言“黃巾起”，此無緣重出“黃巾”二字也。

[2] 安喜：縣名。即安熹，治所在今河北定州市東南。 尉：官名。漢制，大縣置尉二人，小縣一人，掌管軍事，防止盜賊。

[3] 督郵：官名。本名督郵書掾（或督郵曹掾），省稱督郵掾、督郵。漢置，郡府屬吏，秩六百石。主要職掌除督送郵書外，又代表郡守督察屬縣，宣達教令，並兼司獄訟捕亡等。每郡督郵皆分部，有二部、三部、四部、五部不等。

[4] 直入：趙幼文《校箋》謂《太平御覽》卷三五九引“直”上有“乃”字，“入”下有“傳”字。

[5] 馬柳（àng）：拴馬柱。《玉篇》：“柳，五浪、五郎二切，繫馬柱也。”

[6] 大將軍：官名。東漢時常兼錄尚書事，與太傅、太尉等共同主持政務，位在三公上。 都尉：官名。東漢大將軍屬官有護軍都尉，掌監督節制諸軍。 丹楊：郡名。治所宛陵縣，在今安徽宣州市。

[7] 下邳：郡名。治所下邳縣，在今江蘇睢寧縣西北。

　　[8] 除爲：趙幼文《校箋》謂《太平御覽》卷一一七引無"爲"字。《華陽國志》、蕭常及郝經之《續後漢書》亦同。　　下密：縣名。治所在今山東昌邑縣東。　　丞：官名。縣令、長之副佐，職掌文書及倉、獄事。

　　[9] 高唐：縣名。治所在今山東禹城市西南。

　　[10] 中郎將：官名。東漢統兵將領之一，位次將軍，秩比二千石。

　　[11] 別部司馬：官名。東漢時大將軍領營五部，部有軍司馬一人，秩比千石。其別營領屬稱別部司馬。後雖非大將軍者，亦或有置。

　　[12] 與：盧弼《集解》本、校點本作"與"，百衲本、殿本作"爲"。趙幼文《校箋》謂《通鑑》、蕭常《續後漢書》均作"與"，《太平御覽》卷一一七、《册府元龜》卷一八三引亦作"與"。今從《集解》本等。　　青州：刺史治所臨菑縣，在今山東淄博市東北臨淄鎮北。　　冀州：東漢末，刺史常設治所於鄴縣，在今河北臨漳縣西南鄴鎮東一里半。

　　[13] 戰功：趙幼文《校箋》謂《太平御覽》卷一一七引無"戰"字。

　　[14] 試守：試任。爲漢代官吏任用制度之一，一般以一年爲期，稱職者即實授其權。　　平原：縣名。治所在今山東平原縣西南。

　　[15] 平原：王國名。治所即平原縣。　　相：官名。王國相由朝廷直接委派，執掌王國行政大權，相當於郡太守。

　　[16] 從事：官名。漢代州牧刺史的佐吏，有別駕從事史、治中從事史、兵曹從事史、部從事史等，均可簡稱爲從事。

　　[17] 陽：通"佯"。

　　[18] 長吏：漢代稱秩六百石以上的官吏爲長吏，又稱秩四百石至二百石之縣丞、尉爲長吏。

　　[19] 傳（zhuàn）舍：官府置以供往來公差人員息宿之所。

　　[20] 府君：漢魏人尊稱太守爲府君。

　　[21] 樹：周一良《札記》謂本作"柳"，"疑先誤'柳'爲

'柳',又改爲'樹'耳"。

　　[22] 後：殿本、盧弼《集解》本作"復",百衲本、校點本作"後"。今從百衲本等。　沛國：王國名。治所相縣,在今安徽濉溪縣西北。

　　[23] 士之至者：各本皆作"士之下者"。徐紹楨《質疑》謂蕭常《續後漢書》作"士之至者"於義爲長,此作"下",蓋傳寫之誤。今從徐説改。

　　袁紹攻公孫瓚,先主與田楷東屯齊。[1]曹公征徐州,[2]徐州牧陶謙遣使告急於田楷,楷與先主俱救之。時先主自有兵千餘人及幽州烏丸雜胡騎,[3]又略得飢民數千人。既到,謙以丹楊兵四千益先主,先主遂去楷歸謙。謙表先主爲豫州刺史,屯小沛。[4]謙病篤,謂別駕麋竺曰：[5]"非劉備不能安此州也。"謙死,竺率州人迎先主,先主未敢當。下邳陳登謂先主曰："今漢室陵遲,海内傾覆,立功立事,在於今日。鄙州殷富,[6]户口百萬,欲屈使君撫臨州事。"[7]先主曰："袁公路近在壽春,[8]此君四世五公,[9]海内所歸,君可以州與之。"登曰："公路驕豪,非治亂之主。今欲爲使君合步騎十萬,上可以匡主濟民,成五霸之業,[10]下可以割地守境,書功於竹帛。若使君不見聽許,登亦未敢聽使君也。"北海相孔融謂先主曰：[11]"袁公路豈憂國忘家者邪？冢中枯骨,何足介意。今日之事,百姓與能,天與不取,悔不可追。"先主遂領徐州。[一]袁術來攻先主,先主拒之於盱眙、淮陰。[12]曹公表先主爲鎮東將軍,[13]封宜城亭侯,[14]是歲建安元年也。[15]先主與術相持經月，呂布乘虛襲下邳。下邳守將曹豹反，閒迎布。布虜先主妻子，先主轉軍海西。[二][16]楊奉、韓暹寇徐、揚閒，[17]先主邀擊，盡斬之。[18]先主求和於呂布，布還其妻子。先主遣關羽守下邳。[19]

〔一〕《獻帝春秋》曰：陳登等遣使詣袁紹曰："天降災沴，[20]禍臻鄙州，州將殂殞，[21]生民無主，恐懼姦雄一旦承隙，以貽盟主日昃之憂，[22]輒共奉故平原相劉備府君以爲宗主，[23]永使百姓知有依歸。方今寇難縱橫，不遑釋甲，謹遣下吏奔告于執事。"紹答曰："劉玄德弘雅有信義，今徐州樂戴之，誠副所望也。"

〔二〕《英雄記》曰：備留張飛守下邳，引兵與袁術戰於淮陰石亭，[24]更有勝負。陶謙故將曹豹在下邳，張飛欲殺之。豹衆堅營自守，使人招呂布。布取下邳，張飛敗走。備聞之，引兵還，比至下邳，[25]兵潰。收散卒東取廣陵，[26]與袁術戰，又敗。

[1] 齊：王國名。治所即臨菑縣。

[2] 徐州：東漢末刺史治所下邳縣，在今江蘇睢寧縣西北。

[3] 幽州：刺史治所薊縣，在今北京城西南。

[4] 小沛：即沛縣，治所在今江蘇沛縣東。胡三省云："沛國治相縣，而沛自爲縣，屬沛國，時人謂沛縣爲小沛。由此呼備爲劉豫州。豫州刺史本治譙（今安徽亳州市），備領刺史而屯小沛。按此時又有豫州刺史郭貢，朝命不行，私相署置者也。"（《通鑑》卷六一漢獻帝興平元年注）

[5] 別駕：官名。別駕從事史的簡稱，爲州牧刺史的主要屬吏，州牧刺史巡行各地時，別乘傳車從行，故名別駕。

[6] 鄙州：百衲本、殿本、校點本作"彼州"，盧弼《集解》本作"鄙州"。錢大昕云："《華陽國志》作'鄙州'。登，下邳人，

下邳屬徐州，故云鄲州也。'彼'字誤。"（《廿二史考異》卷一六）今從《集解》本。

[7] 使君：對州郡長官之尊稱。

[8] 袁公路：袁術字公路。

[9] 四世五公：謂四代人有五人爲三公之官。詳見本書卷六《袁紹傳》注。

[10] 五霸：指春秋時的五個霸主，但説法不一。《孟子·告子下》趙岐注，以齊桓公、晋文公、秦穆公、宋襄公、楚莊王爲五霸。

[11] 北海：王國名。治所劇縣，在今山東昌樂縣西。

[12] 盱眙：縣名。治所在今江蘇盱眙縣東北。　淮陰：縣名。治所在今江蘇淮陰市西南甘羅城。

[13] 鎮東將軍：官名。將軍名號之一，東漢末有鎮東、西、南、北將軍各一人。

[14] 宜城：縣名。治所在今湖北宜城縣南。　亭侯：爵名。漢制，列侯大者食縣、邑，小者食鄉、亭。東漢後期遂以食鄉、亭者稱爲鄉侯、亭侯。

[15] 建安：漢獻帝劉協年號（196—220）。

[16] 海西：縣名。治所在今江蘇灌南縣東南。

[17] 揚：州名。東漢時刺史治所歷陽縣，在今安徽和縣；東漢末年移治所於壽春，在今安徽壽縣。

[18] 盡斬之：《通鑑》卷六二漢獻帝建安元年《考異》云："按暹、奉後與吕布同破袁術，於時未死也。《備傳》爲誤。"以本書卷一《武帝紀》及卷七《吕布傳》考之，韓暹、楊奉與吕布同破袁術在建安二年，此謂劉備盡斬暹、奉於建安元年，實誤。又《後漢書》卷七二《董卓傳》云："明年，左將軍劉備誘奉斬之。暹懼，走還并州，道爲人所殺。"李賢注引《九州春秋》云："暹失奉，孤特，與千餘騎欲歸并州，爲張宣所殺。"《後漢書》所説之"明年"，指建安二年。據此，楊奉被劉備所殺在建安二年初或

年中，韓暹則在楊奉被殺後返并州之途中被殺，亦在建安二年中或末。此與本書卷六《董卓傳》謂韓暹、楊奉皆被劉備殺，亦有誤。（參沈家本《瑣言》與盧弼《集解》）

[19]　關羽守下邳：《通鑑》卷六二漢獻帝建安元年《考異》云："《備傳》云'遣關羽守下邳'，此在布敗後，《備傳》誤也。"盧弼《集解》補充云："按《魏志·呂布傳》云'備東擊術，布襲取下邳，備還歸布。布遣備屯小沛。布自稱徐州刺史'。布既據有下邳，必不容關羽同城共守；若關羽守下邳，則與下文曹公'助先主圍下邳'之語相矛盾，且與後文'先主殺徐州刺史車冑，留關羽守下邳，而身還小沛'之語相復，其誤無疑。若云'布還其妻子，遣先主還小沛'，於當日情勢方合。"

[20]　沴（lì）：殿本作"疹"，百衲本、盧弼《集解》本、校點本作"沴"。今從百衲本等。沴，古人謂天地四時之氣不和而生之災害。

[21]　州將：即州刺史。（詳見周一良《札記》）

[22]　昃：百衲本作"昊"，殿本、盧弼《集解》本、校點本作"昃"。按，二字同。《字彙補·日部》："昊，與'昃'同。"今從殿本等。昃，《說文·日部》"側也"。《易·離》九三象曰："日昃之離（麗也），何可久也。"　盟主：指袁紹。袁紹曾爲討董卓諸軍之盟主。

[23]　宗主：謂衆所景仰歸向之人。此指爲刺史。

[24]　石亭：謝鍾英《補三國疆域志補注》謂石亭在山陽縣境。山陽縣即今江蘇淮安市。

[25]　比至：百衲本、殿本、盧弼《集解》本作"北至"。殿本《考證》云："《通鑑》作'比至'。"校點本作"比至"。今從之。

[26]　廣陵：縣名。治所在今江蘇揚州市西北蜀岡上。

　　先主還小沛，〔一〕復合兵得萬餘人。呂布惡之，自出兵攻先主，先主敗走歸曹公。曹公厚遇之，以爲豫州牧。將至沛收散卒，給其軍糧，益與兵使東擊布。布遣高順攻之，曹公遣夏侯惇往，不能救，爲順所敗，復虜先主妻子送布。曹公自出東征，[二]助先主圍布於下邳，生禽布。先主復得妻子，從曹公還許。[1]表先主爲左將軍，[2]禮之愈重，出則同輿，坐則同席。袁術欲經徐州北就袁紹，曹公遣先主督朱靈、路招要擊術。未至，術病死。

　　〔一〕《英雄記》曰：備軍在廣陵，飢餓困蹵，[3]吏士大小自相啖食，窮餓侵逼，欲還小沛，遂使吏請降布。布令備還州，并勢擊術。具刺史車馬童僕，發遣備妻子部曲家屬於泗水上，[4]祖道相樂。[5]

　　《魏書》曰：諸將謂布曰："備數反覆難養，宜早圖之。"布不聽，以狀語備。備心不安而求自託，使人説布，求屯小沛，布乃遣之。

　　〔二〕《英雄記》曰：建安三年春，布使人齎金欲詣河内買馬，[6]爲備兵所鈔。布由是遣中郎將高順、北地太守張遼等攻備。[7]九月，遂破沛城，備單身走，獲其妻息。[8]十月，曹公自征布，備於梁國界中與曹公相遇，[9]遂隨公俱東征。

　　[1] 許：縣名。治所在今河南許昌縣東。

　　[2] 左將軍：官名。位如上卿，與前、後、右將軍掌京師兵衞和邊防屯警。

　　[3] 困蹵：殿本、盧弼《集解》本作"困敗"，百衲本、校點本作"困蹵"。今從百衲本等。蹵，通"蹙"，逼迫，困窘。《正字通·足部》："蹵，困迫也。與'蹙'通。"

〔4〕泗水上：此指古泗水入淮水處，在今江蘇淮陰市西南。

〔5〕祖道：爲出行者祭路神，並飲宴餞行。

〔6〕河内：郡名。治所懷縣，在今河南武陟縣西南。

〔7〕北地：郡名。東漢屬涼州，治所富平縣，在今寧夏吳忠市西南。漢末，郡徙寓左馮翊境内，寓治所於今陝西富平縣東。（本王先謙《後漢書郡國志集解》）本書卷一七《張遼傳》謂遼“從吕布東奔徐州，領魯相”。

〔8〕獲其妻息：百衲本作“獲將士妻息”，殿本、盧弼《集解》本、校點本作“獲其妻息”。今從殿本等。

〔9〕梁國：治所睢陽縣，在今河南商丘縣南。

先主未出時，獻帝舅車騎將軍董承〔一〕辭受帝衣帶中密詔，[1]當誅曹公。先主未發。是時曹公從容謂先主曰：[2]“今天下英雄，唯使君與操耳。本初之徒，[3]不足數也。”先主方食，失匕箸。〔二〕遂與承及長水校尉种輯、將軍吳子蘭、王子服等同謀。[4]會見使，未發。事覺，承等皆伏誅。〔三〕

〔一〕臣松之案：董承，漢靈帝母董太后之姪，[5]於獻帝爲丈人。蓋古無丈人之名，故謂之舅也。

〔二〕《華陽國志》云：[6]于時正當雷震，備因謂操曰：“聖人云‘迅雷風烈必變’，[7]良有以也。一震之威，乃可至於此也！”

〔三〕《獻帝起居注》曰：承等與備謀未發，而備出。承謂服曰：“郭多有數百兵，[8]壞李傕數萬人，但足下與吾同耳！[9]昔吕不韋之門，[10]須子楚而後高，今吾與子由是也。”服曰：“惶懼不敢當，且兵又少。”承曰：“舉事訖，得曹公成兵，顧不足邪？”服曰：“今京師豈有所任乎？”承曰：“長水校尉种輯、議郎吳碩是吾腹心辦事者。”[11]遂定計。

　　[1] 車騎將軍：官名。東漢時位比三公，常以貴戚充任。出掌
征伐，入參朝政，漢靈帝時常作贈官。　　辭：《禮記·檀弓上》：
"使人辭於狐突。"鄭玄注："辭，猶告也。"

　　[2] 是時曹公從容謂先主：趙幼文《校箋》謂《太平御覽》
卷八四七引"時"下有"與"字，"謂"上有"曹公"二字。

　　[3] 本初：袁紹字本初。

　　[4] 長水校尉：官名。秩比二千石，掌京師宿衛兵。《後漢
書》卷九《獻帝紀》作"越騎校尉"。　　王子服：徐紹楨《質疑》
云："《後漢書·獻帝紀》云'車騎將軍董承、偏將軍王服、越騎
校尉种輯受密詔誅曹操'。此云'王子服'，與彼不符，當是蒙上
'吳子蘭'而衍'子'字耳。觀裴注引《獻帝起居注》屢云'服
曰'，蕭氏《續後漢書》亦云'偏將軍王服'，可知必無'子'字。
郝書（指郝經《續後漢書》）於《昭烈紀》作'王子服'，蓋所據
《三國志》業已誤衍。"

　　[5] 董太后之姪：盧弼《集解》謂："《後漢書·伏皇后紀》
董承女爲貴人，操誅承而求殺貴人，帝以貴人有妊，累爲請，不能
得。本傳稱舅者，蓋以女爲貴人也。至云承爲董后之姪……未知何
據。"按，盧説是，古稱妻父爲舅。《禮記·坊記》："昏禮，婿迎
親，見於舅姑。"鄭玄注："舅姑，妻之父母也。"

　　[6] 華陽國志：晋常璩撰，共十二卷，是我國現存最早的一部
地方志。

　　[7] 迅雷風烈必變：此語見《論語·鄉黨》，但並非孔子之
言，是記述孔子在迅雷烈風之時必然震驚變色。

　　[8] 郭多：郭汜又名多，見本書卷六《董卓傳》裴松之注引
《英雄記》。

　　[9] 吾：校點本作"我"，百衲本、殿本、盧弼《集解》本作
"吾"。今從百衲本等。

　　[10] 呂不韋：戰國末衛國大商人，在趙都邯鄲見秦國入質於

趙的公子子楚，認爲“奇貨可居”，乃往見子楚曰：“吾能大子之門。”子楚笑曰：“且自大君之門，而乃大吾門！”呂不韋曰：“子不知也，吾門待子門而大也。”因以重金往秦國游説華陽夫人，立子楚爲太子。後子楚即位，即秦莊襄王，遂任呂不韋爲丞相，封文信侯。（見《史記》卷八五《呂不韋列傳》）

[11] 議郎：官名。郎官之一種，屬光禄勲，秩六百石，不入直宿衛，得參預朝政議論。　　吾：校點本作“我”，今從百衲本、殿本、盧弼《集解》本作“吾”。

　　先主據下邳。靈等還，先主乃殺徐州刺史車冑，留關羽守下邳，而身還小沛。[一]東海昌霸反，[1]郡縣多叛曹公爲先主，衆數萬人，遣孫乾與袁紹連和，曹公遣劉岱、王忠擊之，不克。五年，曹公東征先主，先主敗績。[二]曹公盡收其衆，虜先主妻子，并禽關羽以歸。

　　〔一〕胡沖《吳歷》曰：曹公數遣親近密覘諸將有賓客酒食者，輒因事害之。備時閉門，將人種蕪菁，[2]曹公使人闚門。既去，備謂張飛、關羽曰：“吾豈種菜者乎？曹公必有疑意，不可復留。”其夜開後柵，[3]與飛等輕騎俱去，所得賜遺衣服，悉封留之，乃往小沛收合兵衆。

　　臣松之案：魏武帝遣先主統諸將要擊袁術，郭嘉等並諫，魏武不從，其事顯然，非因種菜遁逃而去。如胡沖所云，何乖僻之甚乎！

　　〔二〕《魏書》曰：是時，公方有急於官渡，[4]乃分留諸將屯官渡，自勒精兵征備。備初謂公與大敵連，不得東，而候騎卒至，言曹公自來。備大驚，然猶未信。自將數十騎出望公軍，見麾旌，[5]便棄衆而走。[6]

[1] 東海：郡名。治所郯縣，在今山東郯城縣北。　　昌霸：盧弼《集解》謂即昌豨。事見本書卷一《武帝紀》建安五年。

[2] 蕪菁：植物名。又名蔓菁，塊根可作蔬菜，俗稱大頭菜。

[3] 柵：殿本、盧弼《集解》本作"棚"，百衲本、校點本作"柵"。今從百衲本等。

[4] 官渡：地名。在今河南中牟縣東北。指曹操與袁紹争戰於官渡。

[5] 麾旌：帥旗。

[6] 棄衆而走：《通鑑》卷六三漢獻帝建安五年《考異》云："計備必不至此，《魏書》多妄。"

先主走青州。青州刺史袁譚，先主故茂才也，[1]將步騎迎先主。先主隨譚到平原，譚馳使白紹。紹遣將道路奉迎，[2]身去鄴二百里，與先主相見。〔一〕駐月餘日，所失亡士卒稍稍來集。曹公與袁紹相拒於官渡，汝南黄巾劉辟等叛曹公應紹。[3]紹遣先主將兵與辟等略許下。關羽亡歸先主。曹公遣曹仁將兵擊先主，先主還紹軍，陰欲離紹，乃說紹南連荆州牧劉表。[4]紹遣先主將本兵復至汝南，與賊龔都等合，[5]衆數千人。曹公遣蔡楊擊之，[6]爲先主所殺。

〔一〕《魏書》曰：備歸紹，紹父子傾心敬重。

[1] 袁譚：汝南郡人。錢大昕云："汝南在豫州部，先主領豫州牧，故得舉譚茂才。"（《廿二史考異》卷一六）　　茂才：即秀才，東漢人避光武帝劉秀諱改，爲漢代薦舉人材科目之一。東漢之

制，州牧刺史歲舉一人。三國沿之，或稱秀才。

[2] 紹遣將道路奉迎：趙幼文《校箋》謂《册府元龜》卷一八三引作"紹遣人將騎道奉迎"，此脱"人騎"二字。按，宋本《册府元龜》仍無"人騎"二字。

[3] 汝南：郡名。治所平輿縣，在今河南平輿縣北。

[4] 荆州：漢末刺史治所襄陽縣，在今湖北襄陽市襄州區。

[5] 龔都：本書卷一《武帝紀》作"共都"。潘眉《考證》云："龔""共"同字。

[6] 蔡楊：百衲本與《華陽國志·劉先主志》作"蔡楊"，宋本《册府元龜》卷一八三引亦作"蔡楊"，殿本、盧弼《集解》本、校點本作"蔡陽"。郝經《續後漢書·昭烈皇帝紀》及本書原《武帝紀》作"蔡揚"（今已改作"蔡楊"），而四庫館臣注郝經《續後漢書》云："今志作'蔡楊'，宋本作'揚'，與此合。"清乾隆時之殿本《蜀志》又作"蔡楊"，與今傳本異。今從百衲本等。

曹公既破紹，自南擊先主。先主遣麋竺、孫乾與劉表相聞，表自郊迎，以上賓禮待之，益其兵，使屯新野。[1]荆州豪傑歸先主者日益多，表疑其心，陰禦之。〔一〕使拒夏侯惇、于禁等於博望。[2]久之，先主設伏兵，一旦自燒屯僞遁，惇等追之，爲伏兵所破。

〔一〕《九州春秋》曰：備住荆州數年，[3]嘗於表坐起至廁，見髀裏肉生，[4]慨然流涕。還坐，表怪問備，備曰："平常身不離鞍，[5]髀肉皆消。今不復騎，髀裏肉生。日月若馳，老將至矣，而功業不建，是以悲耳。"

《世語》曰：備屯樊城，[6]劉表禮焉，憚其爲人，不甚信用。曾請備宴會，蒯越、蔡瑁欲因會取備，備覺之，僞如廁，潛遁出。所乘馬名的盧，騎的盧走，墮襄陽城西檀溪水中，[7]溺不得出。

備急曰："的盧：今日厄矣，[8]可努力!"的盧乃一踊三丈，[9]遂得過，乘枔渡河，中流而追者至，以表意謝之，曰："何去之速乎!"

　　孫盛曰：[10]此不然之言。備時羈旅，客主勢殊，若有此變，豈敢晏然終表之世而無釁故乎?[11]此皆世俗妄説，[12]非事實也。

　　[1]新野：縣名。治所在今河南新野縣。

　　[2]博望：縣名。治所在今河南方城縣西南博望集。

　　[3]備住：趙幼文《校箋》謂《太平御覽》卷一七七引"住"字作"在"。郝經《續後漢書》同。疑作"在"字是。

　　[4]髀（bì）：大腿。

　　[5]平：百衲本作"平"，殿本、盧弼《集解》本、校點本作"吾"。趙幼文《校箋》謂《太平御覽》卷一一九、《册府元龜》卷一八三、郝經《續後漢書》俱作"平"。今從百衲本。

　　[6]樊城：在襄陽縣北，與襄陽隔漢水相對。在今湖北襄陽市。

　　[7]墮：盧弼《集解》本作"渡"，百衲本、殿本、校點本作"墮"。今從百衲本等。　檀溪：源出今襄陽市西柳子山，北流入漢江。

　　[8]厄：趙幼文《校箋》謂郝經《續後漢書》作"危"。

　　[9]的盧乃：殿本無"乃"字，百衲本、盧弼《集解》本、校點本有。今從百衲本等。

　　[10]孫盛曰：趙幼文《校箋》謂郝經《續後漢書》苟宗道注引"曰"下有"檀溪之事"四字。

　　[11]豈敢：趙幼文《校箋》謂郝經《續後漢書》苟宗道注引"敢"字作"能"。

　　[12]此皆：趙幼文《校箋》謂郝經《續後漢書》苟宗道注引無"皆"字。

十二年，曹公北征烏丸，先主説表襲許，表不能用。〔一〕〔及〕曹公南征表，[1]會表卒，〔二〕子琮代立，遣使請降。先主屯樊，不知曹公卒至，至宛乃聞之，[2]遂將其衆去。過襄陽，諸葛亮説先主攻琮，荆州可有。先主曰：“吾不忍也。”〔三〕乃駐馬呼琮，琮懼不能起。琮左右及荆州人多歸先主。〔四〕比到當陽，[3]衆十餘萬，輜重數千兩，日行十餘里，别遣關羽乘船數百艘，使會江陵。[4]或謂先主曰：“宜速行保江陵，今雖擁大衆，被甲者少，若曹公兵至，何以拒之？”先主曰：“夫濟大事必以人爲本，[5]今人歸吾，吾何忍棄去！”〔五〕[6]

〔一〕《漢晉春秋》曰：曹公自柳城還，[7]表謂備曰：“不用君言，故爲失此大會。”備曰：“今天下分裂，日尋干戈，事會之來，豈有終極乎？若能應之於後者，則此未足爲恨也。”

〔二〕《英雄記》曰：表病，上備領荆州刺史。

《魏書》曰：表病篤，託國於備，顧謂曰：“我兒不才，而諸將並零落，我死之後，卿便攝荆州。”備曰：“諸子自賢，君其憂病。”[8]或勸備宜從表言，備曰：“此人待我厚，今從其言，人必以我爲薄，所不忍也。”[9]

臣松之以爲表夫妻素愛琮，捨適立庶，情計久定，[10]無緣臨終舉荆州以授備，此亦不然之言。

〔三〕孔衍《漢魏春秋》曰：劉琮乞降，不敢告備。備亦不知，久之乃覺，遣所親問琮。琮令宋忠詣備宣旨。[11]是時曹公在宛，備乃大驚駭，謂忠曰：“卿諸人作事如此，不早相語，今禍至方告我，不亦太劇乎！”引刀向忠曰：“今斷卿頭，不足以解忿，亦恥大丈夫臨别復殺卿輩！”遣忠去，乃呼部曲議。[12]或勸備劫將琮及荆州吏士徑南到江陵，備答曰：“劉荆州臨亡託我以孤遺，背信自濟，吾所不爲，死何面目以見劉荆州乎！”

〔四〕《典略》曰：備過辭表墓，遂泣涕而去。[13]

〔五〕習鑿齒曰：先主雖顛沛險難而信義愈明，勢偪事危而言不失道。追景升之顧，則情感三軍；戀赴義之士，則甘與同敗。觀其所以結物情者，豈徒投醪撫寒含蓼問疾而已哉！[14]其終濟大業，不亦宜乎！

[1] 及曹公南征表：各本皆作“曹公南征表”。盧弼《集解》本引殿本《考證》盧明楷曰：“按《武帝紀》建安十三年‘秋七月，公南征劉表。八月，表卒’。此云‘南征表’繫於十二年誤，恐上更有脱文也。”趙幼文《校箋》謂盧明楷襲何焯之説。考《太平御覽》卷一一七引作“及曹公南征，會表死”。此脱“及”字，與上詞意不接，何氏謂有脱文是也，當補“及”字。今從趙説補。

[2] 宛：縣名。治所在今河南南陽市。

[3] 當陽：縣名。治所在今湖北荆門市西南。

[4] 江陵：縣名。治所在今湖北荆州市江陵縣。

[5] 濟大事必以人爲本：趙幼文《校箋》謂《太平御覽》卷一一七引“事”下有“者”字，無“必”字。《華陽國志》亦無“必”字。

[6] 吾何忍：趙幼文《校箋》謂《太平御覽》引無“吾”字，《華陽國志》同。

[7] 柳城：西漢縣名。西漢時屬遼西郡。東漢省。治所在今遼寧朝陽市西南十二臺營子。（本《〈中國歷史地圖集〉釋文匯編（東北卷）》）

[8] 憂病：盧弼《集解》謂馮夢禎本“病”作“疾”。趙幼文《校箋》謂陳仁錫本亦作“疾”。

[9] 不忍：趙幼文《校箋》謂馮夢禎本、陳仁錫本“忍”字

作"爲"。

［10］情計：殿本"計"字作"既"，百衲本、盧弼《集解》本、校點本作"計"。今從百衲本等。

［11］宋忠：儒學之士。見本書卷六《劉表傳》裴松之注引《英雄記》。 宣旨：趙幼文《校箋》謂《太平御覽》卷三四五引"旨"字作"白"。

［12］部曲：本爲漢代軍隊的編制。《續漢書·百官志》云："大將軍營五部，部校尉一人，部下有曲。"因稱軍隊爲部曲。魏、晉以後，又稱私人武裝爲部曲。

［13］泣涕：盧弼《集解》本、校點本作"涕泣"，百衲本、殿本作"泣涕"，郝經《續後漢書》亦作"泣涕"。今從百衲本等。

［14］投醪撫寒：謂君主撫慰百姓，與民同甘苦。《吕氏春秋·季秋紀·順民》謂越王勾踐"苦會稽之耻，欲深得民心，以致死於吴"，"有甘脆不足分，弗敢食，有酒流之江，與民同之"。高誘注："投醪同味。" 含蓼（liǎo）問疾：謂君主艱苦自礪，撫慰百姓。《吴越春秋·勾踐歸國外傳》云："越王念復吴讎，非一旦也。苦身勞心，夜以接日，目卧則攻之以蓼（苦菜），足寒則漬之以水，冬常抱冰，夏還握火。"

曹公以江陵有軍實，恐先主據之，乃釋輜重，輕軍到襄陽。聞先主已過，曹公將精騎五千急追之，一日一夜行三百餘里，及於當陽之長坂。[1]先主棄妻子，與諸葛亮、張飛、趙雲等數十騎走，曹公大獲其人衆輜重。先主斜趨漢津，[2]適與羽船會，得濟沔，[3]遇表長子江夏太守琦衆萬餘人，[4]與俱到夏口。[5]先主遣諸葛亮自結於孫權，〔一〕權遣周瑜、程普等水軍數萬，與先主并力，〔二〕與曹公戰於赤壁，[6]大破之，焚其舟船。

先主與吳軍水陸並進，追到南郡，[7]時又疾疫，北軍多死，曹公引歸。[三][8]

〔一〕《江表傳》曰：孫權遣魯肅弔劉表二子，并令與備相結。肅未至而曹公已濟漢津。肅故進前，與備相遇於當陽。因宣權旨，論天下事勢，致殷勤之意。且問備曰："豫州今欲何至？"備曰："與蒼梧太守（吳臣）〔吳巨〕有舊，[9]欲往投之。"肅曰："孫討虜聰明仁惠，[10]敬賢禮士，江表英豪，咸歸附之，已據有六郡，[11]兵精糧多，足以立事。今爲君計，莫若遣腹心使自結於東，崇連和之好，共濟世業，[12]而云欲投（吳臣）〔吳巨〕，（臣）〔巨〕是凡人，偏在遠郡，行將爲人所併，豈足託乎？"備大喜，進住鄂縣，[13]即遣諸葛亮隨肅詣孫權，結同盟誓。

〔二〕《江表傳》曰：備從魯肅計，進住鄂縣之樊口。[14]諸葛亮詣吳未還，備聞曹公軍下，恐懼，日遣邏吏於水次候望權軍。吏望見瑜船，馳（往）〔還〕白備，[15]備曰："何以知（之）非青徐軍邪？"[16]吏對曰："以船知之。"備遣人慰勞之。[17]瑜曰："有軍任，不可得委署，[18]儻能屈威，[19]誠副其所望。"備謂關羽、張飛曰："彼欲致我，我今自結託於東而不往，[20]非同盟之意也。"乃乘單舸往見瑜，問曰："今拒曹公，[21]深爲得計。戰卒有幾？"瑜曰："三萬人。"備曰："恨少。"瑜曰："此自足用，豫州但觀瑜破之。"備欲呼魯肅等共會語，瑜曰："受命不得妄委署，若欲見子敬，[22]可別過之。又孔明已俱來，[23]不過三兩日到也。"備雖深愧異瑜，而心未許之能必破北軍也，故差池在後，[24]將二千人與羽、飛俱，未肯係瑜，蓋爲進退之計也。

孫盛曰：劉備雄才，處必亡之地，告急於吳，而獲奔助，無緣復顧望江渚而懷後計。《江表傳》之言，當是吳人欲專美之辭。

〔三〕《江表傳》曰：周瑜爲南郡太守，分南岸地以給備。[25]備別立營於油江口，[26]改名爲公安。[27]劉表吏士見從北軍，[28]多叛來投備。備以瑜所給地少，不足以安民，（後）〔復〕從權借荊州數郡。[29]

［1］長坂：地名。在今湖北荆門市西南。

［2］漢津：津渡名。在今湖北荆門市東漢水上。

［3］沔：水名。即漢水。

［4］江夏：郡名。東漢時治所西陵縣，在今湖北新洲縣西。漢末，劉表以黄祖爲太守，治沙羨（yí），在今湖北武漢市武昌區西南。黄祖死後，劉琦爲太守，卻屯夏口。

［5］夏口：地名。在今湖北武漢市原漢水入長江處。詳見本書卷一《武帝紀》建安十三年注。

［6］赤壁：山名。在今湖北赤壁市西北長江邊。詳見本書《武帝紀》建安十三年注。

［7］南郡：治所江陵縣，在今湖北荆州市江陵縣。

［8］曹公引歸：劉咸炘《知意》云："觀《魏書·武帝紀》亦止云：'與備戰不利，乃引軍還，備遂有荆州江南。'注引《山陽公載記》亦云'船艦爲備所燒'，皆不及（周）瑜。是此役固不以吳爲主也。"

［9］蒼梧：郡名。治所廣信縣，在今廣西梧州市。　吳巨：各本皆作"吳臣"。殿本《考證》云："'吳臣'疑作'吳巨'。下同。"潘眉《考證》亦謂《士燮傳》《薛綜傳》等均作"吳巨"，此作"吳臣"誤。校點本即從潘説改。今從之。

［10］孫討虜：即孫權。建安五年（200）孫策死後，孫權繼之，曹操表薦孫權爲討虜將軍。

［11］六郡：指會稽、吳、丹陽、豫章、廬陵、廬江等郡。

［12］世業：胡三省云："猶言世事也。"（《通鑑》卷六五漢獻帝建安十三年注）

［13］鄂縣：治所在今湖北鄂州市。

［14］樊口：地名。在今湖北鄂州市西。《水經·江水注》謂

樊山下寒溪水注入大江之處。

　　〔15〕馳還：各本皆作"馳往"。趙幼文《校箋》謂《藝文類聚》卷七一、《太平御覽》卷七七〇引"往"字俱作"還"。今從趙説改。

　　〔16〕何以知：各本皆作"何以知之"。校點本從何焯説删"之"字。趙幼文《校箋》謂《藝文類聚》卷七一、《太平御覽》卷七七〇引"知"下無"之"字，何校是也。今從校點本。

　　〔17〕慰勞之：趙幼文《校箋》謂《藝文類聚》《太平御覽》引"之"字作"瑜"。

　　〔18〕委署：謂擅離職守。

　　〔19〕屈威：謂屈威前來相見。

　　〔20〕自結託：趙幼文《校箋》謂《藝文類聚》卷七一、《太平御覽》卷七七〇引俱無"結"字。

　　〔21〕曹公：趙幼文《校箋》謂《藝文類聚》引"公"字作"氏"。按，此蓋《校箋》之誤鈔，實爲《太平御覽》引"公"字作"氏"，《藝文類聚》仍作"公"。

　　〔22〕子敬：魯肅字子敬。

　　〔23〕孔明：諸葛亮字孔明。

　　〔24〕差（cī）池：不齊。

　　〔25〕南岸地：盧弼《集解》云："周瑜分南岸地給備者，即指油口立營之地，非謂江南四郡也。"

　　〔26〕油江口：地名。即油口，在今湖北公安縣西北，古油水入大江處。

　　〔27〕公安：後爲縣，治所在今湖北公安縣西。

　　〔28〕從：百衲本、殿本作"堤"，盧弼《集解》本、校點本作"從"。今從《集解》本等。

　　〔29〕復：各本皆作"後"。趙一清《注補》謂何焯校改作"復"。校點本即從何焯説改。今從之。　　借荆州數郡：清代學者對孫權借荆州與劉備之説，大加駁斥，認爲荆州本非孫權之地；赤壁

之勝，又是劉、孫聯合作戰之結果；且荆州南部四郡，又是劉備單獨取得的，爲何言借？此説有理，詳見趙翼《廿二史札記》卷七《借荆州之非》。

先主表琦爲荆州刺史，又南征四郡。武陵太守金旋、長沙太守韓玄、桂陽太守趙範、零陵太守劉度皆降。〔一〕[1]廬江雷緒率部曲數萬口稽顙。[2]琦病死，羣下推先主爲荆州牧，治公安。〔二〕[3]權稍畏之，進妹固好。[4]先主至京見權，[5]綢繆恩紀。〔三〕[6]權遣使云欲共取蜀，[7]或以爲宜報聽許，吴終不能越荆有蜀，蜀地可爲己有。荆州主簿殷觀進曰：[8]“若爲吴先驅，進未能克蜀，退爲吴所乘，即事去矣。今但可然贊其伐蜀，而自説新據諸郡，未可興動，[9]吴必不敢越我而獨取蜀。如此進退之計，可以收吴、蜀之利。”先主從之，權果輟計。遷觀爲別駕從事。〔四〕

〔一〕《三輔決録注》曰：金旋字元機，京兆人，[10]歷位黄門郎，[11]漢陽太守，[12]徵拜議郎，遷中郎將，領武陵太守，爲備所攻劫死。子褘，[13]事見《魏武本紀》。

〔二〕《江表傳》曰：備立營於油口，改名爲公安。[14]

〔三〕《山陽公載記》曰：備還，謂左右曰：“孫車騎長上短下，[15]其難爲下，吾不可以再見之。”乃晝夜兼行。

臣松之案：《魏書》載劉備與孫權語，與《蜀志》述諸葛亮與權語正同。劉備未破魏軍之前，尚未與孫權相見，不得有此説。故知《蜀志》爲是。[16]

〔四〕《獻帝春秋》曰：孫權欲與備共取蜀，遣使報備曰：“米賊張魯居王巴、漢，[17]爲曹操耳目，規圖益州。[18]劉璋不武，不能自守。若操得蜀，則荊州危矣。今欲先攻取璋，進討張魯，首尾相連，一統吳、楚，[19]雖有十操，無所憂也。"備欲自圖蜀，拒答不聽，曰："益州民富彊，土地險阻，劉璋雖弱，足以自守。張魯虛僞，未必盡忠於操。今暴師於蜀、漢，轉運於萬里，欲使戰克攻取，舉不失利，此吳起不能定其規，[20]孫武不能善其事也。[21]曹操雖有無君之心，而有奉主之名，議者見操失利於赤壁，謂其力屈，無復遠志也。今操三分天下已有其二，將欲飲馬於滄海，觀兵於吳、會，[22]何肯守此坐須老乎？今同盟無故自相攻伐，借樞於操，使敵承其隙，[23]非長計也。"權不聽，遣孫瑜率水軍住夏口。備不聽軍過，謂瑜曰："汝欲取蜀，吾當被髮入山，不失信於天下也。"使關羽屯江陵，張飛屯秭歸，[24]諸葛亮據南郡，備自住孱陵。[25]權知備意，因召瑜還。

[1] 武陵：郡名。治所臨沅縣，在今湖南常德市。　長沙：郡名。治所臨湘縣，在今湖南長沙市。　桂陽：治所郴縣，在今湖南郴州市。　零陵：郡名。治所泉陵縣，在今湖南永州市。此四郡即荊州南四郡。

[2] 廬江：郡名。治所本在舒縣，在今安徽廬江縣西南。建安四年（199）劉勳移於皖縣，在今安徽潛山縣。

[3] 公安：百衲本、殿本、盧弼《集解》本在"公安"下皆有一段裴松之注引的《江表傳》，校點本自 1959 年 12 月第 1 版即脫漏此段裴松之注，1982 年 7 月第 2 版亦未補上。今據百衲本鈔錄增補。

[4] 進妹固好：盧弼《集解》云："建安十四年，先主年四十九，孫權年二十九，其妹年約二十餘，嫁此將近五十之老翁，史文'進妹固好'四字，大可玩也。"

[5] 京：城名。即京城，又稱京鎮、京口城。在今江蘇鎮江市。

　　〔6〕綢繆恩紀：密切恩情。

　　〔7〕蜀：地區名。指今四川成都平原一帶，秦滅蜀前爲蜀國地。

　　〔8〕主簿：官名。漢代中央州郡縣皆置，以典領文書，辦理事務。

　　〔9〕興動：百衲本、殿本作“與動”，盧弼《集解》本、校點本作“興動”。郝經《續後漢書·昭烈皇帝紀》亦作“興動”。今從《集解》本等。

　　〔10〕京兆：即京兆尹，治所長安縣，在今陝西西安市西北。

　　〔11〕黄門郎：官名。即給事黄門侍郎，東漢時秩六百石，掌侍從皇帝左右，給事禁中，關通內外。

　　〔12〕漢陽：郡名。治所冀縣，在今甘肅甘谷縣東。

　　〔13〕褘：殿本作“偉”，百衲本、盧弼《集解》本、校點本作“褘”。今從百衲本等。

　　〔14〕改名爲：殿本、盧弼《集解》本無“爲”字，百衲本有。今從百衲本。

　　〔15〕孫車騎：即孫權。建安十四年劉備曾表薦孫權代理車騎將軍。　長上短下：謂上肢長下肢短。

　　〔16〕是：盧弼《集解》本作“實”，百衲本、殿本、校點本作“是”。今從百衲本等。

　　〔17〕米賊：張魯所傳之五斗米道，入道者須納五斗米，故有此罵稱。　居：百衲本、盧弼《集解》本、校點本作“居”，殿本作“據”。盧弼謂郝經《續後漢書》作“據”。按，二字義同。《廣雅·釋言》：“居，據也。”今仍從百衲本等。　巴：郡名。治所江州縣，在今重慶渝中區。　漢：漢中郡，治所南鄭縣，在今陝西漢中市東。

　　〔18〕益州：刺史治所成都縣，在今四川成都市舊東、西城區。

　　〔19〕吳楚：指春秋吳國、楚國之故地，即今湖北、湖南、江蘇、上海、浙江等地。

[20] 吳起：戰國兵家，善用兵。著有《兵法》，《漢書·藝文志》著録《吳起》四十八篇，已佚。

[21] 孫武：春秋兵家，著有《兵法》十三篇，即傳至今之《孫子兵法》。

[22] 吳會：吳郡、會稽郡。指江東。

[23] 承：盧弼《集解》云：“元本‘承’字作‘乘’，《通鑑》同。”按，二字可通。朱駿聲《説文通訓定聲·升部》：“承，假借爲乘。”

[24] 秭歸：縣名。治所在今湖北秭歸縣。

[25] 孱（zhàn）陵：百衲本、殿本、盧弼《集解》本作“潺陵”。盧弼云：“‘潺’當作‘孱’。”校點本作“孱陵”。今從之。孱陵，縣名。劉備改名公安，治所在今湖北公安縣西。

　　十六年，益州牧劉璋遥聞曹公將遣鍾繇等向漢中討張魯，内懷恐懼。别駕從事蜀郡張松説璋曰：“曹公兵彊無敵於天下，若因張魯之資以取蜀土，誰能禦之者乎？”璋曰：“吾固憂之而未有計。”松曰：“劉豫州，使君之宗室而曹公之深讎也，善用兵，若使之討魯，魯必破。魯破，則益州彊，曹公雖來，無能爲也。”璋然之，遣法正將四千人迎先主，前後賂遺以巨億計。正因陳益州可取之策。[一]先主留諸葛亮、關羽等據荆州，將步卒數萬人入益州。至涪，[1]璋自出迎，相見甚歡。張松令法正白先主，及謀臣龐統進説，便可於會所襲璋。先主曰：“此大事也，不可倉卒。”璋推先主行大司馬，[2]領司隸校尉；[3]先主亦推璋行鎮西大將軍，[4]領益州牧。璋增先主兵，使擊張魯，又令督白水軍。[5]先主并軍三萬餘人，車甲器械資貨甚盛。是歲，璋還成都。先主北到葭萌，[6]未即討魯，厚樹恩德，以收衆心。

〔一〕《吳書》曰：備前見張松，後得法正，皆厚以恩意接納，[7]盡其殷勤之歡。因問蜀中闊狹，兵器府庫人馬衆寡，及諸要害道里遠近，松等具言之，[8]又畫地圖山川處所，由是盡知益州虛實也。

［1］涪：縣名。治所在今四川綿陽市東涪江東岸。

［2］大司馬：官名。東漢初改大司馬爲太尉，爲三公之一。漢靈帝時又與太尉並置，而位在三公上。

［3］司隸校尉：官名。秩比二千石。掌糾察京師百官違法者，並治所轄各郡，相當於州刺史。

［4］行：殿本、盧弼《集解》本作“持”，百衲本、校點本作“行”。今從百衲本等。 鎮西大將軍：官名。職掌與鎮西將軍同，唯資深者爲大將軍。

［5］白水：縣名。治所在今四川青川縣東北白水鎮。劉璋在此設有關隘，駐軍扼守。

［6］葭萌：縣名。治所在今四川廣元市西南。

［7］恩意：盧弼《集解》云：“元本‘意’作‘義’，馮本作‘遇’，《通鑑考異》作‘德’。”趙幼文《校箋》謂郝經《續後漢書》《册府元龜》卷八一三引俱作“義”，陳仁錫本作“遇”。疑作“義”字是。

［8］松等具言之：《通鑑》卷六六漢獻帝建安十六年《考異》云：“按劉璋、劉備《傳》，松未嘗先見備，《吳書》誤也。”

明年，曹公征孫權，權呼先主自救。先主遣使告璋曰：“曹公征吳，吳憂危急。孫氏與孤本爲脣齒，又樂進在青泥與關羽相拒，[1]今不往救羽，進必大克，轉侵州界，其憂有甚於魯。魯自守之賊，不足慮也。”乃從璋求萬兵及資（寶）〔實〕，[2]欲以東行。璋但許兵四千，其餘皆給半。〔一〕張松書與先主及法正曰：“今大事垂可立，如何釋此去乎！”松兄廣漢太守肅，[3]懼禍逮己，[4]白璋發其謀。於是璋收斬松，嫌隙始構矣。〔二〕璋敕關戍諸將文書勿復關通先主。[5]先主大怒，召璋白水軍督楊懷，責以無禮，斬之。[6]乃使黃忠、卓膺勒兵向璋。先主徑至關中，[7]質諸將并士卒妻子，引兵與忠、膺等進到涪，據其城。璋遣劉璝、冷苞、張任、鄧賢等拒先主於涪，〔三〕皆破敗，退保綿竹。[8]璋復遣李嚴督綿竹諸軍，[9]嚴率眾降先主。先主軍益強，分遣諸將平下屬縣，諸葛亮、張飛、趙雲等將兵泝流定白帝、江州、江陽，[10]惟關羽留鎮荊州。先主進軍圍雒；時璋子循守城，被攻且一年。

〔一〕《魏書》曰：備因激怒其眾曰：“吾爲益州征強敵，師徒勤瘁，不遑寧居；今積帑藏之財而恡於賞功，望士大夫爲出死力戰，[11]其可得乎！”[12]

〔二〕《益部耆舊雜記》曰：張肅有威儀，容貌甚偉。松爲人短小，放蕩不治節操，然識達精果，有才幹。劉璋遣詣曹公，曹公不甚禮；公主簿楊脩深器之，[13]白公辟松，公不納。脩以公所撰兵書示松，松宴飲之間一看便闇誦。[14]脩以此益異之。[15]

〔三〕《益部耆舊雜記》曰：張任，蜀郡人，家世寒門。少有膽勇，有志節，[16]仕州爲從事。

[1] 青泥：地名。在今湖北襄陽市西北。

〔2〕資實：各本皆作“資寶”，《華陽國志・劉二牧志》作“資實”。校點本即據《華陽國志》改。今從之。

〔3〕廣漢：郡名。治所雒縣，在今四川廣漢市北。

〔4〕逮：殿本、盧弼《集解》本作“及”，百衲本、校點本作“逮”。今從百衲本等。

〔5〕關通：吳金華《校詁》云：“傳告聯絡謂之‘關通’。”

〔6〕斬之：據本書卷三七《龐統傳》，被斬者還有高沛。

〔7〕關中：盧弼《集解》云：“《通鑑》作‘關頭’。胡三省曰：即水頭關也。”趙一清《注補》又云：“關中，謂白水關也。”

〔8〕緜竹：縣名。治所在今四川德陽市北黃許鎮。

〔9〕緜竹：盧弼《集解》本作“緜州”，百衲本、殿本、校點本作“緜竹”。今從百衲本等。

〔10〕白帝：城名。在今重慶奉節縣東白帝山上。　江陽：縣名。治所在今四川瀘州市。劉璋分犍爲郡置江陽郡，以此爲治所。

〔11〕士大夫：指將士。

〔12〕其可得乎：劉咸炘《知意》云：“下文‘勿關通’乃怒，此時未有此意。王沈造作，故承祚不取。”

〔13〕公：百衲本、殿本作“松”，屬上句；盧弼《集解》本、校點本作“公”，屬此句。今從《集解》本等。

〔14〕宴飲：百衲本作“飲宴”，今從殿本、盧弼《集解》本、校點本作“宴飲”。　看：各本皆作“看”，盧弼《集解》本謂《太平御覽》卷三八九引《益部耆舊傳》作“省”。

〔15〕異：殿本、盧弼《集解》本作“奇”，百衲本、校點本作“異”。今從百衲本等。

〔16〕有志節：趙幼文《校箋》謂郝經《續後漢書》苟宗道注引無“有”字。

　　十九年夏，雒城破，〔一〕進圍成都數十日，璋出降。[二]蜀中殷盛豐樂，先主置酒大饗士卒，取蜀城中金銀分賜將士，[1]還其穀帛。先主復領益州牧，諸葛亮爲股肱，法正爲謀主，關羽、張飛、馬超爲爪牙，許靖、麋竺、簡雍爲賓友。及董和、黃權、李嚴等本璋之所授用也，[2]吳壹、費觀等又璋之婚親也，[3]彭羕又璋之所排擯也，[4]劉巴者宿昔之所忌恨也，[5]皆處之顯任，盡其器能。有志之士，無不競勸。

〔一〕《益部耆舊雜記》曰：劉璋遣張任、劉璝率精兵拒捍先主於涪，爲先主所破，退與璋子循守雒城。任勒兵出於雁橋，[6]戰復敗。禽任。先主聞任之忠勇，令軍降之，任厲聲曰：“老臣終不復事二主矣。”乃殺之。先主歎惜焉。[7]

〔二〕《傅子》曰：初，劉備襲蜀，丞相掾趙戩曰：[8]“劉備其不濟乎？拙於用兵，每戰則敗，[9]奔亡不暇，何以圖人？蜀雖小區，險固四塞，獨守之國，難卒并也。”徵士傅幹曰：[10]“劉備寬仁有度，能得人死力。諸葛亮達治知變，正而有謀，而爲之相；張飛、關羽勇而有義，皆萬人之敵，而爲之將：此三人者，皆人傑也。以備之略，三傑佐之，何爲不濟也？”[11]

《典略》曰：趙戩，字叔茂，京兆長陵人也。[12]質而好學，言稱《詩》《書》，愛恤於人，[13]不論疎密。辟公府，入爲尚書選部郎。[14]董卓欲以所私並充臺閣，戩拒不聽。卓怒，召戩欲殺之，觀者皆爲戩懼，而戩自若。及見卓，引辭正色，[15]陳說是非，卓雖凶庾，屈而謝之。遷平陵令。[16]故將王允被害，莫敢近者，戩棄官收斂之。三輔亂，[17]戩客荆州，劉表以爲賓客。曹公平荆州，執戩手曰：“何相見之晚也！”遂辟爲掾。後爲五官將司馬，[18]相國鍾繇長史，[19]年六十餘卒。

　　〔1〕蜀：郡名。治所即成都縣。在今四川成都市舊東、西城區。

　　〔2〕璋之所授用：俱見本書卷三九《董和傳》、卷四三《黃權傳》、卷四〇《李嚴傳》。

　　〔3〕璋之婚親：見本書卷四五《楊戲傳》附《季漢輔臣贊》中之吳壹、費觀。

　　〔4〕璋之所排擯：見本書卷四〇《彭羕傳》。

　　〔5〕劉巴者：趙幼文《校箋》謂《華陽國志》無"者"字，《草堂詩箋》卷三〇引同。考上文彭羕下無"者"字，此似應刪。
　　宿昔之所忌恨：見本書卷三九《劉巴傳》。

　　〔6〕雁橋：雁江上之橋。雁江又名中水，即今沱江。雁橋在今四川廣漢市東北。

　　〔7〕歎惜：殿本、盧弼《集解》本作"歎息"，百衲本、校點本作"歎惜"。今從百衲本等。

　　〔8〕丞相掾：官名。丞相府之屬吏。丞相府設有諸曹，如東曹、戶曹、金曹、兵曹等。掾即爲曹長。按，此以趙戩以後之官稱之。劉備襲蜀時尚無此官。

　　〔9〕則：殿本、盧弼《集解》本作"必"，百衲本、校點本作"則"。今從百衲本等。

　　〔10〕徵士：本指不接受朝廷徵聘之隱士。而本書卷一《武帝紀》建安十九年裴松之注引《九州春秋》謂傅幹終於丞相倉曹屬；《晋書》卷四七《傅玄傳》亦謂傅幹爲魏扶風太守。趙幼文《校箋》則謂《草堂詩箋》卷三〇引"徵"字作"處"。

　　〔11〕不濟也：百衲本無"也"字，殿本、盧弼《集解》本、校點本有。今從殿本等。

　　〔12〕長陵：縣名。治所在今陝西咸陽市東北。　人也：百衲本無"也"字，殿本、盧弼《集解》本、校點本有。今從殿本等。

　　〔13〕愛恤：盧弼《集解》謂馮夢禎本"恤"字作"惜"。趙幼文《校箋》亦謂陳仁錫本作"惜"。

［14］尚書選部郎：官名。漢靈帝時改尚書臺吏曹爲選部，仍掌官吏選任。尚書爲其長官，郎主文書起草。

［15］引辭：殿本《考證》云："引，《太平御覽》作'列'。"趙幼文《校箋》謂此見《太平御覽》卷二一六。

［16］平陵：縣名。治所在今陝西咸陽市西北。

［17］三輔：地區名。西漢都城在長安，遂以長安爲中心置京兆尹、右扶風、左馮（píng）翊（yì），合稱三輔。東漢定都洛陽，以三輔陵廟所在，不改其號，仍稱三輔。轄區在今陝西渭水流域。

［18］五官將：即五官中郎將。漢代主管五官郎，職掌宿衛殿門，出充車騎，屬光禄勳，不置僚屬，秩比二千石。漢末曹丕爲此官，置僚屬。司馬即其僚屬之一，掌參贊軍務，管理府内武職。

［19］相國：官名。漢獻帝建安十八年（213）封曹操爲魏公，建立魏國。魏國置丞相，至二十一年改爲相國，職掌不變。　　長史：官名。相國長史置二員，分左、右，署理相國府諸曹，監領府事。秩千石。

二十年，孫權以先主已得益州，使使報欲得荆州。先主言："須得涼州，[1]當以荆州相與。"權忿之，乃遣吕蒙襲奪長沙、零陵、桂陽三郡。先主引兵五萬下公安，令關羽入益陽。[2]是歲，曹公定漢中，張魯遁走巴西。[3]先主聞之，與權連和，分荆州，江夏、長沙、桂陽東屬，南郡、零陵、武陵西屬，引軍還江州。遣黃權將兵迎張魯，張魯已降曹公。曹公使夏侯淵、張郃屯漢中，數數犯暴巴界。先主令張飛進兵宕渠，[4]與郃等戰於瓦口，[5]破〔之〕，[6]郃等收兵還南鄭。先主亦還成都。

二十三年，先主率諸將進兵漢中。分遣將軍吴蘭、雷銅等入武都，^[7]皆爲曹公軍所没。先主次于陽平關，^[8]與淵、郃等相拒。

二十四年春，自陽平南渡沔水，緣山稍前，於定軍山勢作營。^[9]淵將兵來爭其地。先主命黄忠乘高鼓譟攻之，大破淵軍，斬淵及曹公所署益州刺史趙顒等。^[10]曹公自長安舉衆南征。^[11]先主遥策之曰：“曹公雖來，無能爲也，我必有漢川矣。”^[12]及曹公至，先主斂衆拒險，終不交鋒，積月不拔，^[13]亡者日多。^[14]夏，曹公果引軍還，先主遂有漢中。遣劉封、孟達、李平等攻申耽於上庸。^[15]

秋，羣下上先主爲漢中王，表於漢帝曰：“平西將軍都亭侯臣馬超、^[16]左將軍（領）長史〔領〕鎮軍將軍臣許靖、^[17]營司馬臣龐羲、^[18]議曹從事中郎軍議中郎將臣射援、〔一〕^[19]軍師將軍臣諸葛亮、^[20]盪寇將軍漢壽亭侯臣關羽、^[21]征虜將軍新亭侯臣張飛、^[22]征西將軍臣黄忠、^[23]鎮遠將軍臣賴恭、^[24]揚武將軍臣法正、^[25]興業將軍臣李嚴等一百二十人上言曰：^[26]昔唐堯至聖而四凶在朝，^[27]周成仁賢而四國作難，^[28]高后稱制而諸吕竊命，^[29]孝昭幼沖而上官逆謀，^[30]皆馮世寵，^[31]藉履國權，窮凶極亂，社稷幾危。非大舜、周公、朱虛、博陸，則不能流放禽討，安危定傾。伏惟陛下誕姿聖德，統理萬邦，而遭厄運不造之艱。^[32]董卓首難，蕩覆京畿，曹操階禍，竊執天衡；皇后太子，鴆殺見害，^[33]剥亂天下，殘毁民物。久令陛下蒙塵憂厄，幽處虛邑。人神無主，遏絶王命，厭昧皇極，欲盜神器。

左將軍領司隸校尉豫、荊、益三州牧宜城亭侯備，受朝爵秩，念在輸力，以殉國難。覩其機兆，赫然憤發，與車騎將軍董承同謀誅操，將安國家，克寧舊都。會承機事不密，令操游魂得遂長惡，殘泯海內。臣等每懼王室大有閣樂之禍，小有定安之變，[二]夙夜惴惴，戰慄累息。昔在《虞書》，[34]敦序九族，周監二代，封建同姓，《詩》著其義，[35]歷載長久。漢興之初，割裂疆土，尊王子弟，是以卒折諸呂之難，而成太宗之基。[36]臣等以備肺腑枝葉，宗子藩翰，心存國家，念在弭亂。自操破於漢中，海內英雄望風蟻附，而爵號不顯，九錫未加，[37]非所以鎮衛社稷，光昭萬世也。奉辭在外，禮命斷絕。昔河西太守梁統等值漢中興，[38]限於山河，位同權均，不能相率，咸推竇融以爲元帥，卒立效績，摧破隗囂。今社稷之難，急於隴、蜀，[39]操外吞天下，內殘羣寮，朝廷有蕭牆之危，[40]而禦侮未建，[41]可爲寒心。臣等輒依舊典，封備漢中王，拜大司馬，董齊六軍，糾合同盟，掃滅凶逆。以漢中、巴、蜀、廣漢、犍爲爲國，[42]所署置依漢初諸侯王故典。夫權宜之制，苟利社稷，專之可也。然後功成事立，臣等退伏矯罪，[43]雖死無恨。"遂於沔陽設壇場，[44]陳兵列衆，羣臣陪位，讀奏訖，御王冠於先主。

〔一〕《三輔決錄注》曰：援字文雄，扶風人也。[45]其先本姓謝，與北地諸謝同族。始祖謝服爲將軍出征，天子以謝服非令名，改爲射，[46]子孫氏焉。兄堅，字文固，少有美名，辟公府，爲黃門侍郎。獻帝之初，三輔饑亂，堅去官，與弟援南入蜀依劉璋，璋以堅爲長史。[47]劉備代璋，以堅爲廣漢、蜀郡太守。援亦少有名行，太尉皇甫嵩賢其才而以女妻之，[48]丞相諸葛亮以援爲祭酒，[49]遷從事中郎，卒官。

〔二〕趙高使閻樂殺二世。[50]王莽廢孺子以爲定安公。[51]

[1] 涼州：漢靈帝中平後，迄於建安末，刺史治所冀縣，在今甘肅甘谷縣東。（本《續漢書·郡國志》王先謙《集解》引馬與龍説）

[2] 益陽：縣名。治所在今湖南益陽市東。

[3] 巴西：郡名。治所閬中縣，在今四川閬中市。

[4] 宕渠：縣名。治所在今四川渠縣東北土溪鄉。

[5] 瓦口：地名。在今四川渠縣東。謝鍾英《三國疆域表》云：“瓦口，今渠縣東流河入渠水之口。”

[6] 破之：各本皆無“之”字。趙幼文《校箋》云：“《季漢書》‘破’下有‘之’字。考《張飛傳》：‘飛遂破郃，郃棄馬緣山，獨與麾下十餘人從間道退，引軍還南鄭。’則‘破’下或當從《季漢書》增‘之’字。”按，趙説是。蕭常《續後漢書》亦載：“昭烈遣張飛帥師進次宕渠，與郃等戰於瓦口，大敗之。郃等收餘衆，走南鄭。”亦有“之”字。盧弼《集解》則謂當於下句“郃等”下增“郃”字，校點本即從盧説增“郃”字，雖於上下文義可通，但無文獻依據，故仍從趙説據《季漢書》、蕭書增“之”字。

[7] 雷銅：盧弼《集解》本作“雷同”，百衲本、殿本、校點本作“雷銅”。今從百衲本等。　武都：殿本作“成都”，百衲本、盧弼《集解》本、校點本作“武都”。今從百衲本等。武都，郡名。治所下辨縣，在今甘肅成縣西。徐紹楨《質疑》謂此事本書卷一《武帝紀》載於建安二十二年（217），卷三七《法正傳》亦謂

在二十二年。

[8] 陽平關：關隘名。在今陝西勉縣西北白馬城。今寧强縣亦有陽平關，乃後代移置，非古陽平關。

[9] 定軍山勢：校點本 1982 年 7 月第 2 版作"定軍興勢"，百衲本、殿本、盧弼《集解》本、校點本 1959 年 12 月第 1 版皆作"定軍山勢"。今從百衲本等。定軍山，在今陝西勉縣東南。吳金華《校詁》謂"勢"爲高險可屯居之地，此云"於定軍山勢作營"，即謂於定軍山上可屯居之要地駐軍。

[10] 斬淵：百衲本、殿本、盧弼《集解》本"斬淵"下皆有"郃"字。錢大昭《辨疑》云："張郃至明帝時尚在，其不薨於陽平之役明矣。郃本《傳》但言淵爲備所殺也。此'郃'字衍，因上文淵、郃並舉而誤。"校點本無"郃"字。今從之。

[11] 長安：縣名。治所在今陝西西安市西北。

[12] 漢川：此指漢中。

[13] 積月不拔：趙幼文《校箋》謂《太平御覽》卷三三一引"月"字作"日"，《通典》（見《兵十二》）引同，又"拔"字作"戰"。

[14] 亡者日多：趙幼文《校箋》謂《太平御覽》作"士亡者日多"，《通典》作"兵士亡者日多"。

[15] 李平：潘眉《考證》云："考平以建安十九年爲犍爲太守，至章武二年乃徵詣永安宮，當劉、孟攻上庸時，平方在犍爲；又平初爲嚴，至建興八年始改名平，建安中不應書'李平'，蜀又不聞有兩李平，疑此字爲衍。" 上庸：郡名。治所上庸縣，在今湖北竹山縣西南。

[16] 平西將軍：官名。建安末劉備置，以馬超爲之。曹魏時與平東、平南、平北將軍合稱四平將軍。多爲持節都督或監某一地區之軍事。 都亭侯：爵名。位在鄉侯下，食禄於都亭。都亭，城郭附近之亭。

[17] 左將軍長史領鎮軍將軍：各本皆作"左將軍領長史鎮軍

將軍"。錢大昭《辨疑》云："靖爲左將軍長史，在建安十九年，此'領'字疑當在鎮軍之上。"梁章鉅、李慈銘亦有同説。校點本即從梁、李之説改。今從之。左將軍長史，總理左將軍府事，爲諸僚屬之長。鎮軍將軍，建安末劉備置，曹魏定爲三品。

　　[18] 營司馬：官名。左將軍之營司馬。

　　[19] 議曹從事中郎：官名。蓋左將軍府之僚屬，職參謀議。

　　軍議中郎將：官名。建安末劉備置，職參軍事謀議。

　　[20] 軍師將軍：官名。東漢初曾置。漢末劉備又置，諸葛亮爲之，權勢極重。

　　[21] 盪寇將軍：官名。漢末置爲雜號將軍，主統兵出征。

漢壽：趙翼《陔餘叢考》、王鳴盛《十七史商榷》、梁章鉅《旁證》、周壽昌《注證遺》皆以爲武陵郡有漢壽縣（今湖南常德市東北），即關羽所封之地。沈家本《瑣言》又認爲："武陵之漢壽乃縣名，非亭名。亭侯之號，不得襲用縣名，恐别有漢壽亭，不可考耳。"

　　[22] 征虜將軍：官名。東漢爲雜號將軍。

　　[23] 征西將軍：官名。東漢和帝時置，地位不高，與雜號將軍同。獻帝建安中曹操執政時，列爲四征將軍之一，地位提高，秩二千石。

　　[24] 鎮遠將軍：官名。新莽始置，因事而設，事訖即罷。建安末劉備又置，權任頗重。

　　[25] 揚武將軍：官名。東漢光武帝建武初置，漢末曹操亦置。主統兵出征。

　　[26] 興業將軍：官名。漢末劉備置，屬雜號將軍。

　　[27] 四凶：指渾敦、窮奇、檮杌、饕（tāo）餮（tiè）。《左傳·文公十八年》云："舜臣堯，賓于四門，流四凶族，渾敦、窮奇、檮杌、饕餮，投諸四裔，以禦螭魅。是以堯崩而天下如一，同心戴舜，以爲天子，以其舉十六相，去四凶也。"

　　[28] 四國：指西周初封武王弟管叔、蔡叔、霍叔及紂子武庚

的四國。《史記》卷四《周本紀》云："成王少，周初定天下，周公恐諸侯畔周，公乃攝行政當國。管叔、蔡叔群弟疑周公，與武庚作亂，畔周。周公奉成王命，伐誅武庚、管叔，放蔡叔。"其中未言霍叔，而霍叔即爲群弟之一。《尚書·金縢》云："武王既喪，管叔及其群弟乃流言於國曰：'公將不利于孺子。'"孔安國傳云："武王死，周公攝政，其弟管叔及蔡叔、霍叔乃放言於國，以誣周公，以惑成王。"

[29] 高后稱制：高后即呂后。《史記》卷九《呂太后本紀》謂漢惠帝死，"太后稱制"，後封呂產爲梁王、呂祿爲趙王；又以呂產統領南軍，爲相國；呂祿爲上將軍，統領北軍。其他諸呂皆封侯，多入宮。呂后死，呂祿、呂產等欲爲亂，被太尉周勃、丞相陳平、朱虛侯劉章等粉碎。

[30] 上官：指上官桀。《漢書》卷六八《霍光傳》謂漢武帝時霍光封博陸侯。至病危，又以霍光爲大司馬、大將軍，金日磾爲車騎將軍，上官桀爲左將軍，桑弘羊爲御史大夫，並受遺詔輔少主。次日，武帝卒，年僅八歲的昭帝即位，政事皆決於霍光。後上官桀與燕王旦、桑弘羊等合謀廢霍光，被年僅十四歲的昭帝識破，未果。上官桀等又欲謀殺霍光，並廢昭帝，立燕王旦，事被覺察，霍光盡誅上官桀、桑弘羊等，燕王旦自殺。

[31] 馮（píng）：憑借。

[32] 不造：不幸。《詩·周頌·閔予小子》："閔予小子，遭家不造。"

[33] 鴆殺見害：《後漢書》卷九《獻帝紀》建安十九年云："十一月丁卯，曹操殺皇后伏氏，滅其族及二皇子。"

[34] 虞書：《尚書》中之《虞書》部分。下句見《尚書·皋陶謨》，解見後文裴松之注。

[35] 詩著其義：《詩·大雅·板》："價（jiè）人維藩，大師維垣，大邦維屏，大宗維翰。懷德維寧，宗子維城。無俾城壞，無獨斯畏。"鄭玄箋："價，甲也。被甲之人，謂卿士掌軍事者。大

師，三公也。大邦，成國諸侯也。大宗，王之同姓之適子也。王當用公卿諸侯及宗室之貴者爲藩屏垣幹，爲輔弼，無疏遠之。"

[36] 太宗：盧弼《集解》本作"大宗"，百衲本、殿本、校點本作"太宗"。今從百衲本等。太宗，漢文帝廟號。周勃等誅除諸呂後，即迎立漢文帝。

[37] 九錫：古代天子賜給大臣的最高禮遇。詳見本書《武帝紀》建安十八年"九錫"注。

[38] 河西太守：謂河西地區之太守。河西地區，指黃河上游以西之地，即今甘肅河西走廊一帶。　梁統：東漢初人。新莽末年新市、平林等起兵後，立劉玄爲更始帝。更始二年（24），梁統被任命爲酒泉太守。至更始敗，赤眉軍入長安，梁統與竇融等河西郡守遂起兵保境，並推竇融爲帥，稱河西大將軍，統領諸郡，更以梁統爲武威太守。漢光武帝劉秀即位後，梁統等各遣使隨竇融長史劉鈞至京奉貢，命加梁統爲宣德將軍。後梁統、竇融等又率軍隨光武帝征隗囂，囂破，封統爲成義侯。（見《後漢書》卷三四《梁統傳》）

[39] 隴蜀：指漢光武帝初年割據隴右之隗囂與割據蜀之公孫述。

[40] 蕭牆之危：謂内部之危患。

[41] 禦侮未建：謂王室宗親尚未同心協力抵禦外侮。《左傳·僖公二十四年》引《詩·小雅·常棣》第四章曰："兄弟鬩于墻，外禦其侮。"

[42] 犍爲：郡名。治所武陽縣，在今四川彭山縣東北江口。

[43] 矯罪：趙幼文《校箋》謂蕭常《續後漢書》作"矯制之罪"。

[44] 沔陽：縣名。治所在今陝西勉縣東舊州鋪。

[45] 扶風：即右扶風。東漢末治所在槐里縣，在今陝西興平市東南。

[46] 改爲射：錢大昭《辨疑》云："'射'與'謝'，古字通

用。《漢書·功臣侯表》'寧陵侯謝'，《史記》作'射'，是其證。摯虞不識古文，采此妄説。"

[47] 長史：此爲振威將軍府長史。建安十三年（208）曹操加劉璋振威將軍之職。

[48] 太尉：官名。東漢時，與司徒、司空並爲三公，共同行使宰相職能，而位列三公之首，名位甚重，或與太傅並録尚書事，綜理全國軍政事務。

[49] 祭酒：官名。此指丞相祭酒，亦即丞相軍師祭酒，丞相府之僚屬，參掌戎律，位在左、右軍師之下。

[50] 閻樂：趙高之女婿。秦二世末年，項羽、劉邦已大敗秦軍，秦二世得知後，責備趙高。趙高乘二世至望夷宮齋戒祭涇水之機，使閻樂殺二世。（見《史記》卷五《秦始皇本紀》）

[51] 孺子：即劉嬰。王莽毒死漢平帝後，立年僅兩歲的劉嬰爲皇太子，號"孺子"，自稱假皇帝。兩年後，王莽自稱帝，廢劉嬰爲安定公。（見《漢書》卷九九《王莽傳》）

　　先主上言漢帝曰："臣以具臣之才，荷上將之任，董督三軍，奉辭於外，不能掃除寇難，[1]靖匡王室，久使陛下聖教陵遲，六合之内，否而未泰，[2]惟憂反側，疢如疾首。[3]曩者董卓造爲亂階，自是之後，羣兇縱橫，殘剥海内。賴陛下聖德威靈，人神同應，[4]或忠義奮討，或上天降罰，暴逆並殄，以漸冰消。惟獨曹操，久未梟除，侵擅國權，恣心極亂。臣昔與車騎將軍董承圖謀討操，[5]機事不密，承見陷害，臣播越失據，忠義不果。遂得使操窮凶極逆，主后戮殺，皇子鴆害。雖糾合同盟，念在奮力，懦弱不武，歷年未效。常恐殞没，孤負國恩，寤寐永歎，[6]夕惕若厲。[7]今臣羣寮以爲在昔《虞書》敦敍九族，庶明勵翼，[一]五帝損益，此道不廢。周監二代，並建諸姬，實賴晉、鄭夾輔之福。[8]高祖龍興，尊王子弟，大啓九國，[9]卒斬諸呂，以安大宗。[10]今操惡直醜正，[11]寔繁有徒，包藏禍心，篡盜已顯。既宗室微弱，[12]帝族無位，斟酌古式，依假權宜，上臣大司馬、漢中王。臣伏自三省，受國厚恩，荷任一方，陳力未效，所獲已過，不宜復忝高位以重罪謗。羣寮見逼，迫臣以義。臣退惟寇賊不梟，[13]國難未已，宗廟傾危，社稷將墜，成臣憂責碎首之負。[14]若應權通變，以寧靖聖朝，雖赴水火，所不得辭，敢慮常宜，以防後悔。輒順衆議，拜受印璽，以崇國威。仰惟爵號，位高寵厚，俯思報效，憂深責重，驚怖累息，如臨于谷。盡力輸誠，獎厲六師，率齊羣義，應天順時，撲討凶逆，以寧社稷，以報萬分。謹拜章因驛上還所假左將軍、宜城亭侯印綬。"於是還治成都。拔魏延爲都督，[15]鎮漢中。[二]時關羽攻曹公將曹仁，禽于禁於樊。俄而孫權襲殺羽，取荊州。

〔一〕鄭玄《注》曰：庶，衆也；勵，作也；敍，次序也。序九族而親之，[16]以衆明作羽翼之臣也。

〔二〕《典略》曰：備於是起館舍，築亭障，從成都至白水關，四百餘區。

[1] 不能：校點本作"不得"，百衲本、殿本、盧弼《集解》本皆作"不能"。今從百衲本等。

[2] 否（pǐ）：否與泰，皆《易》卦名。《易·序卦傳》云：

"泰者，通也。物不可以終通，故受之以否。"否即閉塞不通之象。

[3] 疢（chèn）如疾首：憂憤得像頭痛發高燒。《詩・小雅・小弁》："心之憂矣，疢如疾首。"

[4] 人神：百衲本、殿本作"人臣"，盧弼《集解》本、校點本作"人神"；蕭常及郝經之《續後漢書》均作"人神"。今從《集解》本等。

[5] 圖謀：趙幼文《校箋》謂《後漢紀》作"同謀"。按，郝經《續後漢書》亦作"圖謀"，蕭常《續後漢書》作"協謀"。

[6] 寤寐：醒與睡，指日夜。《詩・周南・關雎》："窈窕淑女，寤寐求之。"

[7] 夕惕若厲：謂朝夕戒懼，如臨危境，不敢稍懈。《易・乾》九三："君子終日乾乾，夕惕若厲，無咎。"

[8] 晉鄭：皆周代之姬姓國。《左傳・隱公六年》：周桓公言于王曰："我周之東遷，晉、鄭焉依。"杜預注："幽王爲犬戎所殺，平王東徙，晉文侯、鄭武公左右王室，故曰晉、鄭焉依。"

[9] 大啓九國：《漢書・諸侯王表》謂漢初"尊王子弟，大啓九國"，有燕、代、齊、趙、梁、楚、吳、淮南、長沙等。

[10] 大宗：百衲本、殿本、盧弼《集解》本作"太宗"，盧弼謂"太"當作"大"。校點本作"大宗"。2002 年 6 月中華書局出版張烈校點的《後漢紀》亦作"大宗"。今從校點本。大宗，謂劉氏之大宗，正統。

[11] 惡直醜正：謂嫉害正直者。《左傳・昭公二十八年》：叔游曰："《鄭書》有之：'惡直醜正，實蕃有徒。'"杜預注："《鄭書》，古書名也。言害正直者，實多徒衆。"

[12] 宗室：趙幼文《校箋》謂《後漢紀》、張兵《三國文》"宗"字作"王"。

[13] 退惟：趙幼文《校箋》謂《後漢紀》《三國文》作"追惟"。

[14] 成臣：盧弼《集解》云："郝經《續後漢書》'成'作

'誠'。"趙幼文《校箋》云:"《後漢紀》《季漢書》《三國文》俱作'誠'。作'誠'字是。"按,蕭常《續後漢書》亦作"誠"。但"成"可通"誠",不必改字。《墨子·貴義》:"子之言則成善矣。"孫詒讓《墨子閒詁》引王念孫云:　"古或以'成'爲'誠'。"

[15]　都督:官名。東漢末軍事長官或領兵將帥之官名,領兵多少和職權大小没有一定。

[16]　九族:指自己的高祖、曾祖、祖、父、子、孫、曾孫、玄孫與自己共九代同姓親族。

二十五年,魏文帝稱尊號,改年曰黄初。或傳聞漢帝見害,先主乃發喪制服,追謚曰孝愍皇帝。是後在所並言衆瑞,[1]日月相屬,故議郎陽泉侯劉豹、[2]青衣侯向舉、偏將軍張裔、[3]黄權、大司馬屬殷純、[4]益州別駕從事趙莋、治中從事楊洪、[5]從事祭酒何宗、[6]議曹從事杜瓊、[7]勸學從事張爽、尹默、譙周等上言:[8]"臣聞《河圖》《洛書》,[9]五經讖、緯,[10]孔子所甄,[11]驗應自遠。謹案《洛書甄曜度》曰:[12]'赤三日德昌,[13]九世會備,合爲帝際。'《洛書寶號命》曰:'天度帝道備稱皇,以統握契,百成不敗。'《洛書録運期》曰:'九侯七傑争命民炊骸,道路籍籍履人頭,誰使主者玄且來。'《孝經鉤命決録》曰:'帝三建九會備。'臣父羣未亡時,[14]言西南數有黄氣,直立數丈,見來積年,時時有景雲祥風,[15]從璿璣下來應之,[16]此爲異瑞。又二十二年中,[17]數有氣如旗,從西竟東,中天而行,《圖》《書》曰'必有天子出其方'。[18]加是年太白、熒惑、填星,[19]常從歲星相追。[20]近漢初興,五星從歲星謀;[21]歲星主義,漢位在西,義之上方,[22]故漢法常以歲星候人主。當有聖主起於此州,以致中興。時許帝尚存,故羣下不敢漏言。頃者熒惑復追歲星,見在胃、昴、畢;[23]昴、畢爲天綱,[24]《經》曰'帝星處之,[25]衆邪消亡'。聖諱豫覩,推揆期驗,符合數至,若此非一。臣聞聖王先天而天不違,[26]後天而奉天時,故應際而生,[27]與神合契。願大王應天順民,速即洪業,以寧海內。"

太傅許靖、[28]安漢將軍麋竺、[29]軍師將軍諸葛亮、太常賴恭、[30]光祿勳(黃權)〔黃柱〕、[31]少府王謀等上言:[32]"曹丕篡弒,湮滅漢室,竊據神器,劫迫忠良,酷烈無道。人鬼忿毒,咸思劉氏。今上無天子,海內惶惶,靡所式仰。羣下前後上書者八百餘人,咸稱述符瑞,圖、讖明徵。閒黃龍見武陽赤水,[33]九日乃去。《孝經援神契》曰'德至淵泉則黃龍見',龍者,君之象也。《易》乾九五'飛龍在天',大王當龍升,登帝位也。又前關羽圍樊、襄陽,襄陽男子張嘉、王休獻玉璽,璽潛漢水,伏於淵泉,暉景燭燿,靈光徹天。[34]夫漢者,高祖本所起定天下之國號也,大王襲先帝軌跡,亦興於漢中也。今天子玉璽神光先見,璽出襄陽,漢水之末,明大王承其下流,授與大王以天子之位,瑞命符應,非人力所致。昔周有烏、魚之瑞,[35]咸曰休哉。二祖受命,[36]《圖》《書》先著,[37]以爲徵驗。今上天告祥,羣儒英俊,並進《河》

《洛》,[38]孔子讖、記,咸悉具至。伏惟大王出自孝景皇帝中山靖王之胄,[39]本支百世,乾祇降祚,[40]聖姿碩茂,神武在躬,仁覆積德,愛人好士,是以四方歸心焉。考省《靈圖》,啓發讖、緯,神明之表,名諱昭著。宜即帝位,以纂二祖,紹嗣昭穆,[41]天下幸甚。臣等謹與博士許慈、議郎孟光,[42]建立禮儀,擇令辰,上尊號。”即皇帝位於成都武擔之南。〔一〕[43]爲文曰:“惟建安二十六年〔夏〕四月丙午,[44]皇帝〔臣〕備敢用玄牡,[45]昭告皇天上帝后土神祇:漢有天下,歷數無疆。曩者王莽篡盜,光武皇帝震怒致誅,社稷復存。今曹操阻兵安忍,[46]戮殺主后,滔天泯夏,罔顧天顯。操子丕,載其凶逆,竊居神器。羣臣將士以爲社稷隳廢,[47]備宜脩之,嗣武二祖,龔行天罰。備惟否德,[48]懼忝帝位。詢于庶民,外及蠻夷君長,僉曰‘天命不可以不答,祖業不可以久替,四海不可以無主’。率土式望,[49]在備一人。備畏天明命,又懼漢邦將湮于地,[50]謹擇元日,與百寮登壇,受皇帝璽綬。脩燔瘞,[51]告類于天神,惟神饗,祚于漢家,永綏四海!”〔二〕

〔一〕《蜀本紀》曰:[52]武都有丈夫化爲女子,[53]顏色美好,蓋山精也。蜀王娶以爲妻,不習水土,疾病欲歸國,蜀王留之,無幾物故。蜀王發卒之武都擔土,[54]於成都郭中葬,[55]蓋地數畝,高十丈,[56]號曰武擔也。

臣松之案:武擔,山名,在成都西北,[57]蓋以乾位在西北,故就之以即阼。

〔二〕《魏書》曰：備聞曹公薨，遣掾韓冉奉書弔，[58]并致賻贈之禮。文帝惡其因喪求好，敕荆州刺史斬冉，[59]絕使命。

《典略》曰：備遣軍謀掾韓冉齎書弔，并貢錦布。冉稱疾，住上庸。上庸致其書，適會受終，有詔報答以引致之。[60]備得報書，遂稱制。

[1] 在所：盧弼《集解》云：“劉家立曰‘在所’似是‘所在’。”趙幼文《校箋》云：“《華陽國志》正作‘所在’。”按，蕭常《續後漢書》亦作“所在”。

[2] 陽泉侯：沈家本《瑣言》謂《續漢書·郡國志》廬江郡有陽泉侯國，未詳所封何人，疑劉豹即是其後，蓋以王子封侯而傳國者。下青衣侯向舉，當亦東漢所封，其始終不可得而詳矣。

[3] 偏將軍：官名。漢雜號將軍中地位較低者。

[4] 大司馬屬：官名。大司馬府之佐吏。漢代三公府等皆分曹治事，掾爲曹長，屬爲其副。

[5] 治中從事：官名。州牧刺史之主要屬吏，居中治事，主衆曹文書。

[6] 從事祭酒：官名。東漢末州府屬官，常爲榮譽散職，位在治中從事下。

[7] 議曹從事：官名。東漢末州府屬官，亦爲榮譽散職。

[8] 勸學從事：官名。東漢末州府屬官，掌文教，不常設。譙周：趙一清《注補》曰：“何（焯）云：（顧）亭林云《譙周傳》建興中丞相領益州牧，命周爲勸學從事，與此前後不同。案周卒於晋武帝泰始六年，年七十二，當昭烈即位之初，年僅二十三，未必與勸進列，從本傳爲是。一清案：《周群傳》群子巨，此表不知何人所作，而云臣父群，豈周氏之子列名於中，而傳寫誤爲譙周邪！疑當作‘周巨’。”

[9] 河圖：傳説之八卦。《尚書·顧命》：“大玉、夷玉、天

球、河圖，在東序。”孔安國傳：“《河圖》，八卦。伏犧王天下，龍馬出河，遂則其文以畫八卦，謂之《河圖》。” 洛書：傳説之《尚書・洪範》“九疇”。《尚書・洪範》：“天乃錫禹《洪範》九疇，彝倫攸叙。”孔安國傳：“天與禹，洛出書。神龜負文而出，列於背，有數至於九。禹遂因而第之以成九類常道。”漢代方士則依託《河圖》《洛書》造作了一系列的讖緯書。

[10] 五經讖、緯：預言吉凶之文字、圖讖和附會五經宣揚符籙瑞應占驗之作。

[11] 孔子所甄：説《河圖》《洛書》與五經之讖、緯爲孔子所作，純是方士爲抬高讖緯書之假託。《隋書・經籍志》即謂此類書“文辭淺俗，顛倒舛謬，不類聖人之旨”。

[12] 洛書甄曜度：此及以下所引皆讖緯書。讖緯書在隋煬帝時已被禁絶焚毀。清代學者有少數輯佚。此類書之語言皆晦澀難明，附會性很大。下文所引之文字，都有“備”“玄”“德”，以附會劉備應爲皇帝。

[13] 赤三日：趙幼文《校箋》謂《續漢書・郊祀志》（當爲《祭祀志》）引無“日”字，與《宋志》同。按，《宋書・符瑞志》作“赤三日”。

[14] 臣父羣未亡時：《華陽國志・劉先主志》此句作“周羣父未亡時”。錢大昕云：“似當從之。又案《周羣傳》云‘子巨亦傳其術’，或‘臣’爲‘巨’之訛，而上脱‘周’字邪！”（《廿二史考異》卷一六）

[15] 景雲：《晉書・天文志中》云：“若烟非烟，若雲非雲，鬱鬱紛紛，蕭索輪囷，是謂慶雲，亦曰景雲。”

[16] 璿璣：星名。北斗七星中之前四星。《晉書・天文志上》：“魁四星爲璇璣，杓三星爲玉衡。”此泛指北斗星。

[17] 二十二：殿本作“二十一”，今從百衲本、盧弼《集解》本、校點本作“二十二”。

[18] 圖書：《河圖》《洛書》。

［19］太白：星名。即金星。　熒惑：星名。即火星。　填（zhèn）星：即土星。

［20］歲星：即木星。

［21］五星：指金、木、水、火、土五星。《漢書·天文志》云：“漢元年十月，五星聚於東井，以曆推之，從歲星也。此高皇帝受命之符也。故客謂張耳曰：‘東井，秦地。漢王入秦，五星從歲星聚，當以義取天下。’”又云：“（漢王）五年遂定天下，即帝位。此明歲星之崇義，東井爲秦之地明效也。”

［22］義之上方：謂西方。《漢書·天文志》謂五星居五方，於仁義禮智信五常人倫爲：“歲星曰東方春木，於人五常仁也”；“熒惑曰南方夏火，禮也”；“太白曰西方秋金，義也”；“辰星曰北方冬水，知也”；“填星曰中央季夏土，信也”。

［23］胃昴畢：皆星宿名。爲二十八宿中西方白虎七宿之三宿。

［24］昴畢爲天綱：《晉書·天文志上》云：“昴七星，天之耳目也。主西方，主獄事。又爲旄頭，胡星也。昴、畢間爲天街，天子出，旄頭罕畢以前驅，此其義也。”

［25］經：指《星經》。

［26］先天而天不違：《易·乾》文言：“先天而天弗違者，後天而奉天時。”孔穎達疏：“先天而天弗違者，若在天時之先行事，天乃在後不違，是天合大人也。後天而奉天時者，若在天時之後行者，能奉順上天，是大人合天也。”

［27］故應際而生：趙幼文《校箋》云：“《華陽國志》作‘今大王’三字，無‘故’字。”按，此句《華陽國志·劉先主志》作“方今大王應際而生”。

［28］太傅：官名。劉備爲漢中王後置，掌輔國王，不預國政。劉備即帝位後不置。

［29］安漢將軍：官名。建安末劉備置，班在軍師將軍上。蜀漢沿置。

［30］太常：官名。東漢時仍爲列卿之一，秩中二千石，掌禮

儀祭祀，選試博士。

　　[31] 光禄勳：官名。漢列卿之一，秩中二千石。掌衞宮殿門戶。　黄柱：各本皆作"黄權"，蕭常《續後漢書》卷一下作"黄柱"。校點本據改。今從之。

　　[32] 少府：官名。漢列卿之一，秩中二千石。東漢時，掌宮中御衣、寶貨、珍膳等。

　　[33] 武陽：縣名。治所在今四川彭山縣東北。　赤水：即今黄龍溪。源出今四川成都市東龍泉驛長松山西坡，流至白鶴寺入雙流縣境，繼而向西南流，至籍田大佛寺附近匯入府河。

　　[34] 靈光：趙幼文《校箋》謂《初學記》卷七、《太平御覽》卷六二引"靈"字俱作"璽"。

　　[35] 烏魚之瑞：《史記·周本紀》謂周武王伐紂，"渡河，中流，白魚躍入王舟中，武王俯取以祭。既渡，有火自上復於下，至於王屋，流爲烏，其色赤，其聲魄云"。

　　[36] 二祖：漢高祖劉邦，世祖劉秀。

　　[37] 圖書先著：圖讖對漢高祖劉邦之出生、相貌即有不少説法。如《史記·高祖本紀》司馬貞《索隱》引《詩含神霧》云："赤龍感女媪，劉季興。"又張守節《正義》引《河圖》云："帝劉季口角戴勝，斗胸，龜背，龍股，長七尺八寸。"又引《合誠圖》云："赤帝體爲朱鳥，其表龍顔，多黑子。"圖讖對漢光武帝劉秀之説法更多。《後漢書·光武帝紀》謂劉秀尚未起兵時，"宛人李通等以圖讖説光武云：'劉氏復起，李氏爲輔。'"至劉秀即帝位，在其告天祝文中還説："讖記曰：'劉秀發兵捕不道，卯金修德爲天子。'"李賢注又引《春秋演孔圖》云："卯金刀，名爲劉，赤帝後，次代周。"

　　[38] 並進：百衲本、校點本 1982 年 7 月第 2 版作"並起"，殿本、盧弼《集解》本、校點本 1959 年 12 月第 1 版作"並進"。今從殿本等。　河洛：《河圖》《洛書》。

　　[39] 惟：盧弼《集解》本作"爲"，百衲本、殿本、校點本

作“惟”。今從百衲本等。

[40] 本支：百衲本“支”字作“枝”，殿本、盧弼《集解》本、校點本作“支”。今從殿本等。　乾祇（qí）：天地。

[41] 昭穆：此指宗廟。古代宗法制度，宗廟中的神主，始祖居中，左右依次爲父子，左稱昭、右稱穆，即父爲昭，子爲穆，相繼不斷。

[42] 博士：官名。掌教授經學。

[43] 即皇帝位：盧弼《集解》云：“郝經《續後漢書》‘即’字上有‘王乃’二字。弼按，按文義應增此二字。《通鑑》亦云漢中王即皇帝位於武擔之南。”　武擔之南：百衲本“南”字作“內”，殿本、盧弼《集解》本、校點本作“南”。今從殿本等。

[44] 建安二十六年：建安無二十六年。建安二十五年正月曹操死，曹丕繼爲魏王、丞相；三月，改建安爲延康；十月，曹丕代漢，又改元爲黃初。此建安二十六年即黃初二年（221）。劉備既不承認延康（曹丕所改），更不承認黃初，故仍稱建安二十六年。夏四月丙午：四月初六日當公曆五月十五日。又“四月”前各本皆無“夏”字。趙幼文《校箋》謂《宋書·禮志三》“四”上有“夏”字，蕭常《續後漢書》同。應據增。今據趙引增。

[45] 皇帝臣備：各本皆無“臣”字。趙一清《注補》云：“‘備’止當依《宋書·禮志》校增‘臣’字。”趙幼文《校箋》謂蕭常《續後漢書》“備”上亦有“臣”字，應據增。今從二趙説增。　玄牡：祭天地用的黑色公牛。

[46] 阻兵安忍：《左傳·隱公四年》：衆仲曰：“夫州吁，阻兵而安忍。阻兵，無衆；安忍，無親。”楊伯峻注：阻，仗恃也。安忍，謂安於殘忍。

[47] 隮：百衲本、殿本、盧弼《集解》本作“隮”，《宋書·禮志三》、校點本作“墮”。郝經《續後漢書》亦作“隮”。按，二字可通，今從百衲本等。

[48] 惟：百衲本、殿本、盧弼《集解》本作“雖”，《宋書·

《禮志三》、校點本作"惟"。今從校點本。

[49] 式望：仰望；仰賴。

[50] 漢邦：百衲本、殿本、盧弼《集解》本作"漢邦"；殿本《考證》云："'邦'疑作'祚'。"校點本作"祚"。中華再造善本影本、蕭常與郝經之《續後漢書》皆作"邦"，今從百衲本等。

[51] 燔瘞（yì）：祭祀天地。《漢書》卷六四下《終軍傳》："專神明之敬，率燔瘞於郊宮。"顏師古注："燔，祭天也；瘞，祭地也。"又下句"告類于天神"，吳金華《〈三國志集解〉箋記》謂《宋書·禮志三》"天神"作"大神"，近乎得實。

[52] 蜀本紀：姚振宗《三國藝文志》謂據常璩《華陽國志·序志》之説，《蜀本紀》爲西漢司馬相如所倡言，經嚴君平、揚雄、鄭伯邑、任熙等八家接續所撰而成。早佚，《隋書》《舊唐書》之《經籍志》，《新唐書·藝文志》皆不著録。

[53] 武都：山名。《蜀中名勝記》謂指四川綿竹縣北之武都山。

[54] 武都：殿本、盧弼《集解》本作"成都"，百衲本、校點本、《華陽國志·蜀志》作"武都"。今從百衲本等。

[55] 葬：趙幼文《校箋》謂《北堂書鈔》卷九四、《初學記》卷五、《藝文類聚》卷七〇、《太平御覽》卷八八八引"葬"下俱有"之"字。按，《北堂書鈔》引實無"之"字。

[56] 十丈：殿本、盧弼《集解》本作"七丈"，今從百衲本、校點本作"十丈"。

[57] 成都西北：即今四川成都市舊城内之西北角。

[58] 掾：屬官之統稱。漢代三公府及其他重要官府皆置掾、屬，分曹治事。掾爲曹長，屬爲副貳。 弔：盧弼《集解》本"弔"下有"之"字，無下"并"字；百衲本、殿本、校點本無"之"字，有下"并"字。今從百衲本等。

[59] 荆州：魏刺史治所宛縣，在今河南南陽市。

[60] 有詔報答：潘眉《考證》云："《魏書》言'斬冉絶使

命’，《典略》言‘有詔報答以引致之’，二說不同，《典略》爲確。”

　　章武元年夏四月，[1]大赦，改年。以諸葛亮爲丞相，[2]許靖爲司徒。置百官，立宗廟，祫祭高皇帝以下。〔一〕[3]五月，立皇后吳氏，子禪爲皇太子。六月，以子永爲魯王，[4]理爲梁王。車騎將軍張飛爲其左右所害。初，先主忿孫權之襲關羽，將東征，秋七月，遂帥諸軍伐吳。孫權遣書請和，先主盛怒不許，吳將陸議、李異、劉阿等屯巫、秭歸；[5]將軍吳班、馮習自巫攻破異等，軍次秭歸，武陵五谿蠻夷遣使請兵。[6]

　　〔一〕臣松之以爲先主雖云出自孝景，而世數悠遠，昭穆難明，既紹漢祚，不知以何帝爲元祖以立親廟。于時英賢作輔，儒生在官，宗廟制度，必有憲章，而載記闕略，良可恨哉！

　　[1] 章武：蜀漢昭烈帝劉備年號（221—223）。
　　[2] 丞相：官名。東漢不置丞相，以太尉、司徒、司空爲三公，共同行使宰相職能。建安十三年（208），曹操罷三公官，置丞相，遂總攬朝權。劉備稱帝後亦置丞相，同時又置司徒。而司徒已爲榮譽之職，無實權。
　　[3] 祫（xiá）祭：天子、諸侯集遠近祖先之神主於宗廟中而舉行的大合祭。
　　[4] 魯：王國名。治所魯縣，在今山東曲阜市東古城。按，魯國與梁國皆不在益州。此乃虛名遙領。
　　[5] 陸議：即陸遜。遜本名議。　巫：縣名。治所在今重慶巫山縣。

[6] 武陵五谿蠻夷:《水經·沅水注》:"武陵有五溪,謂雄溪、樠溪、無溪、酉溪、辰溪其一焉,夾溪悉是蠻左所居,故謂此蠻五溪蠻也。"

二年春正月,先主軍還秭歸,將軍吳班、陳式水軍屯夷陵,[1]夾江東西岸。二月,先主自秭歸率諸將進軍,緣山截嶺,於夷道猇亭猇,許交反。駐營,[2]自佷山佷,音恆。通武陵,[3]遣侍中馬良安慰五谿蠻夷,[4]咸相率響應。鎮北將軍黃權督江北諸軍,[5]與吳軍相拒於夷陵道。夏六月,黃氣見自秭歸十餘里中,廣數十丈。後十餘日,陸議大破先主軍於猇亭,將軍馮習、張南等皆沒。先主自猇亭還秭歸,收合離散兵,遂棄船舫,由步道還魚復,[6]改魚復縣曰永安。吳遣將軍李異、劉阿等踵躡先主軍,屯駐南山。[7]秋八月,收兵還巫。司徒許靖卒。冬十月,詔丞相亮營南北郊於成都。[8]孫權聞先主住白帝,[9]甚懼,遣使請和。先主許之,遣太中大夫宗瑋報命。[10]冬十二月,漢嘉太守黃元聞先主疾不豫,[11]舉兵拒守。

三年春二月,丞相亮自成都到永安。三月,黃元進兵攻臨邛縣。[12]遣將軍陳曶音笏。討元,元軍敗,順流下江,爲其親兵所縛,生致成都,斬之。先主病篤,託孤於丞相亮,尚書令李嚴爲副。[13]夏四月癸巳,[14]先主殂于永安宮,時年六十三。[一]

[一]《諸葛亮集》載先主遺詔敕後主曰:[15]"朕初疾但下痢耳,後轉雜他病,殆不自濟。人〔年〕五十不稱夭,[16]年已六十

有餘,[17] 何所復恨, 不復自傷,[18] 但以卿兄弟爲念。[19] 射君到,[20] 說丞相歎卿智量甚大, 增脩過於所望, 審能如此, 吾復何憂! 勉之, 勉之! 勿以惡小而爲之, 勿以善小而不爲。惟賢惟德, 能服於人。汝父德薄, 勿效之。可讀《漢書》《禮記》, 閒暇歷觀諸子及《六韜》《商君書》,[21] 益人意智。聞丞相爲寫《申》《韓》《管子》《六韜》一通已畢,[22] 未送, 道亡, 可自更求聞達。"臨終時, 呼魯王與語:"吾亡之後, 汝兄弟父事丞相, 令卿與丞相共事而已。"

[1] 夷陵:縣名。治所在今湖北宜昌市東南。

[2] 夷道:縣名。治所在今湖北枝城市。 猇 (xiāo) 亭:地名。在今湖北枝城市北長江東岸。

[3] 佷山:縣名。治所在今湖北長陽縣西北。

[4] 侍中:官名。秩比二千石。職掌門下衆事, 侍從左右, 顧問應對。漢靈帝時置侍中寺, 不再隸屬少府。獻帝時定員六人, 與給事黃門侍郎出入禁中, 近侍帷幄, 省尚書事。

[5] 鎮北將軍:官名。漢末建安中置, 多領兵出鎮方面。

[6] 魚復:縣名。治所在今重慶奉節縣東白帝城。

[7] 南山:謝鍾英云:"南山, 當在奉節縣東北。"(謝鍾英《補三國疆域志補注》)

[8] 南北郊:帝王祭天地之處所。帝王在京都的南郊築圜丘以祭天, 此種祭祀亦稱南郊。帝王又在京都之北郊築方壇以祭地, 此種祭祀亦稱北郊。

[9] 住白帝:趙幼文《校箋》謂《華陽國志》"住"字作"在"。

[10] 太中大夫:官名。秩千石。掌顧問應對, 參謀議政。

[11] 漢嘉:郡名。漢末治所漢嘉縣, 蜀漢改稱陽嘉縣, 在今四川蘆山縣蘆陽鎮。

[12] 臨邛縣:治所在今四川邛崍市。

[13] 尚書令：官名。東漢時爲尚書臺長官，秩千石。掌奏、下尚書曹文書衆事，選用署置官吏；總典臺中綱紀法度，無所不統。名義上仍隸少府。

[14] 四月癸巳：據方詩銘、方小芬《中國史曆日和中西曆日對照表》四月初一己未，本月無癸巳。

[15] 諸葛亮集：本書《諸葛亮傳》謂陳壽撰《諸葛氏集》二十四篇。《隋書·經籍志》著錄《諸葛亮集》二十五卷，又謂梁時二十四卷。《舊唐書·經籍志》《新唐書·藝文志》均著錄《諸葛亮集》二十四卷，《宋史·藝文志》則爲十四卷。今傳《諸葛亮集》，係清代張澍輯佚之作，有《文集》四卷、《附録》二卷、《諸葛故事》五卷，共十一卷。

[16] 人年五十：各本皆無“年”字。趙幼文《校箋》謂《群書治要》卷二七引“人”下有“年”字。今據趙引補。

[17] 年已：趙幼文《校箋》謂郝經《續後漢書》“年”上有“朕”字。

[18] 自傷：趙幼文《校箋》謂《群書治要》“傷”下有“也”字。

[19] 爲念：趙幼文《校箋》謂郝經《續後漢書》“念”下有“爾”字。

[20] 射君：何焯云：“射君即射援。見上表中列名。”（《義門讀書記》卷二七《三國志·蜀志》）

[21] 六韜：書名。戰國秦漢間人采掇舊説，假託吕尚編寫的兵書，記周文王、武王問太公（吕尚）兵戰之事。全書分《文韜》《武韜》《龍韜》《虎韜》《豹韜》《犬韜》六部分，故稱《六韜》。

商君書：書名。亦稱《商君》《商子》。《漢書·藝文志》法家類著錄《商君》二十九篇，並謂商君名鞅，姬姓，衛後也，爲秦孝公相。

[22] 申：指《申子》。《漢書·藝文志》法家類著錄《申子》六篇，並謂申子名不害，戰國韓昭侯相，終其身諸侯不敢侵韓。

韓：指《韓非子》，亦稱《韓子》。《漢書·藝文志》法家類著録
《韓子》五十五篇，並謂韓子名非，韓諸公子，使秦，李斯害而殺
之。　管子：書名。《漢書·藝文志》道家類著録《管子》八十五
篇，並謂管子名夷吾，爲齊桓公相，九合諸侯，不以兵車也。

亮上言於後主曰：“伏惟大行皇帝邁仁樹德，[1]覆
燾無疆，昊天不弔，寢疾彌留，今月二十四日奄忽升
遐，臣妾號咷，若喪考妣。乃顧遺詔，事惟太宗，[2]動
容損益；[3]百寮發哀，滿三日除服，到葬期復如禮；[4]
其郡國太守、相、都尉、縣令長，三日便除服。臣亮
親受敕戒，震畏神靈，[5]不敢有違。臣請宣下奉行。”
五月，梓宮自永安還成都，諡曰昭烈皇帝。秋，八月，
葬惠陵。〔一〕[6]

〔一〕葛洪《神仙傳》曰：[7]仙人李意其，蜀人也。傳世見
之，云是漢文帝時人。先主欲伐吳，遣人迎意其。意其到，先主
禮敬之，問以吉凶。意其不答而求紙筆，畫作兵馬器仗數十紙已，
便一一以手裂壞之，又畫作一大人，掘地埋之，便徑去。先主大
不喜。而自出軍征吳，[8]大敗還，忿恥發病死，衆人乃知意其畫
作大人而埋之者，[9]即是言先主死意。

[1] 大行皇帝：指剛死未諡的皇帝。古代臣下諱言皇帝死，稱
大行，意謂一去不復返。
[2] 太宗：百衲本、殿本、盧弼《集解》本作“太宗”，校點
本作“大宗”。盧弼云：“郝經《續後漢書》作‘大宗’。或曰‘太
宗’當作‘大宗’，謂後主也。”趙幼文《校箋》則云：“考太宗謂
孝文帝。此當連下‘動容損益’四字爲句。《漢書·孝文紀》載遺

詔:'其令天下吏民,令到,出臨三日皆釋服。'昭烈遺詔云'其郡國太守相都尉縣令長三日便除服',即本孝文遺制也。此太宗,必謂孝文無可疑矣。"按,趙説有理,今從百衲本等。

[3]動容:趙幼文《校箋》云:"《説文·手部》:'搐,動搐也。'段氏曰:'動搐,漢時語。《廣雅》曰:搐,動也。'是動搐爲復義詞。動容即動搐,猶從容也。"

[4]復如禮:趙幼文《校箋》謂《華陽國志》"復"下有"服"字。

[5]震畏:百衲本作"震威",殿本、盧弼《集解》本、校點本作"震畏"。今從殿本等。

[6]惠陵:在今四川成都市武侯區武侯祠内。

[7]葛洪:字稚川,號抱朴子。東晋丹楊句容(今江蘇句容縣)人。少好神仙導養之法。晋成帝初年,曾任司徒掾、咨議參軍等。後至廣州,入羅浮山煉丹修道,卒於山中。著有《抱朴子》一百一十六篇,又撰《神仙傳》《良吏傳》《隱逸傳》等各十卷。(見《晋書》卷七二《葛洪傳》)

[8]自出:百衲本"自"字作"由",殿本、盧弼《集解》本、校點本作"自"。今從殿本等。

[9]衆人乃知意其畫作大人而埋之者:百衲本及趙幼文《校箋》所據成都局本皆如此,殿本、盧弼《集解》本、校點本則在"知"字下多一"其"字,作"衆人乃知其意其畫作大人而埋之者"。按,百衲本所作之文義已明確通順,故從百衲本。

評曰:先主之弘毅寬厚,知人待士,蓋有高祖之風,英雄之器焉。及其舉國託孤於諸葛亮,而心神無貳,誠君臣之至公,古今之盛軌也。機權幹略,不逮魏武,是以基宇亦狹。然折而不撓,終不爲下者,抑揆彼之量必不容己,非唯競利,且以避害云爾。

三國志 卷三三

蜀書三

後主傳第三

後主諱禪，[1]字公嗣，先主子也。建安二十四年，[2]先主爲漢中王，立爲王太子。及即尊號，册曰："惟章武元年五月辛巳，[3]皇帝若曰：太子禪，朕遭漢運艱難，賊臣篡盜，社稷無主，格人羣正，[4]以天明命，朕繼大統。今以禪爲皇太子，以承宗廟，祗肅社稷。使使持節丞相亮授印綬，[5]敬聽師傅，行一物而三善皆得焉，可不勉與！"〔一〕三年夏四月，先主殂于永安宮。[6]五月，後主襲位於成都，[7]時年十七。尊皇后曰皇太后。[8]大赦，改元。是歲魏黃初四年也。〔二〕[9]

〔一〕《禮記》曰：[10]行一物而三善者，[11]惟世子而已，其齒於學之謂也。鄭玄曰：物猶事也。

〔二〕《魏略》曰：初備在小沛，[12]不意曹公卒至，遑遽棄家屬，後奔荆州。[13]禪時年數歲，竄匿，隨人西入漢中，[14]爲人所責。及建安十六年，關中破亂，[15] 扶風人劉括避亂入漢中，[16] 買得禪，問知其良家子，遂養爲子，與娶婦，生一子。初禪與備相失時，識其父字玄德。比舍人有姓簡者，及備得益州而簡爲將軍，[17] 備遣簡到漢中，舍都邸。禪乃詣簡，簡相檢訊，事皆符驗。簡喜，以語張魯，魯（乃）〔爲〕洗沐送詣益州，[18] 備乃立以爲太子。初備以諸葛亮爲太子太傅，[19] 及禪立，以亮爲丞相，[20] 委以諸事，謂亮曰：“政由葛氏，祭則寡人。”[21] 亮亦以禪未閑於政，遂總內外。

臣松之案：《二主妃子傳》曰“後主生於荊州”，《後主傳》云“初即帝位，年十七”，則建安十二年生也。十三年敗於長阪，[22] 備棄妻子走，《趙雲傳》曰“雲身抱弱子以免”，即後主也。如此，備與禪未嘗相失也。又諸葛亮以禪立之明年領益州牧，[23] 其年與主簿杜微書曰“朝廷今年十八”，[24] 與禪傳相應，理當非虛。而魚豢云備敗於小沛，禪時年始生，[25] 及奔荊州，能識其父字玄德，計當五六歲。備敗於小沛時，[26] 建安五年也，至禪初立，首尾二十四年，禪應過三十矣。以事相驗，理不得然。此則《魏略》之妄說，乃至二百餘言，異也！又案諸書記及《諸葛亮集》，亮亦不爲太子太傅。

[1] 禪：本書卷四〇《劉封傳》孟達與劉封書，謂後主又名阿斗；本書《明帝紀》太和二年（228）裴松之注引《魏略》載魏明帝露布，又稱後主字升之。

[2] 建安：漢獻帝劉協年號（196—220）。

[3] 章武：蜀漢昭烈帝劉備年號（221—223）。　五月辛巳：五月十二日，當公曆六月十九日。

[4] 格人：有識之士。《尚書·西伯戡黎》：“格人元龜。”孔穎達疏：“格訓爲至，至人謂至道之人，有所識解者也。”

[5] 使持節：漢末三國，皇帝授予出征或出鎮的軍事長官的一

種權力。至晉代，此種權力明確爲可誅殺二千石以下官員。若皇帝派遣大臣出巡或祭弔等事務時，加使持節，則表示權力和尊崇。

[6] 永安宮：在永安縣之宮。永安縣治所在今重慶奉節縣東白帝城。

[7] 成都：縣名。治所在今四川成都市舊東、西城區。

[8] 皇太后：《華陽國志·劉後主志》云："尊皇后吳氏曰皇太后。"

[9] 黃初：魏文帝曹丕年號（220—226）。

[10] 禮記：下引之文見《禮記·文王世子》。

[11] 行一物而三善：孔穎達疏云："物猶事也。謂與國人齒讓之一事。而三善者，謂衆知父子、衆知君臣、衆知長幼，是其三善。"

[12] 小沛：即沛縣，治所在今江蘇沛縣東。胡三省云："沛國治相縣，而沛自爲縣，屬沛國，時人謂沛縣爲小沛。"（《通鑑》卷六一漢獻帝興平元年注）

[13] 荆州：東漢末刺史治所襄陽縣，在今湖北荆州市江陵縣。

[14] 漢中：郡名。治所南鄭縣，在今陝西漢中市東。

[15] 關中：地區名。指函谷關以內之地。包括今陝西和甘肅、寧夏、內蒙古的部分地區。

[16] 扶風：即右扶風。東漢末治所槐里縣，在今陝西興平市東南。

[17] 益州：漢末刺史治所成都縣。　簡爲將軍：趙一清《注補》云："簡，豈謂簡雍乎？先主即位，雍拜昭德將軍。"

[18] 爲：各本皆作"乃"。趙一清《注補》云："何（焯）云：'乃'字元板作'爲'。"校點本即從趙說改。今從之。

[19] 太子太傅：官名。東漢時，秩中二千石，掌輔導太子，不領東宮屬官及庶務，諸屬官由太子少傅主之。太子對太傅執弟子禮，太傅不稱臣。

[20] 丞相：官名。東漢不置丞相，以太尉、司徒、司空爲三

公，共同行使宰相職能。建安十三年，曹操罷三公官，置丞相，遂總攬朝權。劉備稱帝後亦置丞相。

　　[21] 則：百衲本作"即"，殿本、盧弼《集解》本、校點本作"則"。今從殿本等。

　　[22] 長阪：地名。在今湖北荆門市西南。

　　[23] 領：兼任官職稱領。

　　[24] 主簿：官名。漢代中央及州郡縣官府皆置，以典領文書，辦理事務。

　　[25] 時：是，此。《爾雅·釋詁下》："時，是也。"

　　[26] 備：百衲本、殿本、盧弼《集解》本"備"下有"則"字，盧弼引趙一清説"則"字疑衍。校點本無"則"字，今從之。

　　建興元年夏，[1] 牂牁太守朱褒擁郡反。[一][2] 先是，益州郡有大姓雍闓反，[3] 流太守張裔於吳，據郡不賓，越嶲夷王高定亦背叛。[4] 是歲，立皇后張氏。遣尚書（郎）鄧芝固好於吳，[5] 吳王孫權與蜀和親使聘，是歲通好。

　　[一]《魏氏春秋》曰：初，益州從事常房行部，[6] 聞褒將有異志，收其主簿案問，殺之。褒怒，攻殺房，誣以謀反。諸葛亮誅房諸子，徙其四弟於越嶲，欲以安之。褒猶不悛改，遂以郡叛應雍闓。

　　臣松之案：以爲房爲褒所誣，執政所宜澄察，安有妄殺不辜以悦姦慝？斯殆妄矣！

　　[1] 建興：蜀漢後主劉禪年號（223—237）。

　　[2] 牂（zāng）牁（kē）：郡名。治所且蘭縣，在今貴州凱里市西北。

[3] 益州：郡名。治所滇池縣，在今雲南晋寧縣東北晋城鎮。

[4] 越嶲：郡名。治所邛都縣，在今四川西昌市東南高槻鄉。按，此事《華陽國志·南中志》載之甚詳，文長不録。　高定：《華陽國志·南中志》作"高定元"。

[5] 尚書：各本皆作"尚書郎"。盧弼《集解》云："《鄧芝傳》'入爲尚書'，'郎'字衍。"趙幼文《校箋》云："《季漢書》無'郎'字。"按，《華陽國志·劉後主志》亦作"尚書"。今從盧説據《華陽國志》删"郎"字。尚書，東漢有六曹尚書，即三公曹、民曹、客曹、二千石曹、吏曹、中都官曹等，秩皆六百石，皆稱尚書，不加曹號。(本《晋書·職官志》)蜀漢沿置。

[6] 益州：刺史治所成都縣。　從事：官名。漢代州牧刺史之佐吏，有别駕從事史、治中從事史、兵曹從事史、部從事史等，均可簡稱爲從事。　常房：《華陽國志·南中志》作"常頎"。

二年春，[1]務農殖穀，閉關息民。

三年春三月，丞相亮南征四郡，[2]四郡皆平。改益州郡爲建寧郡，分建寧、永昌郡爲雲南郡，[3]又分建寧、牂牁爲興古郡。[4]十二月，亮還成都。

四年春，都護李嚴自永安還住江州，[5]築大城。〔一〕

〔一〕今巴郡故城是。

[1] 春：盧弼《集解》本無"春"字。百衲本、殿本、校點本有。今從百衲本等。

[2] 四郡：指益州、永昌、牂牁、越嶲四郡。永昌郡治所不韋縣，在今雲南保山市東北金鷄村。又按，諸葛亮南征事，《華陽國志·南中志》記述甚詳，文長不録。

[3] 雲南郡：治所楪棟縣，在今雲南姚安縣北。

　　〔4〕興古郡：治所宛溫縣，在今雲南硯山縣北小維摩附近。

　　〔5〕都護：官名。漢獻帝建安中孫權置，後又別置左、右都護，蜀漢則分置中、左、右都護。皆掌軍事。　江州：縣名。治所在今重慶渝中區。

　　五年春，丞相亮出屯漢中，營沔北陽平石馬。〔一〕[1]

　　〔一〕《諸葛亮集》載禪三月下詔曰："朕聞天地之道，福仁而禍淫；善積者昌，惡積者喪，古今常數也。是以湯、武脩德而王，[2]桀、紂極暴而亡。曩者漢祚中微，網漏凶慝，董卓造難，震蕩京畿。曹操階禍，竊執天衡，殘剝海內，懷無君之心。子丕孤豎，敢尋亂階，盜據神器，更姓改物，世濟其凶。當此之時，皇極幽昧，天下無主，則我帝命隕越于下。昭烈皇帝體明叡之德，光演文武，應乾坤之運，出身平難，經營四方，人鬼同謀，百姓與能，兆民欣戴。奉順符讖，建位易號，丕承天序，補弊興衰，存復祖業，誕膺皇綱，[3]不墜於地。萬國未定，[4]早世遐殂。朕以幼沖，繼統鴻基，未習《保傅》之訓，[5]而嬰祖宗之重。六合雍否，[6]社稷不建，永惟所以，念在匡救，光載前緒，未有攸濟，朕甚懼焉。是以夙興夜寐，不敢自逸，每崇菲薄以益國用，[7]勸分務穡以阜民財，授方任能以參其聽，斷私降意以養將士。欲奮劍長驅，指討凶逆，朱旗未舉，而丕復隕喪，斯所謂不燃我薪而自焚也。殘類餘醜，又支天禍，怙睢河、洛，阻兵未弭。諸葛丞相弘毅忠壯，忘身憂國，先帝託以天下，以勖朕躬。今授之以旌鉞之重，[8]付之以專命之權，[9]統領步騎二十萬眾，董督元戎，龔行天罰，[10]除患寧亂，克復舊都，在此行也。昔項籍總一彊眾，[11]跨州兼土，所務者大，然卒敗垓下，[12]死於東城，[13]宗族（如焚）〔焚如〕，[14]爲笑千載，皆不以義，陵上虐下故也。今賊效尤，天人所怨，奉時宜速，庶憑炎精祖宗威靈相助之福，[15]所向必克。吳王孫權同恤災患，潛軍合謀，掎角其後。涼州諸國王各遣月支、康居胡侯支富、康植等二十餘人詣受節度，[16]大軍北出，便欲率將兵馬，奮戈先驅。天命既集，人事又至，師貞勢并，[17]必無敵矣。夫王者之兵，有征無戰，尊而且義，莫敢抗也，故鳴條之役，[18]軍不血刃，牧野之師，[19]商人倒戈。今旍麾首路，其所經至，亦不欲窮兵極武。有能棄邪從正，簞食壺漿以迎王師者，[20]國有常典，封寵大小，各有品限。及魏之宗族、支葉、中外，有能規利害、審逆順之數，來詣降者，皆原除之。昔輔果絕親於智氏，[21]而蒙全宗之福；微子去殷，[22]項伯歸漢，[23]皆受茅土之慶。[24]此前世之明驗也。若其迷沈不反，將助亂人，[25]不式王命，戮及妻孥，罔有攸赦。廣宣恩威，貸其元帥，[26]弔其殘民，他如詔書律令，丞相其露布天下，使稱朕意焉。”

[1] 沔北：謂沔水之北，亦即漢水之北。　陽平：關隘名。在今陝西勉縣西北白馬城。　　石馬：城名。在今勉縣東。

[2] 湯武：指商湯、周武王。商湯滅夏桀，周武王滅商紂。

[3] 誕膺：百衲本、殿本、盧弼《集解》本作“膺誕”。盧弼謂郝經《續後漢書》作“誕膺”；又云：“作‘誕膺’是，《尚書·武成篇》：‘誕膺天命，以撫方夏。’”校點本作“誕膺”，今從之。誕膺，承受之義。

[4] 未定：殿本、盧弼《集解》本作“未靜”，百衲本、校點本作“未定”。今從百衲本等。

[5] 保傅：書篇名。吳金華《〈三國志〉斠議》引《漢書·昭帝紀》始元五年詔中有“通《保傅傳》”語，又引文穎注云：“賈誼作《保傅傳》，在《禮·大戴記》。”今考《大戴禮記》，即有《保傅》一篇。（見卷三《保傅》第四十八）

[6] 壅否（pǐ）：壅塞不通。

[7] 崇：殿本、校點本作"從"，百衲本、盧弼《集解》本作"崇"。郝經《續後漢書》亦作"崇"。今從百衲本等。

[8] 旄鉞：白旄與黄鉞。借指軍權。

[9] 專命：不奉上命而自由行事。

[10] 龔行：恭行。　天罰：殿本、盧弼《集解》本作"天伐"，百衲本、校點本作"天罰"。今從百衲本等。

[11] 項籍：字羽，秦末起兵，後與劉邦争天下。

[12] 垓下：地名。在今安徽靈璧縣南沱河北岸。劉、項相争之末，項羽被圍困於此。

[13] 東城：縣名。治所在今安徽定遠縣東南。《史記·項羽本紀》謂項羽在垓下被圍後，率八百餘人潰圍南出，行至東城，僅有二十八騎，而項羽又自擊散追軍，復南行欲東渡烏江，在烏江亭（在今安徽和縣東北烏江鎮）與追軍短兵接戰，身被十餘創，乃自刎而死。

[14] 焚如：各本皆作"如焚"。錢儀吉《證聞》謂當作"焚如"。校點本從錢説改，今從之。

[15] 炎精：指火德。五行家謂漢朝以火德而興，故又指漢朝。

[16] 涼州諸國：指涼州以西諸國。魏晉時涼州刺史治所姑臧縣，在今甘肅武威市。　月支：指大月支，西域國名。漢魏時正值其貴霜王朝時期，都於富樓沙，在今巴基斯坦的白沙瓦。　康居：西域國名。都於卑闐城，約在今哈薩克斯坦的塔什干或奇姆肯特等地。

[17] 師貞：《易·師》象："師，衆也。貞，正也。能以衆正，可以王矣。"謂兵衆正義，乃王者之師。

[18] 鳴條：地名。一説在今河南封丘縣東；一説在今山西運城市東北。《史記》卷二《夏本紀》云："湯修德，諸侯皆歸湯，湯遂率兵以伐夏桀。桀走鳴條，遂放而死。"

[19] 牧野：商都南郊之名。在今河南淇縣以南、衛輝市以北。《史記》卷四《周本紀》謂周武王伐紂，軍至商郊牧野，紂亦發兵

七十萬人拒武王。而"紂師雖衆，皆無戰之心，心欲武王亟入。紂師皆倒兵以戰，以開武王。武王馳之，紂兵皆崩畔紂"。

[20] 簞（dān）：古代盛飲食之圓形盛器，用竹或葦編成。《孟子·梁惠王下》："以萬乘之國伐萬乘之國，簞食壺漿以迎王師，豈有他哉！避水火也。"後世因以"簞食壺漿"爲犒師擁軍之典故。

[21] 輔果：原姓知（智）名果，春秋末晋國知伯之下屬。知伯率魏、韓二家之兵圍趙襄子於晋陽城（今山西太原市境）已三年，城中糧將盡，軍士病者亦衆，趙襄子欲降。張孟談止之，謂可說服韓、魏之君以反知伯。當張孟談與韓、魏之君約定攻知伯之期後，又往見知伯而出，在轅門正遇到知果。知果見張孟談之神色，知將有變，因入見知伯，請警惕韓、魏之變。知伯不以爲然。知果見言之不聽，遂出，更姓輔氏而去。後知伯果被趙、韓、魏三軍夾擊，知伯身死國亡，知氏盡滅，唯輔氏獨存。（見《戰國策·趙策一》）

[22] 微子：殷紂王之庶兄。多次勸紂改惡從善，紂不聽，因亡去。至周武王伐紂克殷，微子乃持其祭器至軍門請降，武王復其故位。至周成王立，周公攝政，紂子武庚與管叔、蔡叔叛亂。周公征之，誅武庚，因命微子代殷後，封於宋。（見《史記》卷三五《宋微子世家》）

[23] 項伯：名纏，字伯。項羽之叔父。劉邦率軍入關滅秦後，又派兵守函谷關。項羽至，不得入，大怒，遣將擊關，入至新豐鴻門（在今陝西臨潼縣東北陰盤鎮東），有兵四十萬，將攻擊劉邦。劉邦時有兵十萬，在霸上（在今西安市東白鹿原北首），力量懸殊甚大。賴項伯往告張良，張良又引項伯見劉邦。劉邦因禮敬項伯，並約爲婚姻。次日在鴻門宴上，項伯又保護劉邦。後來劉邦擊敗項羽，乃封項伯爲射陽侯，並賜姓劉氏。（見《史記》卷七《項羽本紀》）

[24] 受茅土：謂受封爵。古代帝王之社壇以五色土（代表東西南北中五方）建成，當分封諸侯時，按封地所在方位取一色土，

以白茅包之，稱爲茅土，授予被封者在國内立社。

[25] 將助：盧弼《集解》謂郝經《續後漢書》"將"字作
"獎"。趙幼文《校箋》謂作"獎"字是。《左傳·僖公二十八年》
"皆獎王室"，注："獎，助也。""獎助"，復語。按，將亦有助義。
《玉篇·寸部》："將，助也。"又《廣雅·釋言》："將，扶也。"故
不必改字。

[26] 貸其元帥：盧弼《集解》謂郝經《續後漢書》作"誅其
元惡"。趙幼文《校箋》謂蕭常《續後漢書》作"誅其渠魁"。《忠
武侯集》載張拭《別傳》作"誅其元帥"。此"貸"與"誅"字
意違。疑"貸"爲"賊"字之形訛。"賊"與"誅"意同。

　　六年春，亮出攻祁山，[1]不克。冬，復出散關，[2]
圍陳倉，[3]糧盡退。魏將王雙率軍追亮，亮與戰，破
之，斬雙，還漢中。

　　七年春，亮遣陳式攻武都、陰平，[4]遂克定二郡。
冬，亮徙府營於南山下原上，[5]築漢、樂二城。[6]是
歲，孫權稱帝，與蜀約盟，共交分天下。[7]

　　八年秋，魏使司馬懿由西城，[8]張郃由子午，[9]曹
真由斜谷，[10]斜，余奢反。欲攻漢中。丞相亮待之於城固、
赤阪，[11]大雨道絶，真等皆還。是歲，魏延破魏雍州
刺史郭淮于陽谿。[12]徙魯王永爲甘陵王，[13]梁王理爲
安平王，[14]皆以魯、梁在吳分界故也。[15]

　　九年春二月，亮復出軍圍祁山，始以木牛運。[16]
魏司馬懿、張郃救祁山。夏六月，亮糧盡退軍，郃追
至青封，[17]與亮交戰，被箭死。秋八月，都護李平廢
徙梓潼郡。〔一〕[18]

〔一〕《漢晉春秋》曰：冬十月，江陽至江州有鳥從江南飛渡江北，[19] 不能達，墮水死者以千數。

[1] 祁山：在今甘肅禮縣東。

[2] 散關：關隘名。亦名大散關。在今陝西寶雞市西南的大散嶺上，形勢險要，古為軍事重地。

[3] 陳倉：縣名。治所在今陝西寶雞市東渭水北岸。

[4] 武都：郡名。治所下辨縣，在今甘肅成縣西。　陰平：郡名。治所陰平縣，在今甘肅文縣西北。

[5] 南山：在今陝西勉縣南，四川南江縣北。（本謝鍾英《補三國疆域志補注》）

[6] 漢樂二城：漢城在今陝西勉縣東南漢水之南。樂城在今陝西城固縣西漢水之南。

[7] 共交分天下：本書卷四七《吳主傳》黃龍元年（229）云：“豫、青、徐、幽屬吳，兗、冀、并、涼屬蜀。其司州之土，以函谷關為界。”

[8] 西城：縣名。治所在今陝西安康市西北漢水北岸。

[9] 子午：谷道名。秦嶺山中的一條谷道，為古代關中與巴蜀的交通要道之一。北口在今陝西西安市南一百里，南口在陝西洋縣東一百六十里，全長六百六十里。此為漢魏舊道。南朝梁將軍王念神以舊道艱險，另開南段乾路，出今洋縣東三十里龍亭。因北方稱“子”，南方稱“午”，故稱“子午谷”。（本《元和郡縣志》與《長安志》）

[10] 斜（yé）谷：斜谷在今陝西眉縣西南，為古褒斜道之北口。古褒斜道，北起斜谷，南至褒谷（在褒城鎮北），總計四百七十里，為秦蜀間險要之道。（本《讀史方輿紀要》卷五六）

[11] 城固：縣名。治所在今陝西城固縣東漢水北岸。　赤阪：即今陝西洋縣東龍亭山。

[12] 雍州：魏雍州刺史治所長安縣，在今陝西西安市西北。

陽谿：地名。當在今甘肅武山縣西南一帶。（見劉琳《華陽國志校注》）

[13] 甘陵：郡名。治所甘陵縣，在今山東臨清市東。甘陵郡屬冀州。

[14] 安平：郡名。治所信都縣，在今河北冀縣。安平郡屬冀州。

[15] 魯梁：皆王國名。均屬豫州。

[16] 木牛：諸葛亮創製的一種適合山地運輸的車輛。詳見本書卷三五《諸葛亮傳》裴松之注引《亮集》載作木牛流馬法。

[17] 青封：地名。盧弼《集解》謂“青封”“木門”實一地。而木門山在今甘肅天水西南、禮縣東北。

[18] 李平：即李嚴。見本書卷四〇《李嚴傳》。　梓潼郡：治所梓潼縣，在今四川梓潼縣。

[19] 江陽：縣名。治所在今四川瀘州市。

十年，亮休士勸農於黃沙，[1]作流馬木牛畢，教兵講武。

十一年冬，亮使諸軍運米，集於斜谷口，治斜谷邸閣。[2]是歲，南夷劉胄反，將軍馬忠破平之。

十二年春二月，亮由斜谷出，始以流馬運。秋八月，亮卒于渭濱。征西大將軍魏延與丞相長史楊儀爭權不和，[3]舉兵相攻，延敗走；斬延首，儀率諸軍還成都。大赦。以左將軍吳壹爲車騎將軍，[4]假節督漢中。[5]以丞相留府長史蔣琬爲尚書令，[6]總統國事。

十三年春正月，中軍師楊儀廢徙漢嘉郡。[7]夏四月，進蔣琬位爲大將軍。[8]

十四年夏四月，後主至湔，[一]登觀阪，[9]看汶水之

流，[10]旬日還成都。徙武都氐王苻健及氐民四百餘户
於廣都。[11]

〔一〕臣松之案：湔，[12]縣名也，屬蜀郡，音翦。

[1] 黄沙：地名。在今陝西勉縣東北黄沙窑。

[2] 邸閣：官府儲存糧食、物資的倉庫。

[3] 征西大將軍：官名。東漢和帝時置征西將軍，地位不高，
與雜號將軍同。獻帝建安中曹操執政時，列爲四征將軍之一，地位
提高，秩二千石。資深者爲大將軍。蜀漢亦置。　丞相長史：官
名。秩千石。丞相府幕僚之長，協助丞相署理相府諸曹，監領府
事。曹操爲丞相，權位加重，遂分置左、右長史。若丞相出征，則
置行軍長史掌軍旅行伍；又置留府長史掌留守事。位皆崇重。

[4] 左將軍：官名。東漢時位如上卿，與前、後、右將軍掌京
師兵衛和邊防屯警。魏晉亦置，第三品。權位漸低，略高於一般雜
號將軍，不典禁兵，不與朝政，僅領兵征戰。蜀漢亦置。　車騎將
軍：官名。東漢時位比三公，常以貴戚充任。出掌征伐，入參朝
政，漢靈帝時作加官或作贈官。三國沿置，位次驃騎將軍，在諸名
號大將軍上。

[5] 假節：漢末三國時期，皇帝賜予臣下的一種權力。至晉
代，此種權力明確爲因軍事可殺犯軍令者。

[6] 尚書令：官名。蜀漢時仍爲尚書臺長官，秩千石。掌、下
尚書曹文書衆事，選用署置官吏；總典臺中綱紀法度，無所不統。
後又總統國事，權力增大。

[7] 中軍師：官名。漢獻帝建安中曹操置，爲丞相府重要僚
屬，位在前、左、右軍師之上。參軍國大事，並典刑獄。蜀漢亦置
有中、前、後軍師，典掌軍政，兼負監軍之任，位在監軍之上。
漢嘉郡：治所陽嘉縣，在今四川蘆山縣蘆陽鎮。

　　[8] 大將軍：官名。東漢時常兼録尚書事，與太傅、太尉等共同主持政務。漢末位在三公上。蜀漢亦置。

　　[9] 觀阪：地名。在今四川都江堰市舊城西門鷄臺，在此可俯視都江堰全景。

　　[10] 汶水：即岷江。

　　[11] 廣都：縣名。治所在今四川雙流縣東南中興鎮。

　　[12] 湔：湔縣，蜀漢置，治所在今四川都江堰市灌口鎮。

　　十五年夏六月，皇后張氏薨。

　　延熙元年春正月，[1]立皇后張氏。大赦，改元。立子璿爲太子，子瑤爲安定王。[2]冬十一月，大將軍蔣琬出屯漢中。

　　二年春三月，進蔣琬位爲大司馬。[3]

　　三年春，使越巂太守張嶷平定越巂郡。

　　四年冬十月，尚書令費禕至漢中，與蔣琬諮論事計，歲盡還。

　　五年春正月，監軍姜維督偏軍，[4]自漢中還屯涪縣。[5]

　　六年冬十月，大司馬蔣琬自漢中還，住涪。十一月，大赦。以尚書令費禕爲大將軍。

　　七年春閏（二）〔三〕月，[6]魏大將軍曹爽、夏侯玄等向漢中，鎮北大將軍王平拒興勢圍，[7]大將軍費禕督諸軍往赴救，魏軍退。夏四月，安平王理卒。秋九月，禕還成都。

　　八年秋八月，皇太后薨。十二月，大將軍費禕至漢中，行圍守。

九年夏六月，費禕還成都。秋，大赦。冬十一月，大司馬蔣琬卒。〔一〕

〔一〕《魏略》曰：琬卒，禪乃自攝國事。[8]

　　[1] 延熙：蜀漢後主劉禪年號（238—257）。
　　[2] 安定：郡名。治所臨涇縣，在今甘肅鎮原縣東南。此亦虛名遙領。
　　[3] 大司馬：官名。東漢初改大司馬爲太尉，爲三公之一。漢靈帝時，又與太尉並置，而位在三公上。
　　[4] 監軍：官名。三國時期，諸軍出征，多置監軍監視將帥，權勢頗重。
　　[5] 涪縣：治所在今四川綿陽市東涪江東岸。
　　[6] 春閏三月：百衲本、殿本、校點作“閏月”，無“春”“三”二字；盧弼《集解》本作“春閏二月”，蕭常《續後漢書》作“春閏月”，郝經《續後漢書》作“春三月”。《通鑑》載曹爽、夏侯玄向漢中在三月，載費禕救漢中在閏三月。按長曆，此年閏三月。今從《集解》本與《通鑑》改。
　　[7] 鎮北大將軍：官名。鎮北將軍位次四征將軍，領兵如征北將軍，資深者爲大將軍。　興勢：山名。在今陝西洋縣北。
　　[8] 禪乃自攝國事：郝經《續後漢書》卷三《末帝紀》苟宗道注謂後主十七歲即位後已親政，《魏略》之語不實。

　　十年，涼州胡王白虎文、治無戴等率衆降，衞將軍姜維迎逆安撫，[1]居之于繁縣。[2]是歲，汶山平康夷反，[3]維往討，破平之。
　　十一年夏五月，大將軍費禕出屯漢中。秋，涪陵屬國民夷反，[4]車騎將軍鄧芝往討，皆破平之。

十二年春正月，魏誅大將軍曹爽等，右將軍夏侯霸來降。[5]夏四月，大赦。秋，衛將軍姜維出攻雍州，不克而還。將軍句安、李韶降魏。[6]

十三年，姜維復出西平，[7]不克而還。

十四年夏，大將軍費禕還成都。冬，復北駐漢壽。[8]大赦。

十五年，吳（王）〔主〕孫權薨。[9]立子琮爲西河王。[10]

十六年春正月，大將軍費禕爲魏降人郭脩所殺于漢壽。[11]夏四月，衛將軍姜維復率衆圍南安，[12]不克而還。

十七年春正月，姜維還成都。大赦。夏六月，維復率衆出隴西。[13]冬，拔狄道、（河閒）〔河關〕、臨洮三縣民，[14]居于綿竹、繁縣。[15]

十八年春，姜維還成都。夏，復率諸軍出狄道，與魏雍州刺史王經戰于洮西，[16]大破之。經退保狄道城，維卻住鍾題。[17]

十九年春，進姜維位爲大將軍，督戎馬，與鎮西將軍胡濟期會上邽，[18]濟失誓不至。秋八月，維爲魏（大）將軍鄧艾所破于上邽。[19]維退軍還成都。是歲，立子瓚爲新平王。[20]大赦。

二十年，聞魏大將（軍）諸葛誕據壽春以叛，[21]姜維復率衆出駱谷，[22]至芒水。[23]是歲大赦。

景耀元年，[24]姜維還成都。史官言景星見，[25]於是大赦，改年。宦人黃皓始專政。吳大將軍孫綝廢其主亮，立琅邪王休。

二年夏六月，立子諶爲北地王，恂爲新興王，虔爲上黨王。[26]

三年秋九月，追諡故將軍關羽、張飛、馬超、龐統、黃忠。[27]

四年春三月，追諡故將軍趙雲。[28]冬十月，大赦。

五年春正月，西河王琮卒。是歲，姜維復率衆出侯和，[29]爲鄧艾所破，還住沓中。[30]

六年夏，魏大興徒衆，命征西將軍鄧艾、鎮西將軍鍾會、雍州刺史諸葛緒數道並攻。於是遣左右車騎將軍張翼、廖化、輔國大將軍董厥等拒之。[31]大赦。改元爲炎興。冬，鄧艾破衞將軍諸葛瞻於綿竹。用光禄大夫譙周策，[32]降於艾，奉書曰："限分江、漢，遇值深遠，偕緣蜀土，[33]斗絶一隅，干運犯冒，漸苒歷載，遂與京畿攸隔萬里。每惟黃初中，文皇帝命虎牙將軍鮮于輔，[34]宣温密之詔，申三好之恩，[35]開示門户，大義炳然，而否德暗弱，[36]竊貪遺緒，偄仰累紀，未率大教。天威既震，人鬼歸能之數，[37]怖駭王師，神武所次，敢不革面，順以從命！輒敕羣帥投戈釋甲，官府帑藏一無所毀。百姓布野，餘糧棲畝，以俟后來之惠，[38]全元元之命。伏惟大魏布德施化，宰輔伊、周，[39]含覆藏疾。謹遣私署侍中張紹、光禄大夫譙周、駙馬都尉鄧良奉齎印綬，[40]請命告誠，敬輸忠款，存亡敕賜，惟所裁之。輿櫬在近，[41]不復縷陳。"是日，北地王諶傷國之亡，先殺妻子，次以自殺。[一]紹、良與艾相遇於雒縣。[42]艾得書，大喜，即報書，〔二〕遣紹、良先還。艾至城北，後主輿櫬自縛，詣軍壘門。艾解縛焚櫬，延請相見。〔三〕因承制拜後主爲驃騎將軍。[43]諸圍守悉被後主敕，然後降下。艾使後主止其故宮，身往造焉。資嚴未發，[44]明年春正月，艾見收。鍾會自涪至成都作亂。會既死，蜀中軍衆鈔略，死喪狼籍，數日乃安集。

〔一〕《漢晉春秋》曰：後主將從譙周之策，北地王諶怒曰："若理窮力屈，[45]禍敗必及，便當父子君臣背城一戰，同死社稷，以見先帝可也。"後主不納，遂送璽綬。是日，諶哭於昭烈之廟，先殺妻子，而後自殺，[46]左右無不爲涕泣者。

〔二〕王隱《蜀記》曰：艾報書云："王綱失道，羣英並起，龍戰虎爭，終歸真主，此蓋天命去就之道也。自古聖帝，爰逮漢、魏，受命而王者，莫不在乎中土。河出《圖》，[47]洛出《書》，聖人則之，以興洪業，其不由此，未有不顛覆者也。隗囂憑隴而亡，[48]公孫述據蜀而滅，[49]此皆前世覆車之鑒也。聖上明哲，宰相忠賢，將比隆黃軒，[50]侔功往代。銜命來征，思聞嘉響，果煩來使，告以德音，此非人事，豈天啓哉！昔微子歸周，實爲上賓，君子豹變，[51]義存《大易》，來辭謙沖，以禮輿櫬，皆前哲歸命之典也。全國爲上，[52]破國次之，自非通明達智，[53]何以見王者之義乎！"禪又遣太常張峻、益州別駕汝超受節度，[54]遣太僕蔣顯有命敕姜維。[55]又遣尚書郎李虎送士民簿，[56]領戶二十八萬，男女口九十四萬，帶甲將士十萬二千，吏四萬人，米四十餘萬斛，金銀各二千斤，錦綺綵絹各二十萬匹，餘物稱此。

〔三〕《晉諸公贊》曰：劉禪乘騾車詣艾，不具亡國之禮。

　　［1］衛將軍：官名。東漢時位次大將軍、驃騎將軍、車騎將軍，位亞三公，開府置官屬。曹魏沿置，位在諸名號將軍上。第二品。蜀漢亦置。

　　［2］繁縣：治所在今四川彭州市西人和鄉。

　　［3］汶山：郡名。治所綿虒道，在今四川汶川縣西南綿虒鎮。

　平康：縣名。治所在今四川松潘縣西東風鄉。（本蒲孝榮《四川歷代政區治地今釋》）

　　［4］涪陵屬國：建興中改涪陵郡置。治所涪陵縣，在今重慶彭水縣。

　　［5］右將軍：官名。東漢時位如上卿，與前、後、左將軍掌京師兵衛與邊防屯警。魏晉亦置，第三品。權位漸低，略高於一般雜號將軍，不典禁兵，不與朝政，僅領兵征戰。

　　［6］句安李韶：又見本書卷二二《陳羣附泰傳》，其事載之較詳。

　　［7］西平：郡名。治所西都縣，在今青海西寧市。

　　［8］漢壽：縣名。治所在今四川廣元市西南昭化鎮。

　　［9］吳主：各本皆作“吳王”。《華陽國志·劉後主志》作“吳主”；盧弼《集解》又謂本傳後文景耀元年“吳大將孫綝廢其主亮”，此“王”當作“主”，係傳寫之誤。今從盧説改。

　　［10］西河：郡名。東漢時治所離石縣，在今山西離石縣。魏黃初二年（221）移治所於兹氏縣，在今山西臨汾縣，後復治離石縣。此仍爲虛名遙領。

　　［11］郭脩：百衲本、盧弼《集解》本、校點本作“郭循”，殿本作“郭脩”，本書卷四《齊王芳紀》等亦作“郭脩”。今從殿本。

　　［12］南安：郡名。治所獂（huán）道，在今甘肅隴西縣東南，渭水東岸。

　　［13］隴西：郡名。治所襄武縣，在今甘肅隴西縣東南。

　　［14］狄道：漢代少數民族聚居之縣稱道。狄道治所在今甘肅

臨洮縣。　河關：各本皆作"河間"。殿本《考證》云："'河間'當作'河關'。《姜維傳》誤同。"校點本即從《考證》改。今從之。河關，縣名。治所在今甘肅臨夏縣西北。　臨洮：縣名。治所在今甘肅岷縣。

[15] 綿竹：縣名。治所在今四川德陽市黄許鎮。

[16] 洮西：地區名。指洮水以西地區。洮水爲黄河上游支流，源出於今甘肅、青海兩省交界之西傾山，東流至今甘肅岷縣，又折向北流，至永靖縣入黄河。古稱這段洮水以西之地爲洮西。

[17] 鍾題：本書卷二八《鄧艾傳》作"鍾提"。地名。在今甘肅臨洮縣南洮河西。（本謝鍾英《補三國疆域志補注》）

[18] 鎮西將軍：盧弼《集解》本作"征西將軍"，百衲本、殿本、校點本均作"鎮西將軍"。今從百衲本等。鎮西將軍位次四征將軍，領兵如征西將軍，資深者爲大將軍。　上邽：縣名。治所在今甘肅天水市。

[19] 將軍：各本皆作"大將軍"。盧弼《集解》云："艾是時爲安西將軍，'大'字疑衍。"今從盧説刪"大"字。

[20] 新平：郡名。治所漆縣，在今陝西彬縣。此亦虚名遥領。

[21] 大將：各本皆作"大將軍"。盧弼《集解》云："誕時爲征東大將軍，疑'軍'字衍。"按，征東大將軍不得簡稱大將軍，今從盧説，刪"軍"字。

[22] 駱谷：秦嶺的一條谷道，全長四百多里，北口在今陝西周至縣西南，南口在洋縣北。

[23] 芒水：即今陝西周至縣渭水支流黑河。

[24] 景耀：蜀漢後主劉禪年號（258—263）。

[25] 史官：即太史令，職掌天時星曆。　景星：雜星名。亦稱德星、瑞星。《史記·天官書》："天精而見景星。景星者，德星也。其狀無常，常出於有道之國。"

[26] 北地：郡名。治所㲚（duì）祤（yǔ）城，在今陝西耀縣城東。　新興：郡名。治所九原縣，在今山西忻州市。　上黨：郡

名。治所壺關縣，在今山西長治市北。此三郡皆非蜀漢所有，僅虛名遙領。

[27] 追謚：《華陽國志·劉後主志》謂追謚關羽曰壯繆侯，張飛曰桓侯，馬超曰威侯，龐統曰靖侯，黃忠曰剛侯。

[28] 追謚：《華陽國志·劉後主志》謂追謚趙雲曰順平侯。

[29] 侯和：地名。在今甘肅卓尼縣東北。

[30] 沓中：地名。在今甘肅舟曲縣西北。

[31] 左右車騎將軍：官名。漢靈帝中平元年（184）車騎將軍分置左、右，旋罷。蜀漢又置。 輔國大將軍：官名。新莽末劉永割據政權曾置。蜀漢景耀四年復置，即以尚書令董厥爲之，與諸葛瞻共同輔政。

[32] 光禄大夫：官名。東漢時秩比二千石，掌顧問應對，無常事，屬光禄勳。蜀漢沿置。

[33] 偕緣：百衲本、殿本作“偕緣”，盧弼《集解》本、校點本作“階緣”。郝經《續後漢書》原本亦作“偕緣”。今從百衲本等。偕緣，即因緣，憑據。《小爾雅·廣詁》：“皆，因也。”宋翔鳳《訓纂》：“皆與偕同。”

[34] 虎牙將軍：官名。漢朝爲將軍名號，不常置。曹魏亦置，位在九卿上，第三品。

[35] 三好：謂魏、蜀、吳三方和好。

[36] 否（pǐ）德：鄙劣之品德。

[37] 人鬼歸能之數：殿本《考證》云：“‘人鬼歸能’句上下，疑有闕文。”趙幼文《校箋》謂郝經《續後漢書》無“之數”二字。按，《續後漢書》四庫館臣於此注云：“陳志‘歸能’下有‘之數’二字，疑衍。”

[38] 俟后來之惠：等待君王來之恩惠。《孟子·梁惠王下》：“《書》曰：俟我后，后來其蘇。”朱熹《集注》：“俟，待也。后，君也。蘇，復生也。”

[39] 伊：伊尹。商湯之宰輔。 周：周公旦。周成王之宰輔。

［40］侍中：官名。秩比二千石。職掌門下衆事，侍從左右，顧問應對。漢靈帝時置侍中寺，不再隸屬少府。獻帝時定員六人，與給事黃門侍郎出入禁中，近侍帷幄，省尚書事。　張紹：張飛次子，見本書卷三六《張飛傳》。　駙馬都尉：官名。秩比二千石。掌皇帝副車之馬，無定員，或爲加官。　鄧良：鄧芝子，見本書卷四五《鄧芝傳》。

［41］輿櫬（chèn）：載棺以隨，表示有罪當死。

［42］雒縣：治所在今四川廣漢市北。周壽昌《注證遺》云："《華陽國志》載，勸降是譙周，而遣使則爲張紹、鄧良二人，無周名。觀紹、良與艾相遇語，則常《志》爲信。"

［43］承制：秉承皇帝旨意。　驃騎將軍：官名。東漢時位比三公，地位尊崇。魏、晋沿置，居諸名號將軍之首，僅作爲軍府名號，加授大臣，重要州郡長官，無具體職掌，第二品。開府者位從公，第一品。

［44］資嚴：即資裝。東漢人避明帝諱（莊），改"裝"爲"嚴"。資裝即行裝，行李。

［45］理窮：趙幼文《校箋》謂《太平御覽》卷四二八（當作四三八）引"理"字作"數"。

［46］而後：趙幼文《校箋》謂《太平御覽》引"而"字作"然"。

［47］河出圖：《易·繫辭上傳》："河出《圖》，洛出《書》，聖人則之。"《河圖》，傳説之八卦；《洛書》，傳説之《尚書·洪範》"九疇"。詳見本書卷三二《先主傳》建安二十五年注。

［48］隗囂：新莽末，被當地豪强擁立，擁有天水、武都、金城等郡。一度依附更始帝劉玄。不久，自稱西州上將軍。漢光武帝劉秀即位後，隗囂上書歸漢，卻又盤據隴右不聽調遣，終於反叛。後數被漢軍所敗，憂困而死。（見《後漢書》卷一三《隗囂傳》）

［49］公孫述：新莽時，爲導江卒正（即蜀郡太守）。後起兵，據益州稱帝。漢光武帝敗滅隗囂後，因遣軍伐蜀，大破之。公孫述

重傷而死，其族夷滅。（見《後漢書》卷一三《公孫述傳》）

〔50〕黃軒：黃帝軒轅。

〔51〕豹變：《易·革》上六："君子豹變，小人革面。"朱熹《本義》："革道已成，君子如豹之變；小人亦革面以聽從矣。"

〔52〕全國爲上：《孫子兵法·謀攻篇》："凡用兵之法，全國爲上，破國次之。"

〔53〕達智：百衲本作"達智"，殿本、盧弼《集解》本、校點本作"智達"。按，與"通明"連言，作"達智"爲勝，今從百衲本。

〔54〕太常：官名。東漢時仍爲列卿之首，秩中二千石，掌禮儀祭祀，選試博士等。　別駕：官名。別駕從事史的簡稱，爲州牧刺史的主要屬吏，州牧刺史巡行各地時，別乘傳車從行，故名別駕。

〔55〕太僕：官名。秩中二千石。掌皇帝車馬，兼管官府畜牧業，東漢尚兼掌兵器製作、織綬等。

〔56〕尚書郎：官名。東漢之制，取孝廉之有才能者入尚書臺，初入臺稱守尚書郎中，滿一年稱尚書郎，三年稱侍郎，統稱尚書郎，秩四百石。凡置三十六員，分隸六曹尚書治事，主要掌文書起草。

　　後主舉家東遷，既至洛陽，[1]策命之曰："惟景元五年三月丁亥，[2]皇帝臨軒，使太常嘉命劉禪爲安樂縣公。[3]於戲，[4]其進聽朕命！蓋統天載物，以咸寧爲大，光宅天下，以時雍爲盛。[5]故孕育羣生者，君人之道也，乃順承天者，坤元之義也。[6]上下交暢，然後萬物協和，庶類獲乂。乃者漢氏失統，六合震擾。[7]我太祖承運龍興，弘濟八極，[8]是用應天順民，撫有區夏。于時乃考因羣傑虎争，九服不静，[9]乘閒阻遠，保據庸蜀，[10]遂使西隅殊封，方外壅隔。自是以來，干戈不戢，元元之民，不得保安其性，幾將五紀。朕永惟祖考遺志，思在綏緝四海，率土同軌，故爰整六師，耀威梁、益。[11]公恢崇德度，深秉大正，不憚屈身委質，以愛民全國爲貴，降心回慮，應機豹變，履信思順，以享左右無疆之休，豈不遠歟！朕嘉與君公長饗顯禄，用考咨前訓，開國胙土，[12]率遵舊典，錫茲玄牡，[13]苴以白茅，永爲魏藩輔，往欽哉！公其祇服朕命，克廣德心，以終乃顯烈。"食邑萬户，賜絹萬匹，奴婢百人，他物稱是。子孫爲三都尉封侯者五十餘人。[14]尚書令樊建、侍中張紹、光禄大夫譙周、秘書令郤正、殿中督張通並封列侯。[一][15]公泰始七年薨於洛陽。[二][16]

〔一〕《漢晉春秋》曰：司馬文王與禪宴，[17]爲之作故蜀技，[18]旁人皆爲之感愴，而禪喜笑自若。[19]王謂賈充曰："人之無情，乃可至於是乎！[20]雖使諸葛亮在，不能輔之久全，[21]而況姜維邪？"充曰："不如是，殿下何由并之。"他日，王問禪曰："頗思蜀否？"禪曰："此間樂，不思蜀。"郤正聞之，求見禪曰：[22]"若王後問，宜泣而答曰'先人墳墓遠在隴、蜀，[23]乃心西悲，[24]無日不思'，因閉其目。"[25]會王復問，對如前，王曰："何乃似郤正語邪！"禪驚視曰："誠如尊命。"左右皆笑。

〔二〕《蜀記》云：謚曰思公，子恂嗣。

[1] 洛陽：縣名。魏都，治所在今河南洛陽市東北白馬寺東。

[2] 景元：魏元帝曹奂年號（260—264）。

[3] 安樂縣：治所在今北京順義區西北。

[4] 於（wū）戲（hū）：嘆詞。

［5］時雍：指時世太平。

［6］坤元：《易》中與“乾元”對稱。指大地資生萬物之德。《易·坤》象：“至哉坤元，萬物資生，乃順承天。”孔穎達疏：“至哉坤元者，歎美坤德。”朱熹《本義》又云：“順承天施，地之道也。”

［7］六合：天地與四方爲六合。指天下。

［8］八極：八方極遠之地。亦指天下。

［9］九服：《周禮·夏官·職方氏》謂王畿以外分爲九等地區。即侯服、甸服、男服、采服、衛服、蠻服、夷服、鎮服、藩服。後世即以九服指全國各地。

［10］庸蜀：指益州。益州及其附近，古爲庸、蜀二國。周武王伐紂，《牧誓》中就首列庸、蜀二族。

［11］梁益：指梁州與益州。梁州置於景元四年滅蜀後，刺史治所沔陽縣，在今陝西勉縣東舊州鋪。

［12］胙土：謂賜土封國。

［13］玄牡：疑當作“玄土”。《文選》潘元茂《册魏公九錫文》：“錫君玄土，苴以白茅。”李善注：“《尚書緯》曰：天子社，東方青，南方赤，西方白，北方黑。上冒以黃土，將封諸侯，各取方土，苴以白茅以爲社。”吳金華《〈三國志集解〉箋記》謂從字形而論，“牡”爲“社”之誤更貼近事實。

［14］三都尉：指奉車都尉、駙馬都尉、騎都尉。魏晉時，皆爲皇帝親近侍從武官，多用作皇族、外戚的加官，奉朝請，第六品。

［15］秘書令：官名。建安十八年（213）曹操爲魏公後置，典尚書奏事，兼掌圖書秘記，爲親近機要之職。蜀漢亦置。　殿中督：官名。蜀漢置。爲皇帝左右親近之職。

［16］泰始：百衲本、殿本、盧弼《集解》本作“太始”，盧弼云：“‘太’當作‘泰’。”校點本作“泰始”，蕭常及郝經之《續後漢書》皆作“泰始”。今從校點本。泰始，晉武帝司馬炎年

號（265—274）。

[17] 司馬文王：即司馬昭。

[18] 作故蜀技：趙幼文《校箋》謂《太平御覽》卷一一七引“作”下有“樂”字，“技”字作“伎”（按，《太平御覽》實作“妓”）；卷五六八引作“伎樂”，是也。

[19] 喜笑自若：趙幼文《校箋》謂《太平御覽》卷五六八引作“笑語自若”。按，《太平御覽》實作“語笑自若”。

[20] 乃可：盧弼《集解》云：“‘可’字疑衍。”趙幼文《校箋》謂《太平御覽》卷一一七、卷五六八引俱無“可”字。

[21] 不能輔之久全：趙幼文《校箋》謂《太平御覽》卷一一七引“不”上有“亦”字，“之”下無“久全”二字。

[22] 求見禪曰：趙幼文《校箋》謂《太平御覽》卷一一七引作“求見語禪曰”。

[23] 隴蜀：此隴右與西蜀連稱，實指西蜀。

[24] 西悲：趙幼文《校箋》謂《藝文類聚》卷五五、《太平御覽》卷四八八引“悲”字作“望”。按，《藝文類聚》卷五五未引，卷三五引作“西悲”。

[25] 因閉其目：趙幼文《校箋》謂《太平御覽》卷四八八引無“其”字。

評曰：後主任賢相則爲循理之君，惑閹豎則爲昏闇之后，[1]傳曰“素絲無常，[2]唯所染之”，信矣哉！禮，國君繼體，踰年改元，而章武之三年，[3]則革稱建興，考之古義，體理爲違。又國不置史，[4]注記無官，是以行事多遺，災異靡書。諸葛亮雖達於爲政，凡此之類，猶有未周焉。然經載十二而年名不易，軍旅屢興而赦不妄下，不亦卓乎！自亮没後，兹制漸虧，優劣著矣。〔一〕

〔一〕《華陽國志》曰：丞相亮時，有言公惜赦者，亮答曰："治世以大德，不以小惠，故匡衡、吳漢不願爲赦。[5]先帝亦言吾周旋陳元方、鄭康成閒，[6]每見啓告，治亂之道悉矣，曾不語赦也。若劉景升、季玉父子，[7]歲歲赦宥，何益於治！"

臣松之以爲"赦不妄下"，誠爲可稱，至於"年名不易"，猶所未達。案建武、建安之號，皆久而不改，未聞前史以爲美談。"經載十二"，蓋何足云？[8]豈別有他意，求之未至乎！亮殁後，延熙之號，數盈二十，"兹制漸虧"，事又不然也。

[1] 后：古代天子及諸侯皆稱后。

[2] 素絲無常：《吕氏春秋·仲春紀·當染》："墨子見染素絲者而歎曰：'染於蒼則蒼，染於黄則黄。'"此語本此。

[3] 三年：盧弼《集解》本作"二年"，百衲本、殿本、校點本作"三年"。今從百衲本等。

[4] 史：指注記之史官。歷來對此說有所非議，如劉知幾《史通·曲筆篇》《史官篇》皆謂蜀漢有史官，陳壽説無，是對諸葛亮之誣蔑。但劉知幾所説之史官，是掌天文星曆之史官，蜀漢確無注記之史官。劉咸炘《三國志知意》對此辨之甚詳，可參閱。

[5] 匡衡：西漢元帝時，曾爲博士、給事中。元帝問政治得失，匡衡上疏有云："比年大赦，使百姓得改行自新，天下幸甚。臣竊見大赦之後，姦邪不爲衰止，今日大赦，明日犯法，相隨入獄，此殆導之未得其務也。"（《漢書》卷八一《匡衡傳》）　吳漢：東漢光武帝劉秀之功臣，至病危時，光武帝親臨慰問，問所欲言。吳漢曰："臣愚無所識，唯願陛下慎無赦而已。"（《後漢書》卷一八《吳漢傳》）

[6] 陳元方：陳紀字元方。陳群之父。漢獻帝初，曾爲侍中，出爲平原（治所今山東平原縣西南）相，以避亂速赴任。（見《後

漢書》卷六二《陳寔附紀傳》）　　鄭康成：鄭玄字康成，漢末北海高密（今山東高密縣西南）人，大經學家。黃巾軍進入青州後，鄭玄避地徐州，徐州牧陶謙接以師友之禮。（見《後漢書》卷三五《鄭玄傳》）何焯曰："陳元方、鄭康成皆避地徐州，而先主以建安元年領徐州牧，其啓告以治亂之道在此時也。"（《義門讀書記》卷二七《三國志·蜀志》）

[7] 劉景升：劉表字景升。　　季玉：劉璋字季玉。"季玉父子"，謂劉焉、劉璋。趙幼文《校箋》則謂《藝文類聚》卷五三、《初學記》卷二〇引無"季玉"二字。按，《太平御覽》卷六五二引亦無"季玉"二字。

[8] 蓋何足云：錢大昕曰："自古大臣握重權者，身死之後，嗣君親政，亦必改元，更革其舊。後主信任武侯，不以存殁有間。張邈上書訕亮，下獄誅死。其任賢勿疑，有足稱者。孔明卒於建興十二年，前此不改元，孔明事君之忠也；繼此不改元，後主知人之哲也。君明臣忠，此承祚所謂卓也。不然，建興之號終於十五，何不云十五，而云十二乎？裴氏所譏，殊未達其旨趣。"（《廿二史考異》卷一六）

三國志 卷三四

蜀書四

二主妃子傳第四

先主甘皇后，沛人也。[1]先主臨豫州，[2]住小沛，[3]納以爲妾。先主數喪嫡室，常攝內事。隨先主於荆州，[4]産後主。值曹公軍至，追及先主於當陽長阪，[5]于時困偪，棄后及後主，賴趙雲保護，得免於難。后卒，葬于南郡。[6]章武二年，[7]追謚皇思夫人，遷葬於蜀，[8]未至而先主殂隕。丞相亮上言：“皇思夫人履行脩仁，淑慎其身。大行皇帝昔在上將，[9]嬪妃作合，[10]載育聖躬，大命不融。大行皇帝存時，篤義垂恩，念皇思夫人神柩在遠飄颻，特遣使者奉迎。會大行皇帝崩，今皇思夫人神柩以到，又梓宮在道，園陵將成，安厝有期。臣輒與太常臣賴恭等議：[11]《禮記》曰：‘立愛自親始，[12]教民孝也；立敬自長始，教民順也。’不忘其親，所由生也。《春秋》之義，母以子貴。[13]昔高皇帝追尊太上昭靈夫人爲昭靈皇后，[14]孝和皇帝改葬其母梁貴人，[15]尊號曰恭懷皇后，孝愍皇帝亦改葬其母王夫人，[16]尊號曰靈懷皇后。今皇思夫人宜有尊號，以慰寒泉之思，[17]輒與恭等案謚法，宜曰昭烈皇后。《詩》曰：‘榖則異室，[18]死則同穴。’〔一〕故昭烈皇后宜與大行皇帝合葬，臣請太尉告宗廟，[19]布露天下，[20]具禮儀別奏。”[21]制曰可。

〔一〕《禮》云：上古無合葬，[22]中古後因時方有。

[1] 沛：王國名。治所相縣，在今安徽濉溪縣西北。

[2] 豫州：刺史治所譙縣，在今安徽亳州市。

[3] 小沛：即沛縣，治所在今江蘇沛縣東。胡三省云：“沛國治相縣，而沛自爲縣，屬沛國，時人謂沛縣爲小沛。”（《通鑑》卷六一漢獻帝興平元年注）

[4] 荊州：漢末刺史治所襄陽縣，在今湖北襄陽市襄州區。

[5] 當陽：縣名。治所在今湖北荊門市西南。　長阪：地名。亦在今湖北荊門市西南。

[6] 南郡：治所江陵縣，在今湖北荊州市荊州區。

[7] 章武：蜀漢昭烈帝劉備年號（221—223）。

[8] 蜀：郡名。治所成都縣，在今四川成都市舊東、西城區。

[9] 上將：高級武官。劉備曾爲左將軍。

[10] 嬪妃：百衲本、殿本作“嬪配”，盧弼《集解》本、校點本作“嬪妃”。今從《集解》本等。

[11] 太常：官名。東漢時仍爲列卿之首，秩中二千石，掌禮儀祭祀，選試博士等。

[12] 立愛自親始：此所引見《禮記·祭義》。下句“教民孝也”，《祭義》作“教民睦也”，鄭玄注：“睦，和厚也。”

[13] 母以子貴：《公羊傳·隱公元年》：“子以母貴，母以

子貴。"

[14] 昭靈夫人：漢高祖劉邦之母。劉邦於高帝五年（前202）即皇帝位後，追尊其母爲昭靈夫人。（見《漢書》卷一下《高帝紀下》）《漢書·高后紀下》謂高后七年（前181）追尊昭靈夫人爲昭靈皇后。梁章鉅《旁證》云："此以爲高祖追尊，恐是信筆之誤。"

[15] 梁貴人：漢和帝生母，爲竇皇后所譖，憂鬱而死。竇后遂養和帝爲己子。和帝即位後，尊竇皇后爲皇太后。至竇太后死，和帝方追尊梁貴人爲皇太后，謚曰恭懷梁皇后，並改葬於西陵。（見《後漢書》卷四《和帝紀》）

[16] 孝愍皇帝：即漢獻帝劉協。魏文帝曹丕代漢後，蜀中傳言漢帝已被害，蜀漢因謚漢帝爲孝愍皇帝。　王夫人：漢獻帝生母。獻帝出生後，何皇后即鴆殺王夫人。獻帝由董太后撫養。至董卓入京，廢少帝辯立獻帝協，又鴆殺何太后。漢獻帝興平元年（194）始追尊王夫人爲靈懷皇后，改葬於文昭陵。（見《後漢書》卷一〇下《靈思何皇后紀》）

[17] 寒泉之思：指對母親的思念。《詩·邶風·凱風》："爰有寒泉，在浚之下。有子七人，母氏勞苦。"

[18] 穀則異室：《詩·王風·大車》："穀則異室，死則同穴。"

[19] 太尉：官名。東漢時與司徒、司空並爲三公，共同行使宰相職能，而位列三公之首，名位甚重，或與太傅並錄尚書事，綜理全國軍政事務。

[20] 布露：吳金華《〈三國志集解〉箋記》謂"布露"當為"露布"之倒。

[21] 具禮儀：趙幼文《校箋》謂蕭常《續後漢書》"具"上有"太常"二字。

[22] 上古無合葬：《禮記·檀弓上》："武子曰：合葬非古也，自周公以來，未之有改也。"

先主穆皇后，陳留人也。[1]兄吳壹，[2]少孤，壹父素與劉焉有舊，是以舉家隨焉入蜀。焉有異志，而聞善相者相后當大貴。焉時將子瑁自隨，遂爲瑁納后，瑁死，后寡居。先主既定益州，[3]而孫夫人還吳，〔一〕羣下勸先主聘后。先主疑與瑁同族，法正進曰："論其親疏，何與晉文之於子圉乎？"[4]於是納后爲夫人。〔二〕建安二十四年，[5]立爲漢中王后。章武元年夏五月，策曰："朕承天命，奉至尊，臨萬國。今以后爲皇后，遣使持節丞相亮授璽綬，[6]承宗廟，母天下，皇后其敬之哉！"建興元年五月，[7]後主即位，尊后爲皇太后，稱長樂宮。壹官至車騎將軍，[8]封縣侯。延熙八年，[9]后薨，合葬惠陵。〔三〕[10]

〔一〕《漢晉春秋》云：先主入益州，吳遣迎孫夫人。夫人欲將太子歸吳，諸葛亮使趙雲勒兵斷江留太子，乃得止。

〔二〕習鑿齒曰：夫婚姻，人倫之始，王化之本，匹夫猶不可以無禮，而況人君乎？晉文廢禮行權，以濟其業，故子犯曰，[11]有求于人，必先從之，將奪其國，何有於妻，非無故而違禮教者也。今先主無權事之偪，而引前失以爲譬，非導其君以堯、舜之道者。先主從之，過矣。

〔三〕孫盛《蜀世譜》曰：[12]壹孫喬，没李雄中三十年，[13]不爲雄屈也。

[1]　陳留：郡名。治所陳留縣，在今河南開封市東南。
[2]　吳壹：事見本書卷四五《楊戲傳》附《季漢輔臣贊》。
[3]　益州：刺史治所成都縣，在今四川成都市舊東、西城區。
[4]　子圉：春秋時晉惠公子，質於秦。秦穆公將女懷嬴嫁與子

圍。至晉惠公病，子圉逃歸，懷嬴不願隨從。惠公卒，子圉立，即晉懷公。此時子圉之伯父重耳已在外流亡十九年，到了秦國。秦穆公又將懷嬴等五宗女嫁與重耳，隨即武裝送重耳入晉，立爲國君，即晉文公。（見《左傳》僖公十七年、二十二年、二十三年）

［5］建安：漢獻帝劉協年號（196—220）。

［6］使持節：漢末三國，皇帝授予出征或出鎮的軍事長官的一種權力。至晉代，此種權力明確爲可誅殺二千石以下官員。若皇帝派遣大臣出巡或祭吊等事務時，加使持節，則表示權力和尊崇。

［7］建興：蜀漢後主劉禪年號（223—237）。

［8］車騎將軍：官名。東漢時位比三公，常以貴戚充任。出掌征伐，入參朝政，漢靈帝時作加官或作贈官。三國沿置，位次驃騎將軍，在諸名號大將軍上。

［9］延熙：蜀漢後主劉禪年號（238—257）。

［10］惠陵：蜀漢昭烈帝劉備陵墓，在今四川成都市武侯區武侯祠內。

［11］子犯：又稱舅犯，即狐偃。晉文公之舅父。當秦穆公要嫁懷嬴與重耳時，重耳以懷嬴爲其侄媳，欲辭，問子犯。子犯曰：“將奪其國，何有於妻，唯秦所命從也。”（《國語·晉語四》）

［12］蜀世譜：沈家本《三國志注所引書目》謂《隋書》《舊唐書》之《經籍志》、《新唐書·藝文志》皆不著録。從本書所引數條看，“其書體例不專蜀主之世系，凡士大夫世系悉詳之”。

［13］李雄：十六國時期成漢之國君，在位三十年（304—334）。

　　後主敬哀皇后，車騎將軍張飛長女也。章武元年，納爲太子妃。建興元年，立爲皇后。十五年薨，葬南陵。

　　後主張皇后，前后敬哀之妹也。建興十五年，入爲貴人。[1]延熙元年春正月，策曰："朕統承大業，君臨天下，奉郊廟社稷。今以貴人爲皇后，使行丞相事左將軍向朗持節授璽綬。[2]勉脩中饋，[3]恪肅禋祀，皇后其敬之哉！"咸熙元年，[4]隨後主遷于洛陽。[一][5]

〔一〕《漢晋春秋》曰：魏以蜀宫人賜諸將之無妻者，李昭儀曰：[6]"我不能二三屈辱。"乃自殺。

［1］貴人：内官名。漢光武帝始置，位次皇后，金印紫綬。

［2］左將軍：官名。東漢時位如上卿，與前、後、右將軍掌京師兵衛和邊防屯警。魏晋亦置，第三品。權位漸低，略高於一般雜號將軍，不典禁兵，不與朝政，僅領兵征戰。蜀漢亦置。　　向朗：周壽昌《注證遺》云："故事，持節册封，使臣例書名不書姓，前後册文可證。'向'字疑衍。"

［3］中饋：指婦人在家中主持飲食以供祭祀。

［4］咸熙：魏元帝曹奂年號（264—265）。

［5］洛陽：縣名。魏都，治所在今河南洛陽市東北白馬寺東。

［6］昭儀：内官名。東漢末曹操置爲内官第二等，曹魏沿置，位淑媛下，爵比縣侯。

劉永字公壽，先主子，後主庶弟也。章武元年六月，使司徒靖立永爲魯王，[1]策曰："小子永，[2]受兹青土。[3]朕承天序，繼統大業，遵脩稽古，[4]建爾國家，封于東土，奄有龜蒙，[5]世爲藩輔。嗚呼，恭朕之詔！惟彼魯邦，一變適道，[6]風化存焉。人之好德，世兹懿美。王其秉心率禮，綏爾士民，是饗是宜，其戒之哉！"建興八年，改封爲甘陵王。[7]初，永憎宦人黄皓，皓既信任用事，譖構永于後主，後主稍疎外永，至不得朝見者十餘年。咸熙元年，永東遷洛陽，拜奉車都尉，^[8]封爲鄉侯。^[9]

[1] 司徒：官名。東漢時與太尉、司空並爲三公，共同行使宰相職能，位次太尉。本職掌民政。東漢末，曹操罷之。蜀漢劉備又置，但爲榮譽之職，無實權。　靖：指許靖。　魯：王國名。治所魯縣，在今山東曲阜市東古城。此不在益州境，僅虛名遙領而已。

[2] 小子：百衲本、殿本作“少子”，盧弼《集解》本、校點本作“小子”，殿本《考證》亦謂“少子”疑當作“小子”。今從《集解》本等。吳金華《〈三國志校詁〉及〈外編〉訂補》云：“‘小子’與‘大子’相對而言。大子在古文獻中通常寫作‘太子’，即大宗之子，小子即小宗之子。”

[3] 青土：魯國古爲青州之地。趙幼文《校箋》謂馮夢禎、陳仁錫本“青土”作“青社”，郝經《續後漢書》同。

[4] 遵脩：趙幼文《校箋》謂蕭常《續後漢書》作“遵道”。

[5] 龜蒙：山名。龜、蒙二山的合稱。在今山東蒙陰縣西南一帶，由西北而東南，長約八十里，西北一段名龜山，東南一段名蒙山。

[6] 一變適道：謂魯地教化極高。《論語·雍也》：“子曰：‘齊一變，至於魯；魯一變，至於道。’”

[7] 甘陵：郡名。治所甘陵縣，在今山東臨清市東。此亦虛名遙領。

[8] 奉車都尉：官名。秩比二千石，第六品，掌皇帝車輿。無定員，或爲加官。（本洪飴孫《三國職官表》）

[9] 鄉侯：爵名。漢制，列侯大者食縣邑，小者食鄉、亭。東漢後期，遂以食鄉、亭者稱爲鄉侯、亭侯。曹魏因之。

劉理字奉孝，亦後主庶弟也，與永異母。章武元年六月，使司徒靖立理爲梁王，[1]策曰："小子理，朕統承漢序，祗順天命，遵脩典秩，建爾于東，爲漢藩輔。惟彼梁土，畿甸之邦，[2]民狃教化，易導以禮。往悉乃心，懷保黎庶，以永爾國，王其敬之哉！"建興八年，改封理爲安平王。[3]延熙七年卒，謚曰悼王。子哀王胤嗣，十九年卒。子殤王承嗣，二十年卒。景耀四年詔曰：[4]"安平王，先帝所命。三世早夭，國嗣頹絕，朕用傷悼。其以武邑侯輯襲王位。"[5]輯，理子也，咸熙元年，東遷洛陽，拜奉車都尉，封鄉侯。

[1] 梁：郡名。治所睢陽縣，在今河南商丘縣南。此亦虛名遙領。

[2] 畿甸：泛指京都地區。東漢梁國距京都洛陽不遠。

[3] 安平：郡名。治所信都縣，在今河北冀縣。此亦虛名遙領。

[4] 景耀：蜀漢後主劉禪年號（258—263）。

[5] 武邑：縣名。治所在今河北武邑縣。此亦虛名遙領。

後主太子璿，字文衡。母王貴人，本敬哀張皇后侍人也。延熙元年正月策曰："在昔帝王，繼體立嗣，副貳國統，古今常道。今以璿爲皇太子，昭顯祖宗之威，命使行丞相事左將軍朗持節授印綬。[1]其勉脩茂質，祗恪道義，諮詢典禮，敬友師傅，斟酌衆善，翼成爾德，可不務脩以自勖哉！"時年十五。景耀六年冬，蜀亡。咸熙元年正月，鍾會作亂於成都，璿爲亂

兵所害。[一][2]

〔一〕 孫盛《蜀世譜》曰：璿弟瑤、琮、瓚、諶、恂、璩六人。[3] 蜀敗，諶自殺，餘皆內徙。值永嘉大亂，[4]子孫絕滅。唯永孫玄奔蜀，李雄僞署安樂公以嗣禪後。永和三年討李勢，[5]盛參戎行，見玄于成都也。

[1] 朗：指向朗。

[2] 害：殿本、盧弼《集解》本作"殺"，百衲本、校點本作"害"。今從百衲本等。

[3] 恂：殿本、盧弼《集解》本作"詢"，百衲本、校點本作"恂"。潘眉《考證》云："依《後主傳》及《蜀紀》，'詢'當作'恂'，'璩'當爲'虔'。諶、恂、虔，意義不相遠。"今從百衲本等。

[4] 永嘉：晋懷帝司馬熾年號（307—313）。

[5] 永和：晋穆帝司馬聃年號（345—356）。 李勢：成漢政權的最後一個君主。永和三年，桓温率軍滅成漢，李勢降。

評曰：《易》稱有夫婦然後有父子，[1]夫人倫之始，恩紀之隆，莫尚於此矣。是故紀録，以究一國之體焉。

[1]《易》稱：引語見《易·序卦》。

三國志 卷三五

蜀書五

諸葛亮傳第五

　　諸葛亮字孔明，琅邪陽都人（也），[1]漢司隸校尉諸葛豐後也。[2]父珪，字君貢，漢末爲太山郡丞。[3]亮早孤，從父玄爲袁術所署豫章太守，[4]玄將亮及亮弟均之官。會漢朝更選朱皓代玄。玄素與荆州牧劉表有舊，[5]往依之。〔一〕玄卒，亮躬畊隴畝，好爲《梁父吟》。〔二〕[6]身長八尺，[7]每自比於管仲、樂毅，[8]時人莫之許也。惟博陵崔州平、潁川徐庶元直與亮友善，[9]謂爲信然。〔三〕

　　〔一〕《獻帝春秋》曰：初，豫章太守周術病卒，劉表上諸葛玄爲豫章太守，治南昌。漢朝聞周術死，遣朱皓代玄。皓從揚州刺史劉繇求兵擊玄，[10]玄退屯西城，[11]皓入南昌。建安二年正月，[12]西城民反，殺玄，送首詣繇。[13]此書所云，與本傳不同。
　　〔二〕《漢晉春秋》曰：亮家于南陽之鄧縣，[14]在襄陽城西二十里，號曰隆中。

〔三〕按《崔氏譜》：[15]州平，太尉烈子，[16]均之弟也。[17]

《魏略》曰：亮在荆州，以建安初與潁川石廣元、徐元直、汝南孟公威等俱游學，[18]三人務於精熟，而亮獨觀其大略。每晨夜從容，常抱膝長嘯，而謂三人曰：“卿諸人仕進可至郡守、刺史也。”[19]三人問其所至，[20]亮但笑而不言。後公威思鄉里，欲北歸，亮謂之曰：“中國饒士大夫，[21]遨遊何必故鄉邪！”

臣松之以爲《魏略》此言，謂諸葛亮爲公威計者可也，若謂兼爲己言，可謂未達其心矣。老氏稱“知人者智，[22]自知者明”，凡在賢達之流，固必兼而有焉。以諸葛亮之鑒識，豈不能自審其分乎？夫其高吟俟時，情見乎言，志氣所存，既已定於其始矣。若使游步中華，聘其龍光，豈夫多士所能沈翳哉！委質魏氏，展其器能，誠非陳長文、司馬仲達所能頡頏，[23]而況於餘哉！苟不患功業不就，道之不行，雖志恢宇宙而終不北向者，蓋以權御已移，漢祚將傾，方將翊贊宗傑，[24]以興微繼絶克復爲己任故也。豈其區區利在邊鄙而已乎！此相如所謂“鷦鵬已翔於遼廓，[25]而羅者猶視於藪澤”者矣。公威名建，在魏亦貴達。

[1] 琅邪：郡名。治所開陽縣，在今山東臨沂市北。　陽都：縣名。治所在今山東沂南市南。　人：各本“人”下有“也”字。盧弼《集解》云：“‘也’字衍。”趙幼文《校箋》謂郝經《續後漢書》《季漢書》俱無“也”字。按，蕭常《續後漢書》亦無“也”字。今從盧説與趙引諸書删。

[2] 司隸校尉：官名。西漢時，掌糾察京都百官及附近的三輔（京兆尹、左馮翊、右扶風）、三河（河東、河内、河南）、弘農等七郡的犯法者，職權較重。　諸葛豐：爲司隸校尉在漢元帝時。事見《漢書》卷七七《諸葛豐傳》。

[3] 太山郡：即泰山郡。治所奉高縣，在今山東泰安市東。

丞：官名。爲郡太守之副，佐掌衆事。秩六百石。

　　[4] 豫章：郡名。治所南昌縣，在今江西南昌市。

　　[5] 荆州：劉表爲州牧，治所襄陽縣，在今湖北襄陽市襄州區。

　　[6] 梁父吟：亦作《梁甫吟》。漢樂府楚曲調名。梁父，山名，在今山東泰安市東南，西連徂徠山。《藝文類聚》卷一九人部吟引《蜀志》諸葛亮《梁父吟》曰："步出齊城門，遥望蕩陰里。里中有三墳，累累正相似。問是誰家冢？田疆古冶子。力能排南山，文能絶地紀。一朝被讒言，二桃殺三士。誰能爲此謀？國相齊晏子。"但此歌辭是諸葛亮好爲吟唱的舊歌辭呢，還是諸葛亮創作的新歌辭？自古以來就有異議，至今尚無定論。

　　[7] 八尺：約合今一百八十四厘米。

　　[8] 管仲：春秋初期的政治家，輔佐齊桓公治理齊國，對外又"尊王攘夷"，使齊桓公成爲春秋第一位霸主。（見《史記》卷六二《管仲列傳》）　　樂毅：戰國時燕將。燕昭王時任亞卿，曾率趙、楚、韓、魏、燕五國之軍擊破齊國，連下七十餘城，以功封於昌國（今山東淄博市東南），號昌國君。燕昭王死後，燕惠王受齊之離間，罷樂毅將。樂毅遂出奔趙國，後卒於趙。（見《史記》卷八〇《樂毅列傳》）

　　[9] 博陵：郡名。治所博陵縣，在今河北蠡縣南。　　潁川：郡名。治所陽翟縣，在今河南禹州市。　　徐庶元直：趙幼文《校箋》謂《白孔六帖》卷四四、《太平御覽》卷六三一引無"庶"字。《後漢紀》、《世説新語·方正篇》注、《文選》袁彦伯《三國名臣序贊》李善注引俱同。

　　[10] 揚州：東漢末刺史治所壽春縣，在今安徽壽縣。而本書卷四九《劉繇傳》謂劉繇受命爲揚州刺史時，袁術已占據壽春，繇不敢至州，由吳景、孫賁迎置曲阿。曲阿縣治所在今江蘇丹陽市。

　　刺史：殿本、盧弼《集解》本作"太守"，百衲本、校點本作"刺史"。今從百衲本等。

[11] 西城：城名。在今江西南昌市西。

[12] 建安：漢獻帝劉協年號（196—220）。

[13] 詣繇：百衲本"繇"上有"劉"字，殿本、盧弼《集解》本、校點本無。今從殿本等。

[14] 南陽：郡名。治所宛縣，在今河南南陽市。　鄧縣：治所在今湖北襄陽市西北。

[15] 崔氏譜：沈家本《三國志注所引書目》謂《隋書》《舊唐書》之《經籍志》、《新唐書·藝文志》皆不著録。

[16] 太尉：官名。東漢時與司徒、司空並爲三公，共同行使宰相職能，而位列三公之首，名位甚重，或與太傅並録尚書事，綜理全國軍政事務。崔烈爲太尉，在漢靈帝中平四年（187）。（見《後漢書》卷八《靈帝紀》）

[17] 均：《後漢書》卷五二《崔駰附烈傳》作"鈞"。

[18] 石廣元：即後裴松之注引《魏略》之石韜。廣元爲字，韜爲名。　汝南：郡名。治所平輿縣，在今河南平輿縣北。

[19] 卿諸人：殿本、盧弼《集解》本、校點本作"卿三人"，百衲本作"卿諸人"。趙幼文《校箋》謂《太平御覽》卷三七二引作"卿諸人"。按，宋本《册府元龜》卷八三六引亦作"卿諸人"。今從百衲本。　郡守刺史：殿本、盧弼《集解》本、校點本作"刺史郡守"，百衲本作"郡守刺史"。《太平御覽》《册府元龜》引皆作"郡守刺史"。今從百衲本。

[20] 至：百衲本作"志"，殿本、盧弼《集解》本、校點本作"至"。《太平御覽》卷三七二引亦作"至"。今從殿本等。

[21] 中國：指中原。　士大夫：盧弼《集解》本作"士丈夫"，百衲本、殿本、校點本作"士大夫"。今從百衲本等。

[22] 知人者智：此句與下句見《老子》第三十三章。

[23] 陳長文：陳群字長文。　司馬仲達：司馬懿字仲達。

[24] 翊贊：百衲本"翊"字作"翼"，殿本、盧弼《集解》本、校點本作"翊"。按，二字可通，朱駿聲《説文通訓定聲·臨

部》："翊，假借爲翼。"今從殿本等。翊贊，輔助。　宗傑：謂漢宗室之人傑。即指劉備。

[25] 相如：指司馬相如。引文見《史記》與《漢書》之《司馬相如傳》中的《難蜀中父老》。　鷦鵬：《史記》作"鷦明"，《漢書》作"焦朋"。　遼廓：《史記》《漢書》皆作"寥廓"。《漢書》顏師古注："寥廓，天上寬廣之處。"

　　時先主屯新野。[1]徐庶見先主，先主器之，謂先主曰："諸葛孔明者，臥龍也，將軍豈願見之乎?"〔一〕先主曰："君與俱來。"庶曰："此人可就見，不可屈致也。將軍宜枉駕顧之。"[2]由是先主遂詣亮，凡三往，乃見。因屏人曰："漢室傾頹，姦臣竊命，主上蒙塵。孤不度德量力，欲信大義於天下，[3]而智術短淺，遂用猖獗，[4]至于今日。然志猶未已，君謂計將安出?"亮答曰："自董卓已來，豪傑並起，跨州連郡者不可勝數。曹操比於袁紹，則名微而衆寡，然操遂能克紹，以弱爲强者，[5]非惟天時，抑亦人謀也。今操已擁百萬之衆，挾天子而令諸侯，[6]此誠不可與爭鋒。孫權據有江東，[7]已歷三世，[8]國險而民附，賢能爲之用，此可以爲援而不可圖也。荊州北據漢沔，[9]利盡南海，[10]東連吳、會，[11]西通巴、蜀，[12]此用武之國，而其主不能守，此殆天所以資將軍，將軍豈有意乎? 益州險塞，[13]沃野千里，天府之土，高祖因之以成帝業。劉璋闇弱，張魯在北，民殷國富而不知存恤，智能之士思得明君。將軍既帝室之胄，信義著於四海，總攬英雄，思賢如渴，若跨有荊、益，保其巖阻，西和諸戎，南撫夷越，外結好孫權，內脩政（理）〔治〕；[14]天下有變，則命一上將將荆州之軍以向宛、洛，[15]將軍身率益州之衆出於秦川，[16]百姓孰（敢）不簞食壺漿以迎將軍者乎？[17]誠如是，則霸業可成，漢室可興矣。"先主曰："善！"於是與亮情好日密。關羽、張飛等不悦，先主解之曰："孤之有孔明，猶魚之有水也。願諸君勿復言。"羽、飛乃止。〔二〕

〔一〕《襄陽記》曰：[18]劉備訪世事於司馬德操。[19]德操曰："儒生俗士，豈識時務？[20]識時務者在乎俊傑。此間自有伏龍、鳳雛。"備問爲誰，曰："諸葛孔明、龐士元也。"

〔二〕《魏略》曰：劉備屯於樊城。[21]是時曹公方定河北，亮知荆州次當受敵，而劉表性緩，不曉軍事。亮乃北行見備，備與亮非舊，又以其年少，以諸生意待之。坐集既畢，衆賓皆去，而亮獨留，備亦不問其所欲言。備性好結毦，[22]時適有人以髦牛尾與備者，備因手自結之。亮乃進曰："明將軍當復有遠志，但結毦而已邪！"備知亮非常人也，乃投毦而答曰：[23]"是何言與！我聊以忘憂耳。"[24]亮遂言曰："將軍度劉鎮南孰與曹公邪？"[25]備曰："不及。"亮又曰："將軍自度何如也？"備曰："亦不如。"曰："今皆不及，而將軍之衆不過數千人，以此待敵，得無非計乎！"備曰："我亦愁之，當若之何？"亮曰："今荆州非少人也，而著籍者寡，平居發調，則人心不悦；可語鎮南，令國中凡有游戶，皆使自實，因録以益衆可也。"備從其計，故衆遂强。備由此知亮有英略，乃以上客禮之。《九州春秋》所言亦如之。

臣松之以爲亮表云"先帝不以臣卑鄙，猥自枉屈，三顧臣於草廬之中，諮臣以當世之事"，則非亮先詣備，明矣。雖聞見異辭，各生彼此，然乖背至是，亦良爲可怪。

［1］新野：縣名。治所在今河南新野縣。

［2］宜枉駕：趙幼文《校箋》謂《後漢紀》“宜”字作“且”。按，上句“此人可就見”，《後漢紀》作“此人宜可以就見”。

［3］信（shēn）：通“伸”。《荀子·不苟》：“剛強猛毅，靡所不信。”楊倞注：“信，讀爲伸。下同。古字通用。”

［4］短淺：殿本、盧弼《集解》本作“淺短”，今從百衲本、校點本作“短淺”。　猖獗：百衲本、殿本、盧弼《集解》本皆作“猖獗”，校點本據《通鑑》卷六五改作“猖蹶”。周一良《札記》謂猖獗即顛覆之義。吳金華《校詁》亦謂“猖獗”“猖蹶”音同義通，不煩改字。今從百衲本等。

［5］強者：趙幼文《校箋》謂《太平御覽》卷一一七引無“者”字，《華陽國志》、道藏本《諸葛忠武侯別傳》同。

［6］而：殿本、盧弼《集解》本作“以”，百衲本、校點本作“而”。今從百衲本等。

［7］江東：地區名。長江自西向東流至今安徽境，則偏北斜流，至江蘇鎮江市又東流而下，古稱這段江路東岸之地爲江東（即今長江以南的蘇、浙、皖一帶），西岸之地爲江西（即今皖北和淮河下游一帶）。

［8］三世：謂孫堅、孫策、孫權三世。

［9］漢沔：水名。即漢水。古時漢水始出嶓冢山稱漾水，南流稱沔水，與褒水匯流後始稱漢水。

［10］利盡南海：胡三省云：“謂自桂陽、蒼梧跨有交州，則利盡南海也。”（《通鑑》卷六五漢獻帝建安十三年注）

［11］吳：郡名。治所吳縣，在今江蘇蘇州市。　會（kuài）：指會稽郡。治所山陰縣，在今浙江紹興市。

［12］巴：郡名。治所江州縣，在今重慶渝中區。　蜀：郡名。治所成都縣，在今四川成都市舊東、西城區。

［13］益州：刺史治所即成都縣。

[14] 政治：各本作"政理"。盧弼《集解》："《通鑑》'理'作'治'。"按，《後漢紀》亦作"治"，作"理"蓋唐人避高宗諱改，今從《後漢紀》作"治"。

[15] 宛洛：指宛縣與洛陽縣。洛陽縣治所在今河南洛陽市東北白馬寺東。

[16] 出於：殿本、盧弼《集解》本作"以出"，百衲本、校點本作"出於"。今從百衲本等。　秦川：地區名。指今陝西、甘肅秦嶺以北渭水平原一帶。

[17] 執：各本皆作"執敢"。趙幼文《校箋》謂《太平御覽》卷一一七引無"敢"字，《後漢紀》、《華陽國志》、道藏本《諸葛忠武侯集》同。今從趙説删"敢"字。　簞（dān）：古代盛飲食的圓形盛器，用竹或葦編成。《孟子·梁惠王下》："以萬乘之國伐萬乘之國，簞食壺漿以迎王師，豈有他哉！避水火也。"後世因以"簞食壺漿"爲犒師擁軍之典故。

[18] 襄陽記：《隋書·經籍志》史部雜傳類著録東晉習鑿齒撰《襄陽耆舊記》五卷，即此書。而《舊唐書·經籍志》《新唐書·藝文志》則稱爲《襄陽耆舊傳》，作者、卷數同，亦即同一書。趙幼文《校箋》謂《太平御覽》卷四四四引此即作《襄陽耆舊記》。

[19] 司馬德操：司馬徽字德操。

[20] 時務：趙幼文《校箋》謂《太平御覽》卷四四四引"務"下有"哉"字。

[21] 樊城：在襄陽縣北，與襄陽隔漢水相對，在今湖北襄陽市樊城區。

[22] 毦（ěr）：盧弼《集解》本作"眊"，百衲本、殿本、校點本作"毦"。今從百衲本等。毦，用鳥羽或獸毛編結成的裝飾物。

[23] 答：殿本、盧弼《集解》本作"言"，百衲本、校點本作"答"。今從百衲本等。

[24] 耳：百衲本作"爾"，殿本、盧弼《集解》本、校點本

作“耳”。按，二字通，今從殿本等。

　　[25] 劉鎮南：即劉表。劉表時爲鎮南將軍、荆州牧。

　　劉表長子琦，亦深器亮。表受後妻之言，愛少子琮，不悦於琦。琦每欲與亮謀自安之術，亮輒拒塞，未與處畫。琦乃將亮游觀後園，共上高樓，飲宴之間，令人去梯，因謂亮曰：“今日上不至天，下不至地，言出子口，入於吾耳，可以言未？”亮答曰：“君不見申生在内而危，[1] 重耳在外而安乎？”琦意感悟，[2] 陰規出計。會黄祖死，得出，遂爲江夏太守。[3] 俄而表卒，琮聞曹公來征，遣使請降。先主在樊聞之，率其衆南行，亮與徐庶並從，爲曹公所追破，獲庶母。庶辭先主而指其心曰：“本欲與將軍共圖王霸之業者，以此方寸之地也。今已失老母，方寸亂矣，無益於事，請從此别。”遂詣曹公。〔一〕

〔一〕《魏略》曰：庶先名福，本單家子，[4] 少好任俠擊劍。中平末，[5] 嘗爲人報讎，白堊突面，[6] 被髮而走，爲吏所得，問其姓字，[7] 閉口不言。吏乃於車上立柱維磔之，[8] 擊鼓以令於市廛，莫敢識者，而其黨伍共篡解之，得脱。於是感激，棄其刀戟，更疎巾單衣，折節學問。始詣精舍，諸生聞其前作賊，不肯與共止。福乃卑躬早起，常獨掃除，動静先意，聽習經業，義理精熟。遂與同郡石韜相親愛。初平中，[9] 中州兵起，乃與韜南客荆州，到，又與諸葛亮特相善。及荆州内附，孔明與劉備相隨去，福與韜俱來北。至黄初中，[10] 韜仕歷郡守、典農校尉，[11] 福至右中郎將、御史中丞。[12] 逮太和中，[13] 諸葛亮出隴右，[14] 聞元直、廣元仕財如此，[15] 歎曰：“魏殊多士邪！何彼二人不見用乎？”庶後數年病卒，有碑在彭城，[16]今猶存焉。

[1] 申生：春秋時晉獻公之太子。其母齊姜已死，晉獻公寵愛驪姬。驪姬有子奚齊，欲廢太子而立之，多次請求獻公。獻公以太子無罪而拒之。後驪姬使申生往曲沃（今山西聞喜縣東北）祖廟祭齊姜，並使歸獻祭肉與酒。申生祭回後，驪姬暗在肉、酒中施毒。獻公獵歸後發現肉、酒有毒，遂下令處死申生師傅杜原款；申生逃往曲沃。有人建議申生逃離晉國以免難，申生不許。驪姬又至曲沃逼殺申生，申生遂自縊於祖廟。申生死後，驪姬又誣陷太子之弟公子重耳、公子夷吾參與申生之毒謀，獻公遂派人刺殺重耳、夷吾。重耳因逃入狄，繼輾轉流亡於各國，十九年後，回晉國做了國君，即晉文公。（見《國語·晉語》二、四）

[2] 感悟：百衲本“悟”字作“癮”，殿本、盧弼《集解》本、校點本作“悟”。按，二字可通，今從殿本等。

[3] 江夏：郡名。黃祖爲太守，治所沙羡（yí）縣，在今湖北武漢市武昌區西南金口。劉琦爲太守，移治所於夏口，在今湖北武漢市原漢水入長江處。

[4] 單家：孤寒之家。與豪族大姓相對而言。

[5] 中平：漢靈帝劉宏年號（184—189）。

[6] 白堊（è）：白土粉，石灰巖的一種，白色，質軟而輕。又名白善土。　突：通“塗”。黃生《義府·白堊突面》：“突即塗，語言之轉。”

[7] 姓字：殿本、盧弼《集解》本作“姓名”，百衲本、校點本作“姓字”。今從百衲本等。

[8] 維磔（zhé）之：謂將徐庶的四肢像車裂般地綁縛於柱上。

[9] 初平：漢獻帝劉協年號（190—193）。

[10] 黃初：魏文帝曹丕年號（220—226）。

[11] 典農校尉：官名。曹魏在郡國設置的屯田官，秩比二千

石，第六品，管理屯田區的農業生産、民政和田租。地位相當於郡太守，但直屬中央大司農。

[12] 右中郎將：官名。秩比二千石。東漢時領右署中郎、侍郎、郎中，職掌訓練、管理、考核後備官員，出居外朝。曹魏雖不置五官、左、右三郎署，但仍置其官。第四品。　御史中丞：官名。秩千石，第四品。爲御史臺長官，掌監察、執法。

[13] 太和：殿本、盧弼《集解》本、校點本作“大和”，百衲本作“太和”。按，太和，魏明帝曹叡年號（227—233）。今從百衲本。

[14] 隴右：地區名。指隴山以西之地。約當今甘肅隴山、六盤山以西和黃河以東一帶。

[15] 財：通才、纔。《漢書》卷五四《李陵傳》：“上遣貳師大軍出，財令陵爲助兵。”顏師古注：“財，與纔同。謂淺也，僅也。”

[16] 彭城：縣名。治所在今江蘇徐州市。

　先主至於夏口，亮曰：“事急矣，請奉命求救於孫將軍。”時權擁軍在柴桑，[1]觀望成敗。亮説權曰：“海内大亂，將軍起兵據有江東，劉豫州亦收衆漢南，[2]與曹操並爭天下。今操芟夷大難，略已平矣，遂破荆州，威震四海。英雄無所用武，故豫州遁逃至此。將軍量力而處之：若能以吳、越之衆與中國抗衡，[3]不如早與之絶；若不能當，何不案兵束甲，北面而事之！[4]今將軍外託服從之名，而内懷猶豫之計，事急而不斷，禍至無日矣！”權曰：“苟如君言，劉豫州何不遂事之乎？”亮曰：“田橫，[5]齊之壯士耳，猶守義不辱，況劉豫州王室之胄，英才蓋世，衆士慕仰，若水之歸海，若事之不濟，此乃天也，安能復爲之下乎！"權勃然曰："吾不能舉全吳之地，十萬之衆，受制於人。吾計決矣！非劉豫州莫可以當曹操者，然豫州新敗之後，安能抗此難乎？"亮曰："豫州軍雖敗於長阪，今戰士還者及關羽水軍精甲萬人，劉琦合江夏戰士亦不下萬人。曹操之衆，遠來疲弊，聞追豫州，輕騎一日一夜行三百餘里，此所謂'彊弩之末，勢不能穿魯縞'者也。[6]故兵法忌之，曰'必蹶上將軍'。[7]且北方之人，不習水戰；又荆州之民附操者，偪兵勢耳，非心服也。今將軍誠能命猛將統兵數萬，與豫州協規同力，破操軍必矣。操軍破，必北還，如此則荆、吳之勢彊，鼎足之形成矣。成敗之機，在於今日。"權大悦，即遣周瑜、程普、魯肅等水軍三萬，隨亮詣先主，并力拒曹公。〔一〕曹公敗於赤壁，[8]引軍歸鄴。[9]先主遂收江南，以亮爲軍師中郎將，[10]使督零陵、桂陽、長沙三郡，[11]調其賦税，以充軍實。〔二〕

〔一〕《袁子》曰：張子布薦亮於孫權，[12]亮不肯留。人問其故，曰："孫將軍可謂人主，然觀其度，能賢亮而不能盡亮，吾是以不留。"

臣松之以爲袁孝尼著文立論，[13]甚重諸葛之爲人，至如此言則失之殊遠。觀亮君臣相遇，可謂希世一時，終始之分，誰能間之？寧有中違斷金，[14]甫懷擇主，設使權盡其量，便當翻然去就乎？葛生行己，豈其然哉！關羽爲曹公所獲，遇之甚厚，可謂能盡其用矣，猶義不背本，曾謂孔明之不若雲長乎！

〔二〕《零陵先賢傳》云：亮時住臨烝。[15]

　　〔1〕柴桑：縣名。治所在今江西九江市西南。

　　〔2〕劉豫州：指劉備。劉備曾爲豫州刺史。　　漢南：地區名。泛指漢水以南地區。

　　〔3〕吳越：指江東。江東古爲吳、越二國之地。

　　〔4〕北面：謂稱臣。古代帝王見臣下，南面而坐，臣下則北面朝見。

　　〔5〕田橫：戰國末齊的宗親。項羽、劉邦爭戰中曾自立爲齊王，爲劉邦將灌嬰所破，投奔彭越。劉邦滅項羽爲帝後，以彭越爲梁王。田橫懼誅，與徒屬五百人逃居東海島中。劉邦恐其後爲亂，使人召之曰：“田橫來，大者王，小者乃侯耳。不來，且舉兵加誅焉。”田橫懼，乃與客二人赴洛陽，及至，與客曰：“橫始與漢王俱南面稱孤，今漢王爲天子，而橫乃亡虜而北面事之，其恥固已甚矣。”遂自殺。（見《史記》卷九四《田儋傳》）

　　〔6〕勢不能穿魯縞：《漢書》卷五二《韓安國傳》：“且臣聞之，衝風之衰，不能起毛羽；彊弩之末，力不能入魯縞。”顏師古注：“縞，素也。曲阜之地，俗善作之，尤爲輕細，故以取喻也。”

　　〔7〕必蹶上將軍：《孫子兵法·軍爭篇》：“五十里而爭利，則蹶上將軍。”

　　〔8〕赤壁：山名。在今湖北赤壁市西北長江邊。詳解見本書卷一《武帝紀》建安十三年注。

　　〔9〕鄴：縣名。治所在今河北臨漳縣西南鄴鎮東一里半。

　　〔10〕軍師中郎將：官名。劉備置，以諸葛亮爲之，總管軍政。

　　〔11〕零陵：郡名。治所泉陵縣，在今湖南永州市。　　桂陽：郡名。治所郴縣，在今湖南郴州市。　　長沙：郡名。治所臨湘縣，在今湖南長沙市。

　　〔12〕張子布：張昭字子布。

　　〔13〕袁孝尼：袁準字孝尼，西晉人，官至給事中。（見《晉書》卷八三《袁瓌傳》）《隋書·經籍志》載，袁準撰《袁子正論》十九卷。

[14] 斷金：《易·繫辭上》：“二人同心，其利斷金。”後世即以“斷金”指同心協力，堅固不移。

[15] 臨烝：縣名。孫權置。治所在今湖南衡陽市。又按，臨烝，百衲本、殿本、盧弼《集解》本作“臨蒸”，校點本作“臨烝”。郝經《續後漢書》荀宗道注引亦作“臨烝”。《宋書·州郡志》《晋書·地理志》皆作“臨烝”。故從校點本。

　　建安十六年，益州牧劉璋遣法正迎先主，使擊張魯。亮與關羽鎮荆州。先主自葭萌還攻璋，[1]亮與張飛、趙雲等率衆泝江，分定郡縣，與先主共圍成都。成都平，以亮爲軍師將軍，[2]署左將軍府事。[3]先主外出，亮常鎮守成都，足食足兵。二十六年，[4]群下勸先主稱尊號，先主未許，亮説曰：“昔吳漢、耿弇等初勸世祖即帝位，[5]世祖辭讓，前後數四，耿純進言曰：‘天下英雄喁喁，[6]冀有所望。如不從議者，士大夫各歸求主，無爲從公也。’世祖感純言深至，遂然諾之。今曹氏篡漢，天下無主，大王劉氏苗族，紹世而起，今即帝位，乃其宜也。士大夫隨大王久勤苦者，亦欲望尺寸之功如純言耳。”先主於是即帝位，策亮爲丞相曰：“朕遭家不造，[7]奉承大統，兢兢業業，不敢康寧，思靖百姓，懼未能綏。於戲！[8]丞相亮其悉朕意，[9]無怠輔朕之闕，助宣重光，以照明天下，君其勖哉！”亮以丞相録尚書事，[10]假節。[11]張飛卒後，領司隸校尉。〔一〕[12]

　　〔一〕《蜀記》曰：晋初扶風王駿鎮關中，[13]司馬高平劉寶、長史滎陽桓隰諸官屬士大夫共論諸葛亮，[14]于時譚者多譏亮託身非所，勞困蜀民，力小謀大，不能度德量力。金城郭沖以爲亮權智英略，[15]有踰管、晏，[16]功業未濟，論者惑焉，條亮五事隱没不聞於世者，寶等亦不能復難。扶風王慨然善沖之言。

臣松之以爲亮之異美，誠所願聞，然沖之所説，實皆可疑，謹隨事難之如左：

其一事曰：亮刑法峻急，刻剝百姓，自君子小人咸懷怨歎，法正諫曰：“昔高祖入關，約法三章，[17]秦民知德，今君假借威力，跨據一州，初有其國，未垂惠撫；且客主之義，宜相降下，願緩刑弛禁，以慰其望。”亮答曰：“君知其一，未知其二。秦以無道，政苛民怨，匹夫大呼，天下土崩，高祖因之，可以弘濟。[18]劉璋暗弱，自焉已來有累世之恩，文法羈縻，[19]互相承奉，[20]德政不舉，威刑不肅。蜀土人士，[21]專權自恣，[22]君臣之道，漸以陵替；寵之以位，位極則賤，順之以恩，恩竭則慢。所以致弊，實由於此。吾今威之以法，法行則知恩，限之以爵，爵加則知榮；榮恩並濟，上下有節。爲治之要，於斯而著。”難曰：案法正在劉主前死，今稱法正諫，則劉主在也。諸葛職爲股肱，事歸元首，劉主之世，亮又未領益州，慶賞刑政，不出於己。尋沖所述亮答，專自有其能，有違人臣自處之宜。以亮謙順之體，殆必不然。又云亮刑法峻急，刻剝百姓，未聞善政以刻剝爲稱。

其二事曰：曹公遣刺客見劉備，方得交接，開論伐魏形勢，甚合備計。稍欲親近，刺者尚未得便會，既而亮入，魏客神色失措。亮因而察之，亦知非常人。須臾，客如廁，備謂亮曰：“向得奇士，足以助君補益。”亮問所在，備曰：“起者其人也。”亮徐歎曰：“觀客色動而神懼，視低而忤數，姦形外漏，邪心內藏，必曹氏刺客也。”追之，已越牆而走。難曰：凡爲刺客，皆暴虎馮河，[23]死而無悔者也。劉主有知人之鑒，而惑於此客，則此客必一時之奇士也。[24]又語諸葛云“足以助君補益”，則亦諸葛之流亞也。凡如諸葛之儔，鮮有爲人作刺客者矣，時主亦當惜其器用，必不投之死地也。且此人不死，要應顯達爲魏，[25]竟是誰乎？何其寂蔑而無聞！

[1] 葭萌：縣名。治所在今四川廣元市西南。

[2] 軍師將軍：官名。東漢初曾置。漢末劉備又置，諸葛亮爲之，權勢極重。

[3] 署左將軍府事：即總領左將軍軍府事。建安時，劉備爲左將軍。此署左將軍府事亦即總領劉備之軍府事。

[4] 二十六年：建安無二十六年，應即魏黃初二年（221）。詳解見本書卷三二《先主傳》注。

[5] 世祖：漢光武帝劉秀廟號。吳漢、耿弇、耿純，皆光武帝之功臣。以下耿純之進言，見《後漢書》卷一《光武帝紀》，但意同辭異，未知諸葛亮所本。

[6] 喁（yóng）喁：仰望期待之貌。

[7] 不造：不幸。《詩·周頌·閔予小子》："閔予小子，遭家不造。"

[8] 於（wū）戲（hū）：嘆詞。

[9] 其：盧弼《集解》本作"是"，百衲本、殿本、校點本作"其"。今從百衲本等。

[10] 録尚書事：職銜名義。録爲總領之意。東漢以來，政歸尚書，録尚書事，則總攬朝政。位在三公上，爲上公。魏晉以後，公卿權重者亦爲之。（本《晉書》卷二四《職官志》）

[11] 假節：漢末三國時期，皇帝賜予臣下之一種權力。至晉代，此種權力明確爲因軍事可殺犯軍令者。

[12] 司隸校尉：官名。東漢時，秩比二千石，威權尤重，掌糾察京師百官違法者，並爲司隸州行政長官，相當於州刺史。

[13] 關中：地區名。指函谷關以内之地，包括今陝西和甘肅、

寧夏、内蒙古的部分地區。西晉鎮關中之長官駐長安。

　　[14]司馬：官名。將軍軍府之屬官。掌參贊軍務，管理府内武職，位僅次於長史。西晉初，扶風王駿以鎮西大將軍之職鎮關中，此鎮西大將軍府之司馬。　高平：王國名。西晉初置，治所昌邑縣，在今山東巨野縣南。　長史：官名。將軍軍府之官，總理幕府事。　滎陽：郡名。治所滎陽縣，在今河南滎陽市東北。

　　[15]金城：郡名。治所榆中縣，在今甘肅榆中縣西北黄河南岸。

　　[16]管晏：指春秋時的管仲、晏嬰，皆爲齊國名相。

　　[17]約法三章：《史記》卷八《高祖本紀》載漢高祖劉邦入關滅秦後，與秦父老約法三章：“殺人者死，傷人及盜抵罪。”

　　[18]可以弘濟：趙幼文《校箋》（下兩條同）謂《後漢紀》作“以成帝業”。

　　[19]文法：《後漢紀》作“支柱”。

　　[20]互相：《後漢紀》“互”字作“示”。

　　[21]蜀土人士：殿本作“蜀人士”，百衲本、盧弼《集解》本、校點本作“蜀土人士”。今從百衲本等。

　　[22]專權：殿本“專”上有“每”字，百衲本、盧弼《集解》本、校點本無。今從百衲本等。

　　[23]暴虎馮（píng）河：《論語·述而》：“暴虎馮河，死而無悔者，吾不與也。”楊伯峻注：“徒手搏虎曰暴虎，徒足涉河曰馮河。”

　　[24]必：殿本、盧弼《集解》本作“亦”，百衲本、校點本作“必”。今從百衲本等。

　　[25]爲魏：潘眉《考證》云：“當作‘於魏’。”按，爲有“於”義。王引之《經傳釋詞》卷二：“家大人曰：爲，猶於也。”

　　章武三年春，[1]先主於永安病篤，[2]召亮於成都，屬以後事，謂亮曰：“君才十倍曹丕，必能安國，終定大事。[3]若嗣子可輔，輔之；如其不才，君可自取。”亮涕泣曰：“臣敢竭股肱之力，效忠貞之節，繼之以死！”先主又爲詔敕後主曰：“汝與丞相從事，事之如父。”[一]建興元年，[4]封亮武鄉侯，[5]開府治事。頃之，又領益州牧。政事無巨細，咸決於亮。南中諸郡，[6]並皆叛亂，亮以新遭大喪，故未便加兵，且遣使聘吳，因結和親，遂爲與國。[二][7]

〔一〕孫盛曰：夫杖道扶義，體存信順，然後能匡主濟功，終定大業。語曰弈者舉棊不定猶不勝其偶，況量君之才否而二三其節，何以摧服強鄰囊括四海者乎？[8]備之命亮，亂孰甚焉！世或有謂備欲以固委付之誠，[9]且以一蜀人之志。君子曰，不然；苟所寄忠賢，則不須若斯之誨，如非其人，不宜啓篡逆之塗。是以古之顧命，[10]必貽話言；詭僞之辭，非託孤之謂。幸值劉禪闇弱，無猜險之情，[11]諸葛威略，足以檢衛異端，故使異同之心無由自起耳。不然，殆生疑隙不逞之釁。謂之爲權，不亦惑哉！[12]

〔二〕《亮集》曰：是歲，魏司徒華歆、司空王朗、尚書令陳群、太史令許芝、謁者僕射諸葛璋各有書與亮，[13]陳天命人事，欲使舉國稱藩。亮遂不報書，作《正議》曰：“昔在項羽，起不由德，雖處華夏，秉帝者之勢，卒就湯鑊，爲後永戒。魏不審鑒，今次之矣；免身爲幸，戒在子孫。而二三子各以耆艾之齒，[14]承僞指而進書，有若崇、竦稱莽之功，[15]亦將偪于元禍苟免者邪！昔世祖之創迹舊基，奮羸卒數千，摧莽彊旅四十餘萬於昆陽之郊，[16]夫據道討淫，不在衆寡。及至孟德，[17]以其謪勝之力，舉數十萬之師，救張郃於陽平，[18]勢窮慮悔，僅能自脫，辱其鋒銳之衆，遂喪漢中之地，[19]深知神器不可妄獲，旋還未至，感毒而死。子桓淫逸，[20]繼之以篡。縱使二三子多逞蘇、張詭靡之說，[21]奉進驪兜滔天之辭，[22]欲以誣毀唐帝，諷解禹、稷，所謂徒喪文藻煩勞翰墨者矣。夫大人君子之所不爲也。又《軍誡》曰：‘萬人必死，橫行天下。’昔軒轅氏整辛數萬，[23]制四方，定海内，況以數十萬之衆，據正道而臨有罪，[24]可得干擬者哉！”

［1］章武：蜀漢昭烈帝劉備年號（221—223）。

［2］永安：縣名。治所在今重慶奉節縣東白帝城。

［3］大事：趙幼文《校箋》謂《文選·出師表》李善注引“事”字作“業”。

［4］建興：蜀漢後主劉禪年號（223—237）。

［5］武鄉：潘眉《考證》謂西漢琅邪郡有武鄉縣，東漢雖省，而漢末又置。諸葛亮所封之武鄉，即此武鄉縣。西漢武鄉縣，今址未詳。

［6］南中：地區名。相當於今四川南部及雲南、貴州地區。當時南中設有越嶲、益州、朱提、牂柯、永昌等五郡。

［7］與國：盟國，友邦。

［8］何以：殿本、盧弼《集解》本作“何以”，百衲本、校點本作“可以”。郝經《續後漢書》苟宗道注引亦作“何以”。今從殿本等。

［9］誠：殿本、盧弼《集解》本作“人”，百衲本、校點本作“誠”。今從百衲本等。

［10］顧命：帝王臨終之遺命。

［11］情：殿本、盧弼《集解》本、校點本作“性”，百衲本作“情”。郝經《續後漢書·諸葛亮傳》苟宗道注引亦作“情”。今從百衲本。

［12］不亦惑哉：自古以來，對劉備託孤遺命即有不同的評說。現代學者周一良又認爲：“三國紛爭之時，統治者心目中之主要目

標，在於鞏固地盤，進而爭奪天下。劉備以此勉勵諸葛亮，孫策託孤於張昭亦然。""劉、孫兩人之言，皆借以激勵孔明、子布，堅定其爲蜀國、吳國盡忠之信念，以戰勝敵方，奪取天下。"（《三國志札記》）

[13] 司徒：官名。曹魏前期仍與太尉、司空並爲三公，共同行使宰相職能，位次太尉，本職掌民政。第一品。 司空：位次司徒，本職掌土木營建與水利工程。第一品。 尚書令：官名。東漢時爲尚書臺長官，秩千石。掌奏、下尚書曹文書衆事，選用署置官吏；總典臺中綱紀法度，無所不統。名義上仍隸少府。曹魏時仍爲尚書臺長官，第三品，不再隸屬少府。仍掌奏、下尚書曹文書衆事，選用署置官吏；總典臺中綱紀法度，無所不統。後又綜理萬機，決策出令。 太史令：官名。東漢時，秩六百石，屬太常。掌天時、星曆，歲終奏新曆，國祭、喪、嫁、娶奏良日及時節禁忌，有瑞應、灾異則記之。曹魏沿置，第六品。 謁者僕射（yè）：官名。秩比千石，第五品。爲謁者臺長官，名義上屬光禄勳。掌侍從皇帝左右，關通内外，職權頗重。

[14] 二三子：猶言"諸君"。 耆艾：指老年。古稱六十歲爲耆，五十歲爲艾。

[15] 崇竦：指陳崇、張竦。當王莽策劃立己女爲皇后後，二人合謀上書稱莽功德。《漢書》卷九九上《王莽傳》云："陳崇時爲大司徒司直，與張敞孫竦相善。竦者博通士，爲崇草奏，稱莽功德，崇奏之。"

[16] 昆陽：縣名。治所在今河南葉縣。漢光武帝劉秀於此破王莽將王尋、王邑之大軍。（見《後漢書》卷一上《光武帝紀》）

[17] 孟德：曹操字孟德。

[18] 陽平：關隘名。在今陝西勉縣西北白馬城。

[19] 漢中：郡名。治所南鄭縣，在今陝西漢中市東。

[20] 子桓：曹丕字子桓。

[21] 蘇張：指戰國時的蘇秦、張儀。皆縱橫家，善言辯。

　　〔22〕驩兜：傳説中的唐堯臣。《尚書‧堯典》：“帝曰：‘疇咨，若予采？’驩兜曰：‘都！共工方鳩僝功。’帝曰：‘吁！静言庸違，象恭滔天。’”《史記》卷一《五帝本紀》將此段改寫爲：堯曰：“誰可者？”驩兜曰：“共工旁聚布功，可用。”堯曰：“共工善言，其用僻，似恭漫天，不可。”張守節《正義》云：“共工善爲言語，用意邪僻也。似於恭敬，罪惡漫天，不可用也。”

　　〔23〕軒轅氏：即黄帝。《史記‧五帝本紀》司馬貞《索隱》引皇甫謐云：“黄帝生於壽丘，長於姬水，因以爲姓。居軒轅之丘，因以爲名，又以爲號。”

　　〔24〕正道：殿本、盧弼《集解》本無“正”字，百衲本、校點本有。今從百衲本等。

　　三年春，亮率衆南征，〔一〕其秋悉平。軍資所出，國以富饒，〔二〕乃治戎講武，以俟大舉。五年，率諸軍北駐漢中，臨發，上疏曰：[1]

　　先帝創業未半而中道崩殂，今天下三分，益州疲弊，此誠危急存亡之秋也。然侍衛之臣不懈於內，忠志之士忘身於外者，蓋追先帝之殊遇，欲報之於陛下也。誠宜開張聖聽，[2]以光先帝遺德，恢弘志士之氣，不宜妄自菲薄，引喻失義，以塞忠諫之路也。宮中府中，俱爲一體，陟罰臧否，不宜異同。若有作姦犯科及爲忠善者，宜付有司論其刑賞，以昭陛下平明之理，不宜偏私，使內外異法也。侍中、侍郎郭攸之、費禕、董允等，[3]此皆良實，志慮忠純，是以先帝簡拔以遺陛下。愚以爲宮中之事，事無大小，悉以咨之，然後施行，必能裨補闕漏，有所廣益。將軍向寵，性行淑均，曉暢軍事，試用於昔日，先帝稱之曰能，是以衆議舉寵爲督。[4]愚以爲營中之事，悉以咨之，必能使行陣和睦，優劣得所。親賢臣，遠小人，此先漢所以興隆也；親小人，遠賢臣，此後漢所以傾頹也。先帝在時，每與臣論此事，未嘗不歎息痛恨於桓、靈也。[5]侍中、尚書、長史、參軍，[6]此悉貞良死節之臣，願陛下親之信之，則漢室之隆，可計日而待也。

臣本布衣，躬耕於南陽，苟全性命於亂世，不求聞達於諸侯。先帝不以臣卑鄙，猥自枉屈，三顧臣於草廬之中，諮臣以當世之事，由是感激，遂許先帝以驅馳。後值傾覆，受任於敗軍之際，奉命於危難之閒，爾來二十有一年矣。〔三〕先帝知臣謹慎，故臨崩寄臣以大事也。受命以來，夙夜憂歎，[7]恐託付不效，以傷先帝之明，故五月渡瀘，[8]深入不毛。〔四〕今南方已定，兵甲已足，當獎率三軍，北定中原，庶竭駑鈍，攘除姦凶，興復漢室，還于舊都。此臣所以報先帝，而忠陛下之職分也。

至於斟酌損益，進盡忠言，則攸之、禕、允之任也。願陛下託臣以討賊興復之效；不效，則治臣之罪，以告先帝之靈。〔若無興德之言，則〕責攸之、禕、允等之慢，[9]以彰其咎。陛下亦宜自謀，以諮諏善道，察納雅言，深追先帝遺詔。臣不勝受恩感激，今當遠離，臨表涕零，不知所言。

遂行，屯于沔陽。〔五〕[10]

〔一〕詔賜亮金鈇鉞一具,[11]曲蓋一,[12]前後羽葆鼓吹各一部,[13]虎賁六十人。事在《亮集》。

〔二〕《漢晋春秋》曰:亮至南中,[14]所在戰捷。聞孟獲者,爲夷、漢所服,[15]募生致之。既得,使觀於營陣之間,問曰:[16]"此軍何如?"獲對曰:"向者不知虛實,故敗。今蒙賜觀看營陣,[17]若秖如此,即定易勝耳。"亮笑,縱使更戰,七縱七禽,而亮猶遣獲。獲止不去,曰:"公,天威也,南人不復反矣。"遂至滇池。[18]南中平,皆即其渠率而用之。[19]或以諫亮,亮曰:"若留外人,則當留兵,兵留則無所食,一不易也;加夷新傷破,父兄死喪,留外人而無兵者,必成禍患,二不易也;又夷累有廢殺之罪,[20]自嫌釁重,若留外人,終不相信,三不易也;今吾欲使不留兵,不運糧,而綱紀粗定,夷、漢粗安故耳。"

〔三〕臣松之按:劉備以建安十三年敗,遣亮使吳,亮以建興五年抗表北伐,自傾覆至此整二十年。然則備始與亮相遇,在敗軍之前一年時也。[21]

〔四〕《漢書·地理志》曰:瀘惟水出牂牁郡句町縣。[22]

〔五〕郭沖三事曰:亮屯于陽平,遣魏延諸軍并兵東下,亮惟留萬人守城。晋宣帝率二十萬衆拒亮,[23]而與延軍錯道,徑至前,當亮六十里所,偵候白宣帝說亮在城中兵少力弱。亮亦知宣帝垂至,已與相偪,欲前赴延軍,相去又遠,回迹反追,勢不相及,將士失色,莫知其計。亮意氣自若,敕軍中皆臥旗息鼓,不得妄出菴幔,[24]又令大開四城門,埽地卻洒。宣帝常謂亮持重,而猥見勢弱,疑其有伏兵,於是引軍北趣山。明日食時,亮謂參佐拊手大笑曰:"司馬懿必謂吾怯,將有彊伏,循山走矣。"候邏還白,如亮所言。宣帝後知,深以爲恨。難曰:案陽平在漢中。亮初屯陽平,宣帝尚爲荆州都督,鎮宛城,至曹真死後,始與亮於關中相抗禦耳。魏嘗遣宣帝自宛由西城伐蜀,[25]值霖雨,不果。此之前後,無復有於陽平交兵事。就如沖言,宣帝既舉二十萬衆,已知亮兵少力弱，若疑其有伏兵，正可設防持重，何至便走乎？案《魏延傳》云：“延每隨亮出，輒欲請精兵萬人，與亮異道會于潼關，[26]亮制而不許；延常謂亮爲怯，歎己才用之不盡也。”亮尚不以延爲萬人別統，豈得如沖言，頓使將重兵在前，而以輕弱自守乎？且沖與扶風王言，顯彰宣帝之短，對子毀父，理所不容，而云“扶風王慨然善沖之言”，故知此書舉引皆虛。

[1] 上疏：此疏《昭明文選》題曰《出師表》，錄有全文。以下一般不做文字校對。

[2] 聖聽：百衲本、殿本、盧弼《集解》本均作“聖聽”；校點本 1959 年 12 月第 1 版作“聖德”，1982 年 7 月第 2 版又據《文選》改作“聖聽”。今仍從百衲本等。

[3] 侍中：官名。秩比二千石。職掌門下衆事，侍從左右，顧問應對。漢靈帝時置侍中寺，不再隸屬少府。獻帝時定員六人，與給事黃門侍郎出入禁中，近侍帷幄，省尚書事。當時郭攸之、費禕爲侍中。　侍郎：官名。即黃門侍郎。東漢時秩六百石，掌侍從皇帝左右，給事禁中，關通中外。當時董允爲黃門侍郎。

[4] 督：向寵曾爲中部督，典宿衛兵。

[5] 桓靈：漢桓帝、靈帝，皆信任宦官，親近小人。

[6] 侍中：仍指郭攸之、費禕。　尚書：指陳震。當時陳震爲尚書。　長史：指張裔。當時諸葛亮北伐，張裔爲丞相府留府長史。　參軍：指蔣琬。當時蔣琬爲丞相府參軍，與張裔共統留府事。

[7] 憂歎：殿本作“憂勤”，百衲本、盧弼《集解》本、校點本作“憂歎”。今從百衲本等。

[8] 瀘：水名。即今四川雅礱江匯入金沙江後的金沙江河段。

[9] 若無興德之言則：各本皆無此七字，本書《董允傳》節錄此文有。錢儀吉《證聞》即據卷三九《董允傳》增，校點本又

據錢説增。今從校點本。

　　[10] 沔陽：縣名。治所在今陝西勉縣東舊州鋪。

　　[11] 金鈇鉞：金飾之大斧。賜鈇鉞即賜專殺權。《禮記·王制》："諸侯賜弓矢然後征，賜鈇鉞然後殺。"

　　[12] 曲蓋：儀仗用的曲柄傘。

　　[13] 羽葆：以鳥羽聯綴爲飾的華蓋，亦爲儀仗。　鼓吹：樂隊。

　　[14] 至：殿本、盧弼《集解》本作"在"，百衲本、校點本作"至"。今從百衲本等。

　　[15] 所服：殿本、盧弼《集解》本"所服"上有"並"字，百衲本、校點本無。今從百衲本等。

　　[16] 問曰：百衲本無"問"字，殿本、盧弼《集解》本、校點本有，郝經《續後漢書》亦有。今從殿本等。

　　[17] 觀看：盧弼《集解》云："《通鑑》無'看'字。"趙幼文《校箋》謂蕭常及郝經之《續後漢書》俱無"看"字。

　　[18] 滇池：縣名。治所在今雲南晋寧縣東北晋城鎮。

　　[19] 渠率：大帥。少數民族的頭領。

　　[20] 夷：盧弼《集解》本作"吏"，百衲本、殿本、校點本作"夷"。今從百衲本等。

　　[21] 敗軍之前一年時也：趙幼文《校箋》謂《文選·出師表》李善注引無"之"字、"時"字。

　　[22] 句町縣：治所在今雲南廣南縣境。

　　[23] 晋宣帝：即司馬懿。

　　[24] 菴幔：盧弼《集解》云："草蓋曰菴，布帳曰幔。"趙幼文《校箋》云："《通典·兵六》'菴幔'作'卷幔'。"按，中華書局1988年《通典》點校本已據此改"卷幔"爲"菴幔"。菴幔，猶菴廬，軍隊營帳。《後漢書》卷六五《皇甫規傳》謂皇甫規率軍討隴右，"軍中大疫，死者十三四。規親入菴廬，巡視將士，三軍感悦"。

[25] 西城：縣名。治所在今陝西安康市西北漢水北岸。

[26] 潼關：關隘名。在今陝西潼關縣東北黃河南岸潼關。

六年春，揚聲由斜谷道取郿，[1]使趙雲、鄧芝爲疑軍，據箕谷，[2]魏大將軍曹真舉眾拒之。[3]亮身率諸軍攻祁山，[4]戎陣整齊，賞罰肅而號令明，南安、天水、安定三郡叛魏應亮，[5]關中響震。〔一〕魏明帝西鎮長安，[6]命張郃拒亮，亮使馬謖督諸軍在前，與郃戰于街亭。[7]謖違亮節度，舉動失宜，大爲郃所破。亮拔西縣千餘家，[8]還于漢中，〔二〕戮謖以謝眾。上疏曰："臣以弱才，叨竊非據，親秉旄鉞以屬三軍，[9]不能訓章明法，臨事而懼，[10]至有街亭違命之闕，箕谷不戒之失，咎皆在臣授任無方。臣明不知人，恤事多闇，《春秋》責帥，臣職是當。請自貶三等，以督厥咎。"於是以亮爲右將軍，[11]行丞相事，所總統如前。〔三〕

〔一〕《魏略》曰：始，國家以蜀中惟有劉備。備既死，數歲寂然無聞，[12]是以略無備預；而卒聞亮出，朝野恐懼，隴右、祁山尤甚，故三郡同時應亮。

〔二〕郭沖四事曰：亮出祁山，隴西、南安二郡應時降，[13]圍天水，拔冀城，虜姜維，[14]驅略士女數千人還蜀。人皆賀亮，亮顏色愀然有戚容，謝曰："普天之下，莫非漢民，國家威力未舉，使百姓困於豺狼之吻。一夫有死，皆亮之罪，以此相賀，能不爲愧。"於是蜀人咸知亮有吞魏之志，非惟拓境而已。難曰：亮有吞魏之志久矣，不始於此眾人方知也，且于時師出無成，傷缺而反者眾，三郡歸降而不能有。姜維，天水之匹夫耳，獲之則於魏何損，拔西縣千家，不補街亭所喪，以何爲功，而蜀人相賀乎？

〔三〕《漢晉春秋》曰：或勸亮更發兵者，亮曰："大軍在祁山、箕谷，皆多於賊，而不能破賊爲賊所破者，則此病不在兵少也，在一人耳。今欲減兵省將，[15]明罰思過，校變通之道於將來；若不能然者，雖兵多何益！自今已後，諸有忠慮於國，但勤攻吾之闕，則事可定，賊可死，[16]功可蹻足而待矣。"於是考微勞，甄烈壯，引咎責躬，布所失於天下，厲兵講武，以爲後圖，戎士簡練，民忘其敗矣。亮聞孫權破曹休，魏兵東下，關中虛弱。十一月，上言曰："先帝慮漢、賊不兩立，王業不偏安，故託臣以討賊也。以先帝之明，量臣之才，故知臣伐賊才弱敵強也；然不伐賊，王業亦亡，惟坐待亡，[17]孰與伐之？是故託臣而弗疑也。臣受命之日，寢不安席，食不甘味，思惟北征，宜先入南，故五月渡瀘，深入不毛，并日而食。臣非不自惜也，顧王業不得偏全於蜀都，[18]故冒危難以奉先帝之遺意也，而議者謂爲非計。今賊適疲於西，又務於東，兵法乘勞，此進趨之時也。謹陳其事如左：高帝明並日月，謀臣淵深，然涉險被創，危然後安。今陛下未及高帝，謀臣不如良、平，[19]而欲以長計取勝，坐定天下，此臣之未解一也。[20]劉繇、王朗各據州郡，論安言計，動引聖人，群疑滿腹，衆難塞胸，今歲不戰，明年不征，使孫策坐大，遂并江東，[21]此臣之未解二也。曹操智計殊絕於人，其用兵也，髣髴孫、吳，然困於南陽，[22]險於烏巢，[23]危於祁連，[24]偪於黎陽，[25]幾敗伯山，[26]殆死潼關，[27]然後僞定一時耳，況臣才弱，而欲以不危而定之，此臣之未解三也。曹操五攻昌霸不下，[28]四越巢湖不成，[29]任用李服而李服圖之，[30]委夏侯而夏侯敗亡，[31]先帝每稱操爲能，猶有此失，況臣駑下，何能必勝？此臣之未解四也。自臣到漢中，中間朞年耳，然喪趙雲、陽群、馬玉、閻芝、丁立、白壽、劉郃、鄧銅等及曲長屯將七十餘人，[32]突將、無前、賨叟、青羌、散騎、武騎一千餘人，[33]此皆數十年之內所糾合四方之精銳，非一州之所有，若復數年，則損三分之二也，當何以圖敵？

此臣之未解五也。今民窮兵疲，而事不可息，事不可息，則住與行勞費正等，而不及虛圖之，[34]欲以一州之地與賊持久，此臣之未解六也。夫難平者，事也。昔先帝敗軍於楚，[35]當此時，曹操拊手，謂天下以定。然後先帝東連吳、越，西取巴、蜀，舉兵北征，夏侯授首，[36]此操之失計而漢事將成也。然後吳更違盟，[37]關羽毀敗，秭歸蹉跌，[38]曹丕稱帝。凡事如是，難可逆見。臣鞠躬盡力，死而後已，至於成敗利鈍，非臣之明所能逆覩也。"於是有散關之役，[39]此表，《亮集》所無，出張儼《默記》。[40]

[1] 斜（yé）谷：斜谷在今陝西眉縣西南，爲古褒斜道之北口。古褒斜道，北起斜谷，南至褒谷（在今陝西漢中市褒城鎮北），總計四百七十里，爲秦蜀間險要之道。　郿：縣名。治所在今陝西眉縣東北。

[2] 箕谷：山谷名。在今陝西寶雞市南。

[3] 大將軍：官名。東漢時常兼録尚書事，與太傅、太尉等共同主持政務。漢末位在三公上。曹魏時爲上公，第一品。

[4] 祁山：山名。在今甘肅禮縣東。

[5] 南安：郡名。治所獂（huán）道，在今甘肅隴西縣東南渭水東岸。　天水：郡名。治所冀縣，在今甘肅甘谷縣東。　安定：郡名。治所臨涇縣，在今甘肅鎮原縣東南。

[6] 長安：縣名。治所在今陝西西安市西北。

[7] 街亭：地名。在今甘肅秦安縣東北九十里隴城鎮。

[8] 西縣：治所在今甘肅天水市西南。

[9] 旄鉞：白旄與黃鉞。借指軍權。

[10] 臨事而懼：謂面臨兵事而小心謹慎。《論語·述而》：子路曰："子行三軍，則誰與？"子曰："暴虎馮河，死而無悔者，吾不與也。必也臨事而懼，好謀而成者也。"朱熹《集解》："懼，謂敬其事。成，謂成其謀。"

［11］右將軍：官名。東漢時位如上卿，與前、後、左將軍掌京師兵衛和邊防屯警。魏晉亦置，第三品。權位漸低，略高於一般雜號將軍，不典禁兵，不與朝政，僅領兵征戰。蜀漢亦置。

［12］無聞：校點本作“無聲”，百衲本、殿本、盧弼《集解》本作“無聞”。今從百衲本等。

［13］隴西：郡名。治所襄武縣，在今甘肅隴西縣東南。

［14］虜姜維：趙幼文《校箋》謂道藏本《諸葛忠武侯集》“虜”字作“獲”。疑作“獲”字是，與下文“獲之則於魏何損”正相應。

［15］省將：盧弼《集解》本作“損將”，百衲本、殿本、校點本作“省將”。今從百衲本等。

［16］可死：趙幼文《校箋》謂蕭常《續後漢書》“死”字作“滅”。

［17］惟坐待亡：盧弼《集解》云：“《通鑑》‘坐’下有‘而’字。”趙幼文《校箋》謂《通志》“坐”下亦有“而”字。按，蕭常《續後漢書》亦有“而”字。

［18］偏全：趙幼文《校箋》謂《水經·若水注》作“偏安”。蕭常《續後漢書》同。

［19］良平：張良、陳平。漢高帝之謀臣。

［20］解（xiè）：通“懈”。下同。

［21］遂并江東：盧弼《集解》引何焯曰：“‘遂并江東’下有脫文，當是指斥孫權之語，吳臣諱而削之。”

［22］困於南陽：指建安二年（197）曹操至宛城，張繡降而復叛，與操戰。曹操中流矢，長子曹昂、侄子安民皆死。

［23］烏巢：地名。因其地有烏巢澤而得名。在今河南延津縣東南。建安五年曹操與袁紹相持於官渡，操兵少糧盡，後得許攸之謀，焚袁紹之軍糧於烏巢，方轉危爲勝。

［24］祁連：祁連山，即今甘肅、青海交界的祁連山脈，但與曹操無關。趙一清《注補》則云：“祁連，謂鄴下濫口之戰。”

　　〔25〕黎陽：縣名。治所在今河南浚縣東北。胡三省云：“逼於黎陽，謂攻袁譚兄弟時也。”（《通鑑》卷七一魏明帝太和二年注）

　　〔26〕伯山：百衲本、《通鑑》作“伯山”，殿本、盧弼《集解》本、校點本作“北山”。郝經《續後漢書》亦作“伯山”，四庫館臣注云：“《通志》及監本陳《志》俱作‘伯山’，與此合。今作‘北山’（指殿本《三國志》）。”趙幼文《校箋》又謂《册府元龜》卷三一二引亦作“伯山”。今從百衲本。胡三省云：“伯山，謂與烏桓戰於白狼山時也。”（《通鑑》卷七一魏明帝太和二年注）

　　〔27〕殆死潼關：建安十六年曹操西征馬超、韓遂等，自潼關北渡，馬超率軍狙擊，船至河中，矢下如雨，船幾沉没，賴許褚力戰得救。本書卷一八《許褚傳》云：“是日，微褚幾危。”

　　〔28〕昌霸：即昌豨。建安三年昌豨聚衆起事後，對曹操降而復叛，操數次遣將擊之未破。官渡之戰後，昌豨復叛，被于禁擊殺。

　　〔29〕巢湖：即今安徽巢湖。赤壁之戰後，曹操又數次對孫權用兵，僅有一些小勝。

　　〔30〕李服：未詳。胡三省云：“李服，蓋王服也。與董承謀殺操，被誅。”（《通鑑》卷七一魏明帝太和二年注）

　　〔31〕委：趙幼文《校箋》謂郝經《續後漢書》“委”下有“任”字。按，蕭常《續後漢書》亦有“任”字。　夏侯：指夏侯淵。建安二十年曹操征漢中降張魯後，即留夏侯淵守漢中。建安二十三年劉備進兵漢中，於陽平關與夏侯淵軍相持。次年，夏侯淵戰死，劉備遂據漢中。

　　〔32〕趙雲：本書卷三六《趙雲傳》謂趙雲卒於建興七年（229），而此表上於建興六年十一月，故有人疑此表爲僞作。何焯則認爲《趙雲傳》之“七年”當爲“六年”。趙雲本信臣宿將，如六年的散關之役尚存，必再統兵，而不聞再出，必殁於是年冬之前。（見《義門讀書記》卷二七《三國志·蜀志》）　曲長：官名。漢代軍隊編制，部下設曲，曲置軍候一人。蜀漢軍隊部下仍設曲，

曲卻置長。　屯將：官名。蜀漢領兵駐守地方之軍官。

[33] 突將無前：皆蜀漢精銳部隊之稱號。　賨（cóng）叟：賨，族名。又稱板楯蠻，爲巴人的一支。叟，《華陽國志·南中志》云：“夷人大種曰昆，小種曰叟。”又《華陽國志》中有“夷叟”之稱。則“賨叟”即“賨夷”，亦即“賨人”。　青羌：穿青色衣之羌人。諸葛亮平定南中後，即“移南中勁卒青羌萬餘家於蜀，爲五部，所當無前，號爲飛軍”。（《華陽國志·南中志》）　散騎武騎：胡三省云：“當時騎兵分部之名。”（《通鑑》卷七一魏明帝太和二年注）

[34] 及虛：百衲本、盧弼《集解》本作“及虛”，殿本、校點本作“及今”。按，郝經《續後漢書》作“及虛”，《通鑑》亦作“及虛”。胡三省注云：“亮意欲及魏與吳連兵未解，乘虛圖之也。”（《通鑑》卷七一魏明帝太和二年注）今從百衲本等。

[35] 敗軍於楚：指曹操下荆州，劉琮降，劉備敗於當陽長阪。當陽古屬楚國地，故稱楚。

[36] 夏侯：亦指夏侯淵。

[37] 然後：趙幼文《校箋》謂蕭常《續後漢書》作“其後”。

[38] 秭歸：縣名。治所在今湖北秭歸縣。秭歸蹉跌，指劉備夷陵之敗。

[39] 散關：關隘名。亦名大散關。在今陝西寶鷄市西南的大散嶺上，形勢險要，古爲軍事重地。

[40] 張儼：吳國人，孫皓時曾爲大鴻臚。沈家本《三國志注所引書目》謂《隋書·經籍志》著録張儼《默記》三卷，亡。《舊唐書·經籍志》《新唐書·藝文志》亦著録《默記》三卷。是先亡後出者。因諸葛亮此表出於張儼《默記》，《諸葛亮集》中又無，後世學者遂有懷疑者，謂非諸葛亮之作。如清代之袁枚、黃以周、錢大昭等認爲，此表辭氣低沉，迥異於前表；又趙雲卒於建興七年，而此表上於六年，足證其僞，蓋爲張儼所擬作。而又有認爲非僞者，如何焯認爲此表乃劇論時勢之盡，非若前表發漢中時所陳，

得以激厲士衆，不妨泄於外。此表失之蜀而傳之吳，或由諸葛喬寫留箱篋，諸葛恪鈎致之於身後。《諸葛亮集》不載者，益明武侯之慎，非由陳壽之疏。（見《義門讀書記》卷二七《三國志·蜀志》）按，本書《諸葛恪傳》恪於吳嗣主孫亮建興二年著論有云："近見家叔父表陳與賊爭競之計，未嘗不喟然歎息也。"是諸葛恪見過此表，何焯之說屬實。

　　冬，亮復出散關，圍陳倉，[1]曹真拒之，亮糧盡而還。魏將王雙率騎追亮，亮與戰，破之，斬雙。七年，亮遣陳式攻武都、陰平。[2]魏雍州刺史郭淮率衆欲擊式，[3]亮自出至建威，[4]淮退還，遂平二郡。詔策亮曰："街亭之役，咎由馬謖，而君引愆，深自貶抑，重違君意，聽順所守。前年燿師，馘斬王雙；今歲爰征，郭淮遁走；降集氐、羌，興復二郡，威震凶暴，[5]功勳顯然。方今天下騷擾，元惡未梟，君受大任，幹國之重，而久自抑損，非所以光揚洪烈矣。今復君丞相，君其勿辭。"〔一〕

　　〔一〕《漢晋春秋》曰：是歲，孫權稱尊號，其羣臣以並尊二帝來告。議者咸以爲交之無益，而名體弗順，宜顯明正義，絕其盟好。亮曰："權有僭逆之心久矣，國家所以略其釁情者，求掎角之援也。今若加顯絕，讎我必深，便當移兵東（戍）〔伐〕，[6]與之角力，須并其土，乃議中原。彼賢才尚多，將相緝穆，未可一朝定也。頓兵相持，坐而須老，使北賊得計，非算之上者。昔孝文卑辭匈奴，[7]先帝優與吳盟，皆應權通變，弘思遠益，非匹夫之爲忿者也。[8]今議者咸以權利在鼎足，不能并力，且志望以滿，無上岸之情，[9]推此，皆似是而非也。何者？其智力不侔，故限江自保；權之不能越江，猶魏賊之不能渡漢，非力有餘而利不取也。若大軍致討，彼高當分裂其地以爲後規，[10]下當略民廣境，示武於內，非端坐者也。若就其不動而睦於我，我之北伐，無東顧之憂，河南之衆不得盡西，[11]此之爲利，亦已深矣。權僭之罪，[12]未宜明也。”乃遣衛尉陳震慶權正號。[13]

[1] 陳倉：縣名。在今陝西寶雞市東渭水北岸。

[2] 陳式：百衲本作“陳戒”，殿本、盧弼《集解》本、校點本作“陳式”。盧弼云：“宋本作‘陳戒’，《通鑑》同。”趙幼文《校箋》亦謂郝經《續後漢書》《通志》亦作“陳戒”。按，蜀漢將陳式見於本書者尚有《徐晃傳》《先主傳》《後主傳》，“陳戒”僅百衲本此一見，蓋誤，今從殿本等。　武都：郡名。治所下辨縣，在今甘肅成縣西。　陰平：郡名。治所陰平縣，在今甘肅文縣西北。

[3] 雍州：刺史治所長安，在今陝西西安市西北。　擊：盧弼《集解》本作“攻”，百衲本、殿本、校點本作“擊”。今從百衲本等。

[4] 建威：城名。在今甘肅西和縣北。

[5] 威震：校點本作“威鎮”，百衲本、殿本、盧弼《集解》本均作“威震”。郝經《續後漢書》亦作“威震”。今從百衲本等。

[6] 伐：各本皆作“戍”。殿本《考證》云：“‘戍’當作‘伐’。”校點本即據《考證》改，今從之。

[7] 孝文：指漢文帝。漢文帝即位後，繼續與匈奴和親，並結爲兄弟，多次致書匈奴單于，稱“皇帝敬問匈奴大單于無恙”。（見《漢書》卷九四上《匈奴傳》）

[8] 分者也：百衲本、盧弼《集解》本作“分者也”，殿本作“分者比”，殿本《考證》云：“分，《冊府》作‘忿’，比，毛本作‘也’。”《通鑑》卷七一作“忿者也”。校點本即據《通鑑》改

"分"作"忿"。按，"分"通"忿"。《吕氏春秋·慎大》："桀爲無道，暴戾頑貪，天下顓恐而患之。言者不同，紛紛分分。"高誘注："紛紛，殽亂也。分分，恐恨也。"俞樾《諸子平議·吕氏春秋二》："分分，當作忿忿。"故從百衲本等。

〔9〕上岸：殿本作"上進"，百衲本、盧弼《集解》本、校點本作"上岸"。今從百衲本等。

〔10〕彼高：殿本、盧弼《集解》本作"彼上"，百衲本、校點本、《通鑑》作"彼高"。今從百衲本等。

〔11〕河南之衆不得盡西：胡三省云："魏河南之衆欲留備吴，不得盡西以抗蜀兵也。"（《通鑑》卷七一魏明帝太和三年注）

〔12〕僭：趙幼文《校箋》謂蕭常及郝經之《續後漢書》作"僭逆"。

〔13〕衞尉：官名。漢列卿之一，秩中二千石。掌宮門警衛。

　　九年，亮復出祁山，以木牛運，〔一〕[1]糧盡退軍，與魏將張郃交戰，射殺郃。〔二〕十二年春，亮悉大衆由斜谷出，以流馬運，據武功五丈原，[2]與司馬宣王對於渭南。[3]亮每患糧不繼，使己志不申，[4]是以分兵屯田，爲久駐之基。[5]耕者雜於渭濱居民之間，而百姓安堵，軍無私焉。〔三〕相持百餘日。其年八月，亮疾病，卒于軍，時年五十四。〔四〕及軍退，宣王案行其營壘處所，曰："天下奇才也！"〔五〕

〔一〕《漢晉春秋》曰：亮圍祁山，招鮮卑軻比能，比能等至故北地石城以應亮。[6]於是魏大司馬曹真有疾，[7]司馬宣王自荆州入朝，[8]魏明帝曰："西方事重，非君莫可付者。"乃使西屯長安，督張郃、費曜、戴陵、郭淮等。[9]宣王使曜、陵留精兵四千守上邽,[10]餘衆悉出,西救祁山。郃欲分兵駐雍、郿,[11]宣王曰:"料前軍能獨當之者,將軍言是也;若不能當而分爲前後,此楚之三軍所以爲黥布禽也。"[12]遂進。[13]亮分兵留攻,自逆宣王于上邽。郭淮、費曜等徼亮,亮破之,因大芟刈其麥,與宣王遇于上邽之東,斂兵依險,軍不得交,亮引而還。[14]宣王尋亮至于鹵城。[15]張郃曰:"彼遠來逆我,請戰不得,[16]謂我利在不戰,欲以長計制之也。且祁山知大軍以在近,[17]人情自固,可止屯於此,分爲奇兵,示出其後,不宜進前而不敢偪,坐失民望也。今亮縣軍食少,亦行去矣。"宣王不從,故尋亮。既至,又登山掘營,不肯戰。賈栩、魏平數請戰,[18]因曰:"公畏蜀如虎,奈天下笑何!"宣王病之。諸將咸請戰。五月辛巳,乃使張郃攻無當監何平於南圍,[19]自案中道向亮。[20]亮使魏延、高翔、吳班赴拒,大破之,獲甲首三千級,玄鎧五千領,[21]角弩三千一百張,宣王還保營。

〔二〕郭沖五事曰:魏明帝自征蜀,幸長安,遣宣王督張郃諸軍,雍、涼勁卒三十餘萬,[22]潛軍密進,規向劍閣。[23]亮時在祁山,旌旗利器,守在險要,十二更下,在者八萬。[24]時魏軍始陳,幡兵適交,參佐咸以賊衆彊盛,[25]非力(不)〔所〕制,[26]宜權停下兵一月,以并聲勢。亮曰:"吾(統)〔聞用〕武行師,[27]以大信爲本,得原失信,[28]古人所惜;去者束裝以待期,[29]妻子鶴望而計日,雖臨征難,義所不廢。"皆催遣令去。[30]於是去者感悅,願留一戰,住者憤踊,思致死命。[31]相謂曰:"諸葛公之恩,死猶不報也。"臨戰之日,莫不拔刃爭先,以一當十,殺張郃,卻宣王,一戰大剋,此信之由也。難曰:臣松之案:亮前出祁山,魏明帝身至長安耳,此年不復自來。且亮大軍在關隴,[32]魏人何由得越亮徑向劍閣?亮既在戰場,[33]本無久住之規,[34]而方休兵還蜀,皆非經通之言。孫盛、習鑿齒搜求異同,周有所遺,而並不載沖言,[35]知其乖刺多矣。[36]

　　〔三〕《漢晉春秋》曰：亮自至，數挑戰。宣王亦表固請戰。使衞尉辛毗持節以制之。[37]姜維謂亮曰："辛佐治仗節而到，[38]賊不復出矣。"亮曰："彼本無戰情，所以固請戰者，以示武於其衆耳。將在軍，君命有所不受，[39]苟能制吾，豈千里而請戰邪！"

　　《魏氏春秋》曰：亮使至，問其寢食及其事之煩簡，不問戎事。使對曰："諸葛公夙興夜寐，罰二十以上，皆親擥焉；[40]所噉食不至數升。"宣王曰："亮將死矣。"

　　〔四〕《魏書》曰：亮糧盡勢窮，憂恚歐血，[41]一夕燒營遁走，入谷，道發病卒。

　　《漢晉春秋》曰：亮卒于郭氏塢。

　　《晉陽秋》曰：有星赤而芒角，[42]自東北西南流，投于亮營，三投再還，往大還小。俄而亮卒。

　　臣松之以爲亮在渭濱，魏人躡跡，勝負之形，未可測量，而云歐血，蓋因亮自亡而自誇大也。[43]夫以孔明之略，豈爲仲達歐血乎？[44]及至劉琨喪師，[45]與晉元帝牋亦云"亮軍敗歐血"，此則引虛記以爲言也。其云入谷而卒，[46]緣蜀人入谷發喪故也。

　　〔五〕《漢晉春秋》曰：楊儀等整軍而出，百姓奔告宣王，宣王追焉。姜維令儀反旗鳴鼓，若將向宣王者，宣王乃退，不敢偪。於是儀結陣而去，入谷然後發喪。宣王之退也，百姓爲之諺曰："死諸葛走生仲達。"或以告宣王，宣王曰："吾能料生，不便料死也。"

　　[1] 木牛：與下之"流馬"，俱詳見後裴松之注引《亮集》。

　　[2] 武功：縣名。治所在今陝西扶風縣東南。　五丈原：地名。在今陝西岐山縣南渭水南岸，斜谷口西側。

　　[3] 司馬宣王：即司馬懿。　渭南：指渭水之南。

　　[4] 申：殿本、盧弼《集解》本作"伸"，百衲本、校點本作"申"。二字可通，今仍從百衲本等。

[5] 駐：殿本、盧弼《集解》本作"住"，百衲本、校點本作"駐"。今從百衲本等。

[6] 北地：郡名。曹魏時，治所在没（duì）祤（yǔ）城，在今陝西耀縣城東。 石城：未詳。盧弼《集解》謂本書卷三《明帝紀》太和五年（231）軻比能詣幽州貢名馬，即建興九年（231）事，恐諸葛公未能招致也。

[7] 大司馬：官名。魏文帝黃初二年（221）置，爲上公，位在三公上，第一品，掌武事。

[8] 荊州：魏刺史治所宛城，在今河南南陽市。

[9] 郭淮等：趙幼文《校箋》謂蕭常《續後漢書》"等"下有"拒王師"三字。郝經《續後漢書》作"拒亮"。

[10] 上邽：縣名。治所在今甘肅天水市。

[11] 雍：縣名。治所在今陝西鳳翔縣西南豆腐村、河南屯之間。趙幼文《校箋》謂"雍郿"下《太平御覽》卷二九三引《通典》有"爲後鎮"三字。按，《太平御覽》卷二九一引《漢晋春秋》無此三字。

[12] 黥布：即英布。漢高帝劉邦擊敗項羽後，封黥布爲淮南王。高帝十一年（前196）黥布反，渡淮擊楚。楚發兵與戰，而將軍分爲三部，以互救。有人説楚將曰："布善用兵，民素畏之。且兵法，諸侯自戰其地爲散地。今別爲三，彼敗吾一，餘皆走，安能相救！"不被采納。布果破其一軍，二軍散走。（見《漢書》卷三四《黥布傳》）

[13] 遂進：趙幼文《校箋》謂《太平御覽》卷二九三引《通典》"進"下有"軍隃麋"三字。按，《太平御覽》卷二九一引《漢晋春秋》無此三字。

[14] 亮引而還：趙幼文《校箋》謂《太平御覽》卷二九一引"而"上有"兵"字。

[15] 鹵城：城名。在今甘肅天水市和甘谷縣之間。

[16] 請戰：百衲本、殿本、盧弼《集解》本作"我請戰"，

校點本、《通鑑》無"我"字。從上下文義看，應無"我"字，今從校點本。

[17] 以：《通鑑》作"已"。按，二字可通。

[18] 賈栩：百衲本、殿本、盧弼《集解》本作"賈詡"。本書卷二《文帝紀》謂賈詡卒於黃初四年六月甲申，此顯然非彼賈詡。《通鑑》作"賈栩"，校點本亦作"賈栩"，今從校點本。

[19] 無當監：官名。胡三省云："無當，蓋蜀軍部之號，言其軍精勇，敵人無能當者，使平監護之，故名官曰無當監。"（《通鑑》卷七二魏明帝太和五年注） 何平：殿本、盧弼《集解》本作"何千"，百衲本、校點本、《通鑑》作"何平"。何平即王平，王平早養於何氏，後復姓王。見本書卷四三《王平傳》。今從百衲本等。 南圍：胡三省云："蜀兵圍祁山之南屯。"（《通鑑》卷七二魏明帝太和五年注）

[20] 自案中道：胡三省云："案，據也。懿分道進兵，欲以解祁山之圍，自據中道，與亮旗鼓相向也。"（《通鑑》卷七二魏明帝太和五年注）趙幼文《校箋》則謂《漢書》卷五五《衛青傳》"案榆溪舊塞"，注引如淳曰："案，尋也。"

[21] 玄鎧：殿本作"衣鎧"，百衲本、盧弼《集解》本、校點本作"玄鎧"。今從百衲本等。玄鎧，鐵鎧甲。

[22] 雍涼：皆州名。魏涼州刺史治所姑臧縣，在今甘肅武威市。

[23] 劍閣：地名。在今四川劍閣縣東北之劍門關。

[24] 十二更下在者八萬：謂十分之二的軍士更下輪流休整。亦即十萬軍士有兩萬在輪流休整，祇有八萬在戰地。

[25] 彊盛：趙幼文《校箋》謂《太平御覽》卷二七九、卷四三〇引"盛"字作"多"。

[26] 所制：百衲本、殿本、盧弼《集解》本、校點本作"不制"。盧弼《集解》謂馮夢禎本"不"作"所"。趙幼文《校箋》謂《太平御覽》卷二七九、卷四三〇引俱作"所"。今從盧、趙

説改。

[27] 吾聞用武：各本作“吾統武”。趙幼文《校箋》謂《太平御覽》卷四三〇引“吾”下有“聞”字，“統”字作“用”。《通典·兵四》同。按，《太平御覽》卷二七九引亦同。今據《太平御覽》《通典》改。

[28] 原：春秋小國名。在今河南濟源市西北。《左傳·僖公二十五年》：“晋侯（文公）圍原，命三日之糧，原不降，命去之。諜出，曰：‘原將降矣。’軍吏曰：‘請待之。’公曰：‘信，國之寶也，民之所庇也。得原失信，何以庇之？所亡滋多。’退一舍而原降。”

[29] 去者：盧弼《集解》本謂郝經《續後漢書》作“更者”。趙幼文《校箋》謂蕭常《續後漢書》亦作“更者”。《方言》三：“更，代也。”

[30] 皆催遣：趙幼文《校箋》謂蕭常及郝經之《續後漢書》俱無“皆”字，“催遣”作“督遣”。按，《太平御覽》卷二七九引作“乃敕速遣”，卷四三〇引作“皆敕速遣”。

[31] 思致死命：趙幼文《校箋》謂《太平御覽》卷二七九、卷四三〇引作“咸思致命”。

[32] 關隴：指關中和隴右地區，即今陝西、甘肅相連一帶。

[33] 在戰場：殿本、盧弼《集解》本作“出戰場”，百衲本、校點本作“在戰場”。今從百衲本等。

[34] 住：百衲本作“駐”，殿本、盧弼《集解》本、校點本作“住”。按，二字通，今從殿本等。

[35] 不載：百衲本、殿本、盧弼《集解》本作“不多載”。盧弼謂“多”字衍。校點本即作“不載”，今從之。

[36] 多矣：百衲本無“矣”字，殿本、盧弼《集解》本、校點本有。今從殿本等。

[37] 持節：漢朝官吏奉使外出時，由皇帝授予節杖，以提高其威權。漢末三國，則爲皇帝授予出征或出鎮的軍事長官的一種權

力。至晋代，此種權力明確爲可殺無官位人，若軍事，可殺二千石以下官員。如皇帝派遣大臣出巡或祭吊等事務時，加持節，則表示權力和尊崇。

[38] 辛佐治：辛毗字佐治。

[39] 君命有所不受：此語見《孫子兵法·變篇》。

[40] 擥：殿本、盧弼《集解》本作"覽"，百衲本、校點本作"擥"。今從百衲本等。

[41] 歐：殿本、盧弼《集解》本作"嘔"，百衲本、校點本作"歐"。下同。按，二字義同，今從百衲本等。

[42] 芒角：指星的光芒。

[43] 自亡：趙幼文《校箋》謂郝經《續後漢書》作"身亡"。按，此乃苟宗道注引裴松之言。

[44] 仲達：司馬懿字仲達。

[45] 劉琨：晋懷帝永嘉初爲并州刺史。懷帝被劉曜所擄後，琨志在恢復，而力弱不濟。至晋愍帝又被擄後，劉琨等遂擁護江左的晋元帝。（見《晋書》卷六二《劉琨傳》）

[46] 谷：指斜谷。

　　亮遺命葬漢中定軍山，[1]因山爲墳，冢足容棺，斂以時服，不須器物。詔策曰："惟君體資文武，明叡篤誠，受遺託孤，匡輔朕躬，繼絕興微，志存靖亂；爰整六師，無歲不征，神武赫然，威鎮八荒，將建殊功於季漢，參伊、周之巨勳。[2]如何不弔，事臨垂克，遘疾隕喪！朕用傷悼，肝心若裂。夫崇德序功，紀行命謚，所以光昭將來，刊載不朽。今使使持節、左中郎將杜瓊，[3]贈君丞相武鄉侯印綬，謚君爲忠武侯。魂而有靈，嘉茲寵榮。嗚呼哀哉！嗚呼哀哉！"

初，亮自表後主曰："成都有桑八百株，薄田十五頃，子弟衣食，[4]自有餘饒。至於臣在外任，無別調度，隨身衣食，悉仰於官，不別治生，以長尺寸。若臣死之日，不使内有餘帛，外有贏財，以負陛下。"及卒，如其所言。

亮性長於巧思，損益連弩，[5]木牛流馬，皆出其意；推演兵法，作八陣圖，[6]咸得其要云。〔一〕亮言教書奏多可觀，別爲一集。

〔一〕《魏氏春秋》曰：亮作八務、七戒、六恐、五懼，皆有條章，以訓厲臣子。[7]又損益連弩，謂之元戎，以鐵爲矢，矢長八寸，一弩十矢俱發。

《亮集》載作木牛流馬法曰：[8]"木牛者，方腹曲頭，一脚四足，頭入領中，舌著於腹。載多而行少，宜可大用，[9]不可小使；特行者數十里，羣行者二十里也。曲者爲牛頭，雙者爲牛脚，橫者爲牛領，轉者爲牛足，覆者爲牛背，方者爲牛腹，垂者爲牛舌，曲者爲牛肋，刻者爲牛齒，立者爲牛角，細者爲牛鞅，攝者爲牛鞦軸。[10]牛仰雙轅，人行六尺，牛行四步。載一歲糧，日行二十里，而人不大勞。[11]流馬尺寸之數，肋長三尺五寸，廣三寸，厚二寸二分，左右同。前軸孔分墨去頭四寸，徑中二寸。前脚孔分墨二寸，去前軸孔四寸五分，[12]廣一寸。[13]前杠孔去前脚孔分墨二寸七分，[14]孔長二寸，廣一寸。後軸孔去前杠分墨一尺五分，[15]大小與前同。後脚孔分墨去後軸孔三寸五分，[16]大小與前同。[17]後杠孔去後脚孔分墨二寸七分，[18]後載剋去後杠孔分墨四寸五分。[19]前杠長一尺八寸，廣二寸，厚一寸五分。後杠與等版方囊二枚，[20]厚八分，[21]長二尺七寸，高一尺六寸五分，廣一尺六寸，每枚受米二斛三斗。從上杠孔去肋下七寸，前後同。上杠孔去下杠孔分墨一尺三寸，孔長一寸五分，廣七分，八孔同。前後四腳，廣二寸，厚一寸五分。形制如象，軒長四寸，徑面四寸三分。孔徑中三腳杠，[22]長二尺一寸，廣一寸五分，[23]厚一寸四分，同杠耳。"[24]

[1] 定軍山：在今陝西勉縣東南。

[2] 伊周：指伊尹、周公。伊尹助湯滅桀，又爲湯相，湯去世後，又輔後王；周公助武王滅紂，武王卒後，輔佐成王，皆有巨勳。

[3] 使持節：漢末、三國時期，皇帝授予出征或出鎮之軍事長官的一種權力。至晋代，此種權力明確爲可誅殺二千石以下官員。若皇帝派遣大臣出巡或參與祭吊等事務時，加使持節，則表示權力和尊崇。左中郎將：官名。秩比二千石。漢代光禄勳下設五官、左、右三署，各置中郎將統領一署，率其郎官，爲皇帝侍衛。

[4] 子弟：趙幼文《校箋》謂《藝文類聚》卷二〇"弟"字作"孫"。

[5] 連弩：裝有機括，可以同發數矢或連發數矢之弓。《墨子》已提及，而諸葛亮又有改進。

[6] 八陣圖：校點本"陣"作"陳"，今從百衲本、殿本、盧弼《集解》本作"陣"。八陣之法，古已有之。1972年山東臨沂銀雀山漢墓出土的竹簡，就有《孫臏兵法·八陣篇》。其中有云："用八陣戰者，因地之利，用八陣之宜。"八陣之説法有數種，《文選》班孟堅《封燕然山銘》："勒以八陣，莅以威神。"李善注引《雜兵書》："八陣者，一曰方陣，二曰圓陣，三曰牝陣，四曰牡陣，五曰衝陣，六曰輪陣，七曰浮沮陣，八曰雁行陣。"諸葛亮之八陣圖，係在前人基礎上有所改進發展。《晋書》卷九八《桓温傳》："初，諸葛亮造八陣圖於魚復平沙之上，壘石爲八行，行相去二丈。温見之，謂'此常山蛇勢也'。文武皆莫能識之。"世傳八

陣圖遺址多處:《水經·沔水注》謂在今陝西勉縣東南諸葛亮墓東;《水經·江水注》《太平寰宇記》謂在今重慶奉節縣南江邊;《太平寰宇記》《明一統志》謂在四川新都縣北彌牟鎮。

[7] 訓厲臣子:趙幼文《校箋》謂《白孔六帖》卷一八"父子"條作"誡厲諸弟子"。

[8] 木牛流馬法:以下所述木牛、流馬之製作法,仍簡而難懂。後世多謂木牛、流馬爲運糧之車。張澍《諸葛亮集·製作篇》引《後山叢譚》:"蜀中有小車獨推,載八石,前如牛頭,又有大車,用四人推,載十石,蓋木牛、流馬也。"又引高承《事物紀原》:"諸葛亮始造木牛,即今小車之有前轅者;流馬,即今獨推者是,民間謂之江州車子。"今之學者則謂木牛是人力獨輪車,有一腳四足。一腳就是一個車輪,四足就是車旁前後裝四條木柱,行車停車時不易傾倒。流馬是改良之木牛,前後四腳,即人力四輪車。(見范文瀾《中國歷史簡編》修訂本第二編)

[9] 宜可大用:《通鑑》卷七二魏明帝太和五年胡三省注引同,《通典》卷一〇注引作"宜住可大用"。

[10] 鞦軸:百衲本、殿本"軸"字作"軸",盧弼《集解》本、校點本作"軸"。按,作"軸"不通。軸同冑,《荀子·議兵》:"冠軸帶劍。"楊倞注:"軸與冑同。"故從《集解》本等。

[11] 人不大勞:此下《通典》有"牛不飲食"四字。

[12] 前腳孔分墨二寸去前軸孔四寸五分:《通鑑》卷七二魏明帝青龍元年胡三省注引作"前腳孔分墨去前軸孔四寸五分"。《通典》作"前腳孔分墨去頭四寸徑二寸前腳孔分墨去前軸孔四寸五分"。

[13] 廣一寸:胡三省注同。《通典》"廣一寸"上還有"長一寸"三字。

[14] 前杠孔去前腳孔分墨二寸七分:《通典》同。胡三省注作"前杠孔分墨去前腳孔分墨三寸七分"。

[15] 後軸孔去前杠分墨:《通典》、胡三省注均作"後軸孔去

前杠孔分墨"。　一尺五分：胡三省注同。《通典》作"一尺五寸"。

[16] 後脚孔分墨去後軸孔三寸五分：胡三省注同。《通典》無此句。

[17] 大小與前同：胡三省注同。《通典》無此句。

[18] 後杠孔去後脚孔分墨二寸七分：胡三省注同。《通典》作"後杠孔去脚孔分墨二寸二分"。

[19] 後載剋去後杠孔分墨四寸五分：胡三省注同。《通典》作"後扛孔分墨四寸五分"。

[20] 二枚：《通典》同。胡三省注作"一"。

[21] 厚八分：《通典》、胡三省注均作"板厚八分"。

[22] 三脚杠：《通典》同。胡三省注作"二脚杠"。

[23] 一寸五分：《通典》同。胡三省注作"二寸五分"。

[24] 同杠耳：胡三省注同。《通典》作"扛同"。又按，《通典》注引之文"杠"皆作"扛"。

景耀六年春，[1]詔爲亮立廟於沔陽。〔一〕秋，魏鎮西將軍鍾會征蜀，[2]至漢川，[3]祭亮之廟，令軍士不得於亮墓所左右芻牧樵採。亮弟均，官至長水校尉。[4]亮子瞻，嗣爵。〔二〕

〔一〕《襄陽記》曰：亮初亡，所在各求爲立廟，朝議以禮秩不聽，[5]百姓遂因時節私祭之於道陌上。言事者或以爲可聽立廟於成都者，後主不從。步兵校尉習隆、中書郎向充等共上表曰：[6]"臣聞周人懷召伯之德，[7]甘棠爲之不伐；越王思范蠡之功，[8]鑄金以存其像。自漢興以來，[9]小善小德而圖形立廟者多矣。況亮德範遐邇，勳蓋季世，王室之不壞，[10]實斯人是賴，而蒸嘗止於私門，[11]廟像闕而莫立，使百姓巷祭，戎夷野祀，非所以存德念功，述追在昔者也。今若盡順民心，則瀆而無典，建之京師，又偪宗廟，此聖懷所以惟疑也。臣愚以爲宜因近其墓，立之於沔陽，[12]使所親屬以時賜祭，[13]凡其臣故吏欲奉祠者，皆限至廟。斷其私祀，以崇正禮。”於是始從之。

　　〔二〕《襄陽記》曰：黃承彦者，高爽開列，爲沔南名士，[14]謂諸葛孔明曰：“聞君擇婦；身有醜女，黃頭黑色，而才堪相配。”孔明許〔焉〕，[15]即載送之。時人以爲笑樂，鄉里爲之諺曰：“莫作孔明擇婦，正得阿承醜女。”[16]

　　[1] 景耀：蜀漢後主劉禪年號（258—263）。

　　[2] 鎮西將軍：官名。魏鎮西將軍第二品。位次四征將軍，領兵如征西將軍。多爲持節都督，出鎮方面。

　　[3] 漢川：泛指漢中平原。

　　[4] 長水校尉：官名。秩比二千石，掌京師宿衞兵。

　　[5] 不聽：趙幼文《校箋》謂《北堂書鈔》卷八八、《太平御覽》卷五二六引“聽”字作“合”。按，《北堂書鈔》引“不聽”上無“以禮秩”三字。全句作“朝議不合”。

　　[6] 步兵校尉：官名。東漢時，秩比二千石，掌京師宿衞。蜀漢沿置。　中書郎：官名。漢代置，屬中書令。職掌不詳。蜀漢亦置，權任較輕。

　　[7] 召伯：即西周初年之召公奭。《詩·召南·甘棠》：“蔽芾（fèi）甘棠，勿剪勿伐，召伯所茇。”《詩》小序云：“甘棠，美召伯也。召伯之教，明於南國。”孔穎達疏：“謂武王之時，召公爲西伯，行政於南土，決訟於小棠之下，其教著明於南國，愛結於民心，故作是詩以美之。經三章，皆言國人愛召伯而敬其樹，是爲美之也。”

　　[8] 越王：即春秋時越王勾踐。《國語·越語下》謂范蠡助越王勾踐滅吳國後，“遂乘輕舟以浮於五湖，莫知其所終極。王命工

以良金寫范蠡之狀而朝禮之，浹日（十日）而令大夫朝之"。

[9] 以來：百衲本、殿本"以"字作"已"，盧弼《集解》本、校點本作"以"。按，二字通，今從《集解》本等。

[10] 王室：百衲本、殿本、盧弼《集解》本"王室"上皆有"興"字。梁章鉅《旁證》云："《水經·沔水注》無'興'字，疑此衍文。"校點本即無"興"字。今從之。

[11] 蒸嘗：同"烝嘗"。本指秋冬二祭，後亦泛指祭祀。

[12] 立之：趙幼文《校箋》謂《白孔六帖》卷六九"之"字作"祠"，郝經《續後漢書》作"廟"。

[13] 賜祭：趙幼文《校箋》謂《册府元龜》卷五九六引"賜"字作"祀"。按，宋本《册府元龜》亦作"賜"。

[14] 沔南：指沔水（漢水）以南。

[15] 許焉：各本皆無"焉"字。趙幼文《校箋》謂《初學記》卷一八（當作一九）、《太平御覽》卷三八二引"許"下俱有"焉"字。今從趙說補。

[16] 正得：百衲本、殿本、盧弼《集解》本皆作"止得"，盧弼又謂元本作"正得"。校點本亦作"正得"。趙幼文《校箋》謂《初學記》卷一八（當作一九），《太平御覽》卷三八二、卷四九六，《册府元龜》卷八五三、卷九三九"止"字俱作"正"。今從校點本與趙說。

諸葛氏集目録:[1]

開府作牧第一　　權制第二　　南征第三北出第四　　計算第五　　訓厲第六　　綜覈上第七　　綜覈下第八　　雜言上第九　　雜言下第十　　貴和第十一　　兵要第十二　　傳運第十三　　與孫權書第十四　　與諸葛瑾書第十五與孟達書第十六　　廢李平第十七　　法檢上第

十八　　法檢下第十九　　科令上第二十　　科令下第二十一　　軍令上第二十二　　軍令中第二十三　軍令下第二十四

右二十四篇，凡十萬四千一百一十二字。

臣壽等言：臣前在著作郎，[2]侍中領中書監濟北侯臣荀勖、中書令關內侯臣和嶠奏，[3]使臣定故蜀丞相諸葛亮故事。亮毗佐危國，負阻不賓，然猶存錄其言，恥善有遺，誠是大晉光明至德，澤被無疆，自古以來，[4]未之有倫也。輒刪除複重，隨類相從，凡爲二十四篇，篇名如右。

亮少有逸羣之才，英霸之器，身長八尺，容貌甚偉，時人異焉。遭漢末擾亂，隨叔父玄避難荆州，躬耕于野，不求聞達。時左將軍劉備以亮有殊量，乃三顧亮於草廬之中；亮深謂備雄姿傑出，遂解帶寫誠，厚相結納。及魏武帝南征荆州，劉琮舉州委質，而備失勢衆寡，無立錐之地。亮時年二十七，乃建奇策，身使孫權，求援吳會。權既宿服仰備，又覩亮奇雅，甚敬重之，即遣兵三萬人以助備。備得用與武帝交戰，大破其軍，乘勝克捷，江南悉平。後備又西取益州。益州既定，以亮爲軍師將軍。備稱尊號，拜亮爲丞相，錄尚書事。及備殂没，嗣子幼弱，事無巨細，亮皆專之。於是外連東吳，內平南越，[5]立法施度，整理戎旅，工械技巧，物究其極，科教嚴明，賞罰必信，無惡不懲，無善不顯，至於吏不容奸，人懷自厲，道不拾遺，彊不侵弱，風化肅然也。

當此之時，亮之素志，進欲龍驤虎視，苞括四海，退欲跨陵邊疆，震蕩宇內。又自以爲無身之日，則未有能蹈涉中原、抗衡上國者，是以用兵不戢，屢耀其武。然亮才，於治戎爲長，奇謀爲短，理民之幹，優於將略。而所與對敵，或值人傑，加衆寡不侔，攻守異體，故雖連年動衆，未能有克。昔蕭何薦韓信，[6] 管仲舉王子城父，[7] 皆忖己之長，未能兼有故也。亮之器能政理，抑亦管、蕭之亞匹也，而時之名將無城父、韓信，故使功業陵遲，大義不及邪？蓋天命有歸，不可以智力爭也。

青龍二年春，[8] 亮帥衆出武功，分兵屯田，爲久駐之基。其秋病卒，黎庶追思，以爲口實。至今梁、益之民，[9] 咨述亮者，言猶在耳，雖《甘棠》之詠召公，鄭人之歌子產，[10] 無以遠譬也。孟軻有云：[11] “以逸道使民，雖勞不怨；以生道殺人，雖死不忿。”信矣！論者或怪亮文彩不豔，而過於丁寧周至。臣愚以爲咎繇大賢也，[12] 周公聖人也，考之《尚書》，咎繇之謨略而雅，周公之誥煩而悉。[13] 何則？咎繇與舜、禹共談，[14] 周公與羣下矢誓故也。[15] 亮所與言，盡衆人凡士，故其文指不得及遠也。[16] 然其聲教遺言，皆經事綜物，公誠之心，形于文墨，足以知其人之意理，而有補於當世。

伏惟陛下邁蹤古聖，蕩然無忌，故雖敵國誹
謗之言，咸肆其辭而無所革諱，所以明大通之道
也。謹録寫上詣著作。臣壽誠惶誠恐，頓首頓首，
死罪死罪。泰始十年二月一日癸巳，[17]平陽侯相
臣陳壽上。[18]

喬字伯松，亮兄瑾之第二子也，本字仲慎。與兄
元遜俱有名於時，[19]論者以爲喬才不及兄，而性業過
之。初，亮未有子，求喬爲嗣，瑾啓孫權遣喬來西，
亮以喬爲己適子，故易其字焉。拜爲駙馬都尉，[20]隨
亮至漢中。[一]年二十五，建興（元）〔六〕年卒。[21]子
攀，官至行護軍翊武將軍，[22]亦早卒。諸葛恪見誅於
吳，子孫皆盡，而亮自有胄裔，故攀還復爲瑾後。

〔一〕亮與兄瑾書曰：“喬本當還成都，今諸將子弟皆得傳
運，[23]思惟宜同榮辱。今使喬督五六百兵，與諸子弟傳於谷
中。”書在《亮集》。

[1] 諸葛氏集目録：徐紹楨《質疑》云：“承祚撰次《諸葛氏
集》表而上之，其上文已云‘亮言教書奏多可觀，別爲一集’，則
此目録數行及後進集之表自不必附入之。觀裴注屢引《諸葛氏集》，
疑此亦爲裴氏之注，後人誤據作承祚正文耳。或者乃謂承祚特附其
目、表，創史家未有之例以尊亮，豈尊亮果在此乎？”徐氏之説甚
有理，但尚無旁證，仍因其舊。

[2] 著作郎：官名。西晉時，第六品。掌國史及起居注之修
撰，有時亦兼管秘書省所藏典籍。

[3] 侍中：官名。魏晉時，秩比二千石，第三品。常侍皇帝左

右，出行則護駕。掌顧問應對，拾遺補闕，諫諍糾察，儐相威儀。正員四人，加官則不限。　　中書監：官名。西晉時與中書令爲中書省長官，位皆三品，唯入朝時監班次略高於令。職權甚重，皆傳宣皇帝旨意，貴重尤甚，雖資位遜於尚書令，實權則過之。常以宰相、諸公兼領。　　濟北：郡名。治所盧縣，在今山東長青縣西。侯：爵名。魏晉爲五等爵之第二等。兩晉之侯有郡侯、鄉侯、亭侯、關内侯等。關内侯爲虚封，無食邑。

[4] 以來：百衲本"以"字作"已"，今從殿本、盧弼《集解》本、校點本作"以"。

[5] 南越：指南中少數民族。

[6] 蕭何薦韓信：《史記》卷九二《淮陰侯列傳》謂漢高帝劉邦爲漢王後，至南鄭，將士逃亡者不少。韓信以不被重用而逃亡，蕭何得知後不告劉邦而追之。劉邦以爲蕭何亦逃，大怒。及蕭何歸見謂追韓信，劉邦仍以爲詐。蕭何曰："諸將易得耳。至如信者，國士無雙。王必欲長王漢中，無所事信；必欲爭天下，非信無所與計事者。顧王策安所決耳。"劉邦遂拜韓信爲大將。

[7] 王子城父：春秋時齊人。《吕氏春秋·審分覽·勿躬》：管仲向齊桓公舉薦曰："平原廣城（疑作域），車不結軌，士不旋踵，鼓之三軍之士，視死如歸，臣不若王子城父。請置以爲大司馬。"

[8] 青龍：魏明帝曹叡年號（233—237）。

[9] 梁益：指梁州與益州。梁州置於魏元帝景元四年（263）。刺史治所沔陽縣（今陝西勉縣東舊州鋪）。晉武帝太康三年（282）移治所於南鄭縣（今陝西漢中市東）。其後治所屢有遷徙，先後治西城縣（今陝西安康市西北漢江北岸）、苞中縣（今陝西漢中市西北大鐘寺）、城固縣（今陝西城固縣東）等。滅蜀後，刺史治所沔陽縣。

[10] 子産：春秋時政治家。鄭國人，鄭簡公任以國政，善治理，深受國人擁戴。《左傳·襄公三十年》謂子産執政三年，輿人

誦之曰："我有子弟，子産誨之；我有田疇，子産殖之。子産而死，誰其嗣之？"

[11] 孟軻有云：此孟子說見《孟子·盡心上》。今傳本《孟子》後兩句作："以生道殺民，雖死不怨殺者。"

[12] 咎（gāo）繇（yáo）：即皋陶。傳說中東夷之首領，曾被舜任爲刑官。《尚書》中有《皋陶謨》一篇，爲禹與皋陶在舜前論知人安民之道。

[13] 周公之誥：《尚書》中有《大誥》。《史記》卷三三《魯世家》謂周武王去世後，成王年幼，周公攝政，管叔、蔡叔遂與武庚叛亂。"周公乃奉成王命，興師東伐，作《大誥》。"

[14] 談：百衲本作"譚"，殿本、盧弼《集解》本、校點本作"談"。按，二字通，今從殿本等。

[15] 羣下：百衲本作"臣下"，殿本、盧弼《集解》本、校點本作"羣下"。今從殿本等。

[16] 不得及遠：百衲本、盧弼《集解》本作"不及得遠"，殿本、校點本作"不得及遠"。今從殿本等。

[17] 泰始：晉武帝司馬炎年號（265—274）。

[18] 平陽：侯國名。治所在今山西臨汾市西南。　相：官名。侯國相由中央直接委派，執掌侯國行政大權，相當於縣令、長。

[19] 元遜：諸葛恪字元遜。

[20] 駙馬都尉：官名。秩比二千石。掌皇帝副車之馬，無定員，或爲加官。

[21] 六年：各本皆作"元年"。何焯謂諸葛亮北駐漢中在建興五年（227），"元"字誤；諸葛瞻之生即在建興五年，"元"字當作"六"。（見《義門讀書記》卷二七《三國志·蜀志》）校點本即從何焯說改"元"爲"六"。今從之。

[22] 護軍：將軍領兵出征，置以監護之。　翊武將軍：官名。蜀漢置，領兵征戰。

[23] 傳運："傳"通"轉"。《史記·衛將軍列傳》"爲麾下

搏戰獲王”，司馬貞《索隱》：“（搏）今《史》《漢》多作‘傳’，‘傳’猶‘轉’也。”又《集韻·僊韻》：“傳，一曰轉也。”

　　瞻字思遠。建興十二年，亮出武功，與兄瑾書曰：“瞻今已八歲，聰慧可愛，[1]嫌其早成，恐不爲重器耳。”年十七，[2]尚公主，拜騎都尉。[3]其明年爲羽林中郎將，[4]屢遷射聲校尉、侍中、尚書僕射，[5]加軍師將軍。瞻工書畫，彊識念，蜀人追思亮，咸愛其才敏。每朝廷有一善政佳事，雖非瞻所建倡，百姓皆傳相告曰：“葛侯之所爲也。”是以美聲溢譽，有過其實。景耀四年，爲行都護、衛將軍，[6]與輔國大將軍南鄉侯董厥並平尚書事。[7]六年冬，魏征西將軍鄧艾伐蜀，[8]自陰平由景谷道旁入。[9]瞻督諸軍至涪停住，[10]前鋒破，退還，住緜竹。[11]艾遣書誘瞻曰：[12]“若降者必表爲琅邪王。”瞻怒，斬艾使。遂戰，大敗，臨陣死，時年三十七。衆皆離散，艾長驅至成都。瞻長子尚，與瞻俱没。〔一〕次子京及攀子顯等，咸熙元年内移河東。〔二〕[13]

　　〔一〕干寶曰：瞻雖智不足以扶危，勇不足以拒敵，而能外不負國，内不改父之志，忠孝存焉。

　　《華陽國志》曰：尚歎曰：“父子荷國重恩，不早斬黃皓，以致傾敗，用生何爲！”乃馳赴魏軍而死。

　　〔二〕案《諸葛氏譜》云：[14]京字行宗。[15]

　　《晉泰始起居注》載詔曰：[16]“諸葛亮在蜀，盡其心力，其子瞻臨難而死義，天下之善一也。”[17]其孫京，隨才署吏。後爲郿令。

　　尚書僕射山濤《啓事》曰：“郿令諸葛京，祖父亮，遇漢亂分隔，父子在蜀，雖不達天命，要爲盡心所事。京治郿自復有稱，臣以爲宜以補東宮舍人，[18] 以明事人之理，[19] 副梁、益之論。"京位至江州刺史。[20]

[1] 聰慧：百衲本"聰"字上有"而"字，殿本、盧弻《集解》本、校點本無。今從殿本等。

[2] 年十七：百衲本無"年"字，殿本、盧弻《集解》本、校點本有。今從殿本等。

[3] 騎都尉：官名。秩比二千石。屬光祿勳，掌羽林騎兵，宿衛左右。

[4] 羽林中郎將：官名。秩比二千石。屬光祿勳，主羽林郎，掌宿衛侍從。多由外戚或功臣子弟等充任。

[5] 射聲校尉：官名。秩比二千石，掌京師宿衛兵。　侍中：校點本 1982 年 7 月第 2 版誤作"待中"。　尚書僕射：官名。東漢爲尚書臺次官，秩六百石，職權重，若公爲之，增秩至二千石。職掌拆閱封緘章奏文書，參議政事，諫諍駁議，監察百官。令不在，則代理其職。漢獻帝建安四年（199）分置左右。又按，百衲本在"尚書僕射"前還有"尚書"二字，殿本、盧弻《集解》本、校點本無，蕭常《續後漢書‧諸葛瞻傳》、郝經《續後漢書‧諸葛瞻傳》亦無。今從殿本等。吳金華《〈三國志集解〉箋記》則以《隸釋》之《山陽太守祝睦碑》爲證，謂尚書到尚書僕射有一升遷過程，"尚書僕射"前當從百衲本有"尚書"二字。按諸葛瞻在爲尚書僕射前已爲侍中，東漢魏晉之尚書，其職位品秩皆低於侍中，若侍中遷尚書，不是升遷，而是降職。

[6] 都護：官名。蜀漢置中、左、右三都護，皆掌軍事。　衛將軍：官名。東漢時位次大將軍、驃騎將軍、車騎將軍，位亞三公，開府置官屬。曹魏沿置，位在諸名號將軍上。第二品。蜀漢亦置。

　　[7] 輔國大將軍：官名。新莽末劉永割據政權曾置。蜀漢景耀四年（261）復置，即以尚書令董厥爲之，與諸葛瞻共同輔政。南鄉：縣名。治所在今河南淅川縣西南舊縣東南原丹江南岸。此虛名遙領。　平尚書事：職銜名義。加此者得參與評議論決尚書政事，爲機密要職。蜀漢置，位次於録尚書事。

　　[8] 征西將軍：官名。秩二千石，第二品，位次三公。多授予都督雍、涼二州諸軍事，領兵屯駐長安。資深者爲征西大將軍。

　　[9] 景谷道：即沿今四川青川縣白水鎮西之青川河河谷之道路。此道是古代由陰平入蜀，經白水至平武之正道。（本劉琳《華陽國志校注》卷二注）

　　[10] 涪：縣名。治所在今四川綿陽市東涪江東岸。　停：盧弼《集解》本作“亭”，百衲本、殿本、校點本作“停”。今從百衲本等。

　　[11] 緜竹：縣名。治所在今四川德陽市北黃許鎮。

　　[12] 遺：郝經《續後漢書·諸葛瞻傳》作“遺”。

　　[13] 咸熙：魏元帝曹奐年號（264—265）。　河東：郡名。治所安邑縣，在今山西夏縣西北禹王城。

　　[14] 諸葛氏譜：沈家本謂《隋書》《舊唐書》之《經籍志》，《新唐書·藝文志》皆不著録。（《三國志注所引目録》）

　　[15] 行宗：盧弼《集解》云：“元本‘行’作‘仲’。”

　　[16] 晉泰始起居注：沈家本謂《隋書·經籍志》著録《晉泰始起居注》二十卷，李軌撰。《舊唐書·經籍志》《新唐書·藝文志》同。（《三國志注所引目録》）

　　[17] 一也：殿本“一”字作“士”，百衲本、盧弼《集解》本、校點本作“一”，郝經《續後漢書·諸葛瞻傳》亦作“一”。今從百衲本等。

　　[18] 東宮舍人：官名。即太子舍人。晉朝置十六人，第七品。職比散騎、中書侍郎，掌文章書記。初隸太子太傅、少傅，後隸太子詹事。

〔19〕理：百衲本作“禮”，今從殿本、盧弼《集解》本、校點本作“理”。

〔20〕江州：殿本、盧弼《集解》本作“廣州”，百衲本、校點本作“江州”。今從百衲本等。江州，西晉元康元年（291）置，刺史治所南昌縣，在今江西南昌市。

董厥者，丞相亮時爲府令史，[1]亮稱之曰：“董令史，良士也。吾每與之言，思慎宜適。”徙爲主簿。[2]亮卒後，稍遷至尚書僕射，代陳祗爲尚書令，遷〔輔國〕大將軍，[3]平臺事，[4]而義陽樊建代焉。〔一〕[5]延熙（二）十四年，[6]以校尉使吳，[7]值孫權病篤，不自見建。權問諸葛恪曰：“樊建何如宗預也？”恪對曰：“才識不及預，而雅性過之。”後爲侍中，守尚書令。自瞻、厥、建統事，姜維常征伐在外，宦人黃皓竊弄機柄，咸共將護，無能匡矯，〔二〕然建特不與皓和好往來。蜀破之明年春，厥、建俱詣京都，同爲相國參軍，[8]其秋並兼散騎常侍，[9]使蜀慰勞。〔三〕

〔一〕案《晉百官表》：[10]董厥字龔襲，亦義陽人。建字長元。

〔二〕孫盛《異同記》曰：瞻、厥等以維好戰無功，國内疲弊，宜表後主，召還爲益州刺史，奪其兵權；蜀長老猶有瞻表以閻宇代維故事。晉永和三年，[11]蜀史常璩説蜀長老云：[12]“陳壽嘗爲瞻吏，爲瞻所辱，故因此事歸惡黃皓，而云瞻不能匡矯也。”

〔三〕《漢晉春秋》曰：樊建爲給事中，[13]晉武帝問諸葛亮之治國，建對曰：“聞惡必改，而不矜過，賞罰之信，足感神明。”帝曰：“善哉！使我得此人以自輔，豈有今日之勞乎！”建稽首曰：

"臣竊聞天下之論，皆謂鄧艾見枉，陛下知而不理，此豈馮唐之所謂'雖得頗、牧而不能用'者乎！"[14]帝笑曰："吾方欲明之，卿言起我意。"於是發詔（治）〔理〕艾焉。[15]

[1] 令史：官名。此爲丞相府令史。漢代三公府及大將軍府等皆置，位在諸曹掾下。有記室令史、門令史、閤下令史之稱。

[2] 主簿：官名。此指丞相府主簿。主録省衆事，職權甚重。

[3] 輔國大將軍：各本皆作"大將軍"。錢大昭《辨疑》云："《後主傳》及《姜維傳》並云'輔國大將軍董厥'，此脱'輔國'二字。"徐紹楨《質疑》亦謂蕭常《續後漢書·董厥傳》"正作'遷輔國大將軍、平臺事'，蓋其所據陳志猶未誤也"。按，上文亦作"輔國大將軍"。今從錢、徐之説增。

[4] 平臺事：臺，指尚書臺。此即"平尚書事"，爲職銜名義。加此銜者，得參與論決尚書政事。在蜀漢，位次於録尚書事。

[5] 義陽：郡名。治所安昌縣，在今湖北棗陽市東南。　代焉：按，"焉"下蓋脱"建"字。徐紹楨《質疑》云："按上言樊建代董厥，下即'延熙二十四年以校尉使吳'，人將疑爲董厥使吳矣，文義不順。'延熙'上當有'建字長元'四字，蓋後人傳寫誤入裴注耳。蕭、郝書'延熙'上均有此四字，是其所據陳志猶未誤也。"按，徐謂"文義不順"，蓋"焉"下脱一"建"字。至謂"建字長元"四字乃陳壽之文，非裴松之注，似可商榷。因陳壽文中，董厥既未書字，又未書地望，故裴松之在注中引《晉百官表》補上董厥之字"龔襲"，由陳壽文"義陽樊建"之語，謂董厥"亦義陽人"。其下再補樊建"字長元"。而蕭常及郝經之《續後漢書》皆有"建字長元"語，蓋綜合陳壽文與裴松之注而成，故二書皆云"董厥字龔襲義陽人也"（蕭書無"也"字）。

[6] 延熙：蜀漢後主劉禪年號（238—257）。　十四年：各本皆作"二十四年"。盧弼《集解》引何焯曰："孫權没於延熙十五

年，‘二’字衍文。且延熙止二十年，亦無二十四年也。權寢疾召諸葛恪於武昌，正延熙十四年事。”殿本《考證》亦有同説。校點本即從何説删“二”字，今從之。

　　[7] 校尉：官名。漢代軍職之稱。東漢末，位次於中郎將。魏、晋沿置，而名號繁多，品秩亦高低不等。

　　[8] 相國參軍：官名。相國府之屬官，職任頗重。

　　[9] 散騎常侍：官名。秩比二千石，第三品。典章表詔命手筆之事，與侍中、黄門侍郎等共平尚書奏事。

　　[10] 晋百官表：沈家本《三國志注所引書目》謂《隋書·經籍志》云梁有荀綽《百官表注》十六卷亡。

　　[11] 永和：晋穆帝司馬聃年號（345—356）。

　　[12] 蜀史：常璩在成漢時曾任散騎常侍，掌著作，故孫盛稱之爲蜀史。

　　[13] 給事中：官名。第五品。位在散騎常侍下，給事黄門侍郎上，或爲加官，或爲正官，無定員。

　　[14] 馮唐：漢文帝時爲郎中署長。《漢書》卷五〇《馮唐傳》：“上既聞廉頗、李牧爲人，良説，乃拊髀曰：‘嗟乎！吾獨不得廉頗、李牧爲將，豈憂匈奴哉！’唐曰：‘主臣！陛下雖有廉頗、李牧，不能用也。’上怒，起入禁中。”

　　[15] 理：各本皆作“治”。盧弼《集解》云：“元本‘治’作‘理’。”趙幼文《校箋》謂《群書治要》卷二七引作“理”，作“理”字是。理謂申理，治謂懲處，蓋唐諱“治”後，人見“理”字輒改回爲“治”，遂致此誤耳。今從盧、趙説改。

　　評曰：諸葛亮之爲相國也，撫百姓，示儀軌，約官職，從權制，開誠心，布公道；盡忠益時者雖讎必賞，犯法怠慢者雖親必罰，服罪輸情者雖重必釋，游辭巧飾者雖輕必戮；善無微而不賞，惡無纖而不貶；

庶事精練，物理其本，循名責實，虛偽不齒；終於邦域之內，咸畏而愛之，刑政雖峻而無怨者，以其用心平而勸戒明也。可謂識治之良才，管、蕭之亞匹矣。然連年動衆，未能成功，蓋應變將略，非其所長歟！[一]

　　[一]《袁子》曰：或問諸葛亮何如人也，袁子曰：張飛、關羽與劉備俱起，爪牙腹心之臣，而武人也。晚得諸葛亮，因以爲佐相，而羣臣悦服，劉備足信、亮足重故也。及其受六尺之孤，攝一國之政，事凡庸之君，專權而不失禮，行君事而國人不疑，如此即以爲君臣百姓之心欣戴之矣。[1]行法嚴而國人悦服，用民盡其力而下不怨。及其兵出入如賓，行不寇，芻蕘者不獵，如在國中。其用兵也，止如山，進退如風，兵出之日，天下震動，而人心不憂。亮死至今數十年，國人歌思，如周人之思召公也，孔子曰“雍也可使南面”，[2]諸葛亮有焉。又問諸葛亮始出隴右，南安、天水、安定三郡人反應之，若亮速進，則三郡非中國之有也，而亮徐行不進；既而官兵上隴，三郡復，亮無尺寸之功，失此機，何也？袁子曰：蜀兵輕鋭，[3]良將少，亮始出，未知中國彊弱，[4]是以疑而嘗之；且大會者不求近功，所以不進也。曰：何以知其疑也？袁子曰：初出遲重，屯營重複，後轉降未進兵欲戰，亮勇而能鬬，三郡反而不速應，此其疑徵也。曰：何以知其勇而能鬬也？袁子曰：亮之在街亭也，前軍大破，亮屯去數里，不救；官兵相接，又徐行，此其勇也。亮之行軍，安靜而堅重；安靜則易動，堅重則可以進退。亮法令明，賞罰信，士卒用命，赴險而不顧，此所以能鬬也。曰：亮率數萬之衆，其所興造，若數十萬之功，是其奇者也。所至營壘、井竈、圂溷、藩籬、障塞皆應繩墨，[5]一月之行，去之如始至，勞費而徒爲飾好，何也？袁子曰：蜀人輕脱，亮故堅用之。曰：何以知其然也？[6]袁子曰：亮治實

而不治名，志大而所欲遠，非求近速者也。曰：亮好治官府、次舍、橋梁、道路，此非急務，何也？袁子曰：小國賢才少，故欲其尊嚴也。亮之治蜀，田疇辟，倉廩實，器械利，蓄積饒，朝會不華，[7]路無醉人。夫本立故末治，有餘力而後及小事，此所以勸其功也。曰：子之論諸葛亮，則有證也。以亮之才而少其功，何也？袁子曰：亮，持本者也，[8]其於應變，則非所長也，故不敢用其短。曰：然則吾子美之，何也？袁子曰：此固賢者之遠矣，安可以備體責也。夫能知所短而不用，此賢者之大也；知所短則知所長矣。夫前識與言而不中，亮之所不用也，此吾之所謂可也。

吳大鴻臚張儼作《默記》，[9]其《述佐篇》論亮與司馬宣王書曰：漢朝傾覆，天下崩壞，[10]豪傑之士，競希神器。魏氏跨中土，劉氏據益州，並稱兵海內，爲世霸王。[11]諸葛、司馬二相，遭值際會，託身明主，[12]或收功於蜀漢，或冊名於伊、洛。[13]丕、備既沒，後嗣繼統，[14]各受保阿之任，[15]輔翼幼主，不負然諾之誠，亦一國之宗臣，[16]霸王之賢佐也。歷前世以觀近事，二相優劣，可得而詳也。孔明起巴、蜀之地，蹈一州之土，方之大國，其戰士人民，蓋有九分之一也，而以貢賮大吳，[17]抗對北敵，至使耕戰有伍，刑法整齊，提步卒數萬，長驅祁山，慨然有飲馬河、洛之志。仲達據天下十倍之地，仗兼并之衆，[18]據牢城，擁精銳，無禽敵之意，務自保全而已，使彼孔明自來自去。若此人不亡，終其志意，連年運思，刻日興謀，則涼、雍不解甲，中國不釋鞌，勝負之勢，[19]亦已決矣。昔子產治鄭，諸侯不敢加兵，蜀相其近之矣。方之司馬，不亦優乎！或曰，兵者凶器，戰者危事也，有國者不務保安境內，綏靜百姓，[20]而好開闢土地，征伐天下，未爲得計也。諸葛丞相誠有匡佐之才，然處孤絕之地，戰士不滿五萬，[21]自可閉關守險，君臣無事。空勞師旅，無歲不征，未能進咫尺之地，開帝王之基，而使國內受其荒殘，西土苦其役調。魏司馬懿才用兵衆，未易可輕，[22]量敵而進，兵家所慎；若丞相必有以策之，[23]則未見坦然之勳，若無策以裁之，則非明哲之謂，海内歸向之意也。余竊疑焉，請聞其説。[24]答曰：蓋聞湯以七十里、文王以百里之地而有天下，[25]皆用征伐而定之。揖讓而登王位者，惟舜、禹而已。今蜀、魏爲敵戰之國，勢不俱王，自操、備時，彊弱縣殊，而備猶出兵陽平，禽夏侯淵。羽圍襄陽，將降曹仁，生獲于禁，當時北邊大小憂懼，孟德身出南陽，樂進、徐晃等爲救，圍不即解，故蔣子通言彼時有徙許渡河之計，[26]會國家襲取南郡，羽乃解軍。玄德與操，智力多少，士衆衆寡，用兵行軍之道，不可同年而語，猶能暫以取勝，是時又無大吳掎角之勢也。今仲達之才，減於孔明，當時之勢，異於曩日，玄德尚與抗衡，孔明何以不可出軍而圖敵邪？昔樂毅以弱燕之衆，兼從五國之兵，長驅彊齊，下七十餘城。今蜀漢之卒，不少燕軍，君臣之接，信於樂毅，加以國家爲脣齒之援，東西相應，首尾如蛇，形勢重大，不比於五國之兵也，何憚於彼而不可哉？夫兵以奇勝，制敵以智，土地廣狹，人馬多少，未可偏恃也。余觀彼治國之體，當時既肅整，遺教在後，及其辭意懇切，陳進取之圖，忠謀謇謇，義形於主，雖古之管、晏，何以加之乎？

《蜀記》曰：晉永興中，[27]鎮南將軍劉弘至隆中，[28]觀亮故宅，立碣表閭，命太傅掾犍爲李興爲文曰：[29]"天子命我，于沔之陽，聽鼓鞞而永思，[30]庶先哲之遺光，登隆山以遠望，軾諸葛之故鄉。蓋神物應機，大器無方，通人靡滯，大德不常。故谷風發而騶虞嘯，[31]雲雷升而潛鱗驤；[32]摯解褐於三聘，[33]尼得招而褰裳，[34]管豹變於受命，[35]貢感激以回莊，[36]異徐生之摘寶，[37]釋卧龍於深藏，偉劉氏之傾蓋，[38]嘉吾子之周行。[39]夫有知己之主，則有竭命之良，固所以三分我九鼎，[40]跨帶我邊荒，抗衡我北面，馳騁我魏疆者也。英哉吾子，獨含天靈。豈神之祇，豈人之精？何思之深，何德之清！異世通夢，恨不同生。推子八陣，不在孫、吳，[41]木牛之奇，則非般模，[42]神弩之功，一何微妙！

千井齊甃，[43]又何秘要！昔在顓、天，[44]有名無迹，孰若吾
儕，[45]良籌妙畫？臧文既没，[46]以言見稱，又未若子，言行並徵。
夷吾反坫，[47]樂毅不終，奚比於爾，明哲守沖。臨終受寄，讓過
許由，[48]負扆莅事，[49]民言不流。刑中於鄭，[50]教美於魯，蜀民
知恥，河、渭安堵。匪皋則伊，寧比管、晏，[51]豈徒聖宣，[52]慷
慨屢歎！昔爾之隱，卜惟此宅，仁智所處，能無規廓。日居月諸，
時殄其夕，誰能不歿，貴有遺格。惟子之勳，移風來世，詠歌餘
典，懦夫將屬。遐哉邈矣，厥規卓矣，凡若吾子，難可究已。疇
昔之乖，萬里殊塗；今我來思，覿爾故墟。漢高歸魂於豐、
沛，[53]太公五世而反周，[54]想魁魃以髣髴，[55]冀影響之有餘。魂
而有靈，豈其識諸！"

王隱《晋書》云：李興，密之子；一名安。

[1]　君臣：殿本《考證》云："疑作'群臣'。"

[2]　南面：做官，爲臣。孔子此語見《論語·雍也》。

[3]　輕銳：盧弼《集解》謂當作"輕脱"。趙幼文《校箋》
云："《文選·西京賦》'輕銳儵狡'李善注引薛綜曰：'輕銳謂便
利。'"按，李善注引薛綜曰實作"輕銳，謂便利捷疾也"。

[4]　中國：中原之魏國。殿本、盧弼《集解》本作"國中"，
百衲本、校點本作"中國"。今從百衲本等。

[5]　圊（qīng）溷（hùn）：厠所。

[6]　知：殿本、盧弼《集解》本作"明"，百衲本、校點本作
"知"。今從百衲本等。

[7]　華：殿本、盧弼《集解》本作"譁"，百衲本、校點本作
"華"。按，二字可通，喧嘩之義。今從百衲本等。

[8]　持本：趙幼文《校箋》謂郝經《續後漢書》苟宗道注引
"持"字作"治"。

[9]　大鴻臚：官名。漢列卿之一，秩中二千石。掌少數民族君

長、諸侯王、列侯之迎送、接待、安排朝會、封授、襲爵及奪爵削土之典禮；諸侯王死，則奉詔護理喪事，宣讀誄策謚號；百官朝會，掌贊襄引導；兼管京都之郡國邸舍及郡國上計吏之接待；又兼管少數民族之朝貢使節及侍子。三國沿之，魏爲三品。

［10］天下崩壞：盧弼《集解》謂《太平御覽》作“天下分崩”。趙幼文《校箋》謂此見《太平御覽》卷四四五。

［11］霸王：校點本作“霸主”，百衲本、殿本、盧弼《集解》本皆作“霸王”。今從百衲本等。

［12］明主：百衲本、殿本、盧弼《集解》本作“盟主”，校點本作“明主”。今從校點本。殿本《考證》云：“盟主，《册府》作‘明主’。”趙幼文《校箋》謂此見《册府元龜》卷八二七。按，宋本《册府元龜》仍作“盟主”。

［13］册名：趙幼文《校箋》謂《太平御覽》卷四四五、《册府元龜》卷八二七引“册”字作“聞”。　伊洛：伊水、洛水。指洛陽之曹魏。

［14］繼統：百衲本“繼”字作“既”，殿本、盧弼《集解》本、校點本作“繼”。今從殿本等。

［15］保阿：猶言保衡，亦即阿衡。謂輔導帝王，主持國政。

［16］宗臣：盧弼《集解》云：“《御覽》‘宗’作‘守’。”趙幼文《校箋》謂此見《太平御覽》卷四四五。

［17］貢贄大吳：盧弼《集解》云：“此吳人之辭，不足異也。”

［18］仲達：司馬懿字仲達。　十倍之地：謂十倍於益州之地。形容魏地大，蜀地小。　仗：百衲本作“杖”，殿本、盧弼《集解》本、校點本作“仗”。按，二字通，今從殿本等。

［19］勢：趙幼文《校箋》謂《太平御覽》卷四四五、《册府元龜》卷八二七引作“策”。

［20］綏靜：趙幼文《校箋》謂郝經《續後漢書》“静”字作“靖”。

[21] 戰士不滿五萬：沈家本《瑣言》云："後主降魏之時，帶甲將士十萬二千，乃蜀兵實數也。此稱五萬，蓋非其實。"

[22] 才用兵衆：趙幼文《校箋》謂《北堂書鈔》卷一一三引作"掄才用衆"，無"兵"字。 未易可輕：《北堂書鈔》作"未可輕易"。

[23] 策：百衲本作"筭"，殿本、盧弼《集解》本、校點本作"策"。按，二字義同，今從殿本等。

[24] 請聞：趙幼文《校箋》謂郝經《續後漢書》苟宗道注引"聞"字作"問"。

[25] 湯以七十里：《孟子·公孫丑上》："以德行仁者王，王不待大，湯以七十里，文王以百里。"

[26] 蔣子通：蔣濟字子通。

[27] 永興：晋惠帝司馬衷年號（304—306）。

[28] 鎮南將軍：官名。位次四征將軍，領兵如征南將軍。晋爲三品，如持節都督則進爲二品。

[29] 太傅掾：官名。西晋太傅府之僚屬。西晋太傅位上公，在三公上，第一品。常與太宰、太保並掌朝政，開府置僚屬，爲宰相之任。 犍爲：郡名。治所武陽縣在今四川彭山縣江口。

[30] 鼓鞞（pí）：校點本作"鼓鼙"，百衲本、殿本、盧弼《集解》本皆作"鼓鞞"。按，二字同，今仍從百衲本等。鞞，軍鼓。《禮記·樂記》云："君子聽鼓鼙之聲，則思將帥之臣。"

[31] 谷風：此爲山谷之風。《淮南子·天文訓》："虎嘯而谷風至，龍舉而景雲屬。" 騶虞：傳說中的獸名。後世代指虎。《詩·召南·騶虞》："于嗟乎騶虞。"毛傳："騶虞，義獸也。白虎黑文，不食生物，有至信之德則應之。"

[32] 潛鱗：此指龍。趙幼文《校箋》云："《易·乾卦》繫辭：'雲從龍，風從虎。'（按，此所引象辭，乃《文言》釋'九五'之言）《正義》云：'龍是水畜，雲是水氣，故龍吟則景雲出。虎是威猛之獸，風是震動之氣。此亦是同類相感，故虎嘯則谷風

生，是風從虎也。此二句明有識之物感無識，故以言之，漸就有識而言也。'竊謂二句象徵諸葛亮之應機變化，出佐劉備，如驥虞潛鱗憑風雲而騰驤也。"

[33] 摯：指伊摯，即伊尹。《孟子·萬章上》謂"伊尹耕於有莘之野"，"湯三使往聘之"。伊尹遂"就湯而説之，以伐夏救民"。

[34] 尼：指仲尼，即孔子。《史記·孔子世家》謂孔子周游列國後，魯執政季康子"以幣迎孔子，孔子歸魯"。

[35] 管：指管仲。管仲初輔佐公子糾，與公子小白争位，曾射中小白帶鈎。及小白即位後，聽鮑叔牙之言，又重用管仲。管仲遂輔桓公爲霸主。（見《史記》卷三二《齊世家》）

[36] 貢：指貢禹。漢成帝時貢禹曾爲河南令，因職事被府官所責而去官。漢元帝即位，召貢禹爲諫大夫，問以政事，又遷爲光禄大夫。貢禹因上書感恩並求歸鄉里。（見《漢書》卷七二《貢禹傳》）

[37] 徐生：指徐庶。

[38] 劉氏：指劉備。　傾蓋：兩車的車蓋靠在一起，謂初相逢即親密無間。《史記》卷八三《鄒陽列傳》：諺曰："有白頭如新，傾蓋如故。"

[39] 周行：《詩·小雅·鹿鳴》："人之好我，示我周行。"鄭玄箋："周行，周之列位也。好，猶善也。人有以德善我者，我則置之於周之列位。言己維賢是用。"

[40] 九鼎：百衲本作"九鼎"，殿本、盧弼《集解》本、校點本作"漢鼎"。按，自禹鑄九鼎後，九鼎便成爲國家政權之象徵。今從百衲本等。

[41] 孫吴：指孫武、吴起。

[42] 非：殿本、盧弼《集解》本作"亦"，百衲本、校點本作"非"。今從百衲本等。　般模：般，指公輸般，戰國時之巧匠。見《戰國策·宋策》。般模，蓋謂公輸般之模式。殿本《考證》則

云："言非前人所規也。"

　　［43］甃（zhòu）：《易·井》六四："井甃無咎。"孔穎達疏："子夏傳曰，甃亦治也。以磚壘井，修井之壞，謂之爲甃。"

　　［44］顛夭：指太顛、閎夭。《史記》卷四《周本紀》謂周武王滅紂後，"散宜生、太顛、閎夭皆執劍以衛武王"。

　　［45］儕：盧弼《集解》本云："疑作'侯'。"趙幼文《校箋》則云："'儕'與'侯'形聲俱不相近。宅銘前後俱稱'吾子'，似不得於此驟易曰'吾侯'也。"吳金華《〈三國志〉待質錄》引錢鍾書《管錐編》中《太平廣記》一七五則"吾人"條說，"吾儕"跟下文的"子"互文，跟"吾子""吾人"一樣，可以用作尊稱。

　　［46］臧文：指臧文仲，春秋魯大夫。《左傳·襄公二十四年》：穆叔（叔孫豹）曰："魯有先大夫曰臧文仲，既没，其言立，其是之謂乎！豹聞之：'大上有立德，其次有立功，其次有立言。'"

　　［47］夷吾：即管仲。　反坫（diàn）：坫是放置器物的設備，用土築成，形似土堆，在廳堂前部的東西兩楹之間。古代諸侯國君在宴請外國之君時，獻酒酌畢，各反酒爵於坫上，稱反坫。大夫則無此設備。《論語·八佾》："邦君爲兩君之好，有反坫，管氏亦有反坫。管氏而知禮，孰不知禮？"

　　［48］許由：傳説中的高士。《史記·伯夷列傳》云："説者曰堯讓天下於許由，許由不受，耻之逃隱。"又張守節《正義》引皇甫謐《高士傳》云："許由字武仲。堯聞致天下而讓焉，乃退而遁於中岳潁水之陽，箕山之下隱。堯又召爲九州長，由不欲聞之，洗耳於潁水之濱。"

　　［49］負扆（yǐ）：背靠屏風。指天子臨朝聽政。《淮南子·氾論訓》："（周）武王崩，成王幼少，周公繼文王之業，履天子之籍，聽天下之政，平夷狄之亂，誅管、蔡之罪，負扆而朝諸侯。"

　　［50］鄭：指春秋鄭國。《左傳·昭公六年》："鄭人鑄刑書。"杜預注："鑄刑書於鼎，以爲國之常法。"

［51］皋：指皋陶。 比：百衲本、殿本、校點本作“彼”，盧弼《集解》本作“比”，郝經《續後漢書》苟宗道注引亦作“比”。今從《集解》本。

［52］聖宣：蓋指孔子。漢平帝元始元年（1），追諡孔子爲褒成宣尼公。

［53］豐：縣名。治所在今江蘇豐縣。 沛：縣名。治所在今江蘇沛縣。漢高祖劉邦爲沛縣豐邑人。《史記》卷八《高祖本紀》載劉邦還故鄉沛縣，謂沛父兄曰：“游子悲故鄉。吾雖都關中，萬歲後吾魂魄猶樂思沛。”

［54］太公：指齊太公呂尚。《禮記·檀弓上》：“太公封於營丘，比及五世，皆反葬於周。”鄭玄注：“齊太公受封，留爲太師，死葬於周。子孫生焉不忍離也，五世之後乃葬於齊。”孔穎達疏：“周之太師太公封於營丘，及其死也，反葬於鎬京陪文、武之墓。其太公子孫比及五世，雖死於齊，以太公在周，其子孫皆反葬於周也。言反葬者，既從周向齊，今又從齊反往歸周。”

［55］魍魎：百衲本、殿本、盧弼《集解》本作“魍魎”，校點本作“罔兩”。按，二詞同，今從百衲本等。

三國志 卷三六

蜀書六

關張馬黃趙傳第六

關羽字雲長，本字長生，河東解人也。[1]亡命奔涿郡。[2]先主於鄉里合徒衆，而羽與張飛爲之禦侮。[3]先主爲平原相，[4]以羽、飛爲別部司馬，[5]分統部曲。[6]先主與二人寢則同牀，恩若兄弟。而稠人廣坐，侍立終日，隨先主周旋，不避艱險。〔一〕先主之襲殺徐州刺史車冑，[7]使羽守下邳城，[8]行太守事，〔二〕而身還小沛。[9]

〔一〕《蜀記》曰：曹公與劉備圍呂布於下邳，關羽啓公，[10]布使秦宜祿行求救，[11]乞娶其妻，公許之。臨破，又屢啓於公。公疑其有異色，先遣迎看，因自留之，羽心不自安。此與《魏氏春秋》所説無異也。[12]

〔二〕《魏書》云：以羽領徐州。

［1］河東：郡名。治所安邑縣，在今山西夏縣西北禹王城。
解（xiè）：縣名。治所在今山西臨猗縣臨晋鎮東南城東、城西二村
之間。

［2］涿郡：治所涿縣，在今河北涿州市。

［3］禦侮：謂能捍禦侵侮之武臣。《詩・大雅・綿》："予曰有
禦侮。"毛傳："武臣折衝曰禦侮。"

［4］平原：王國名。治所平原縣，在今山東平原縣西南。
相：官名。王國相由朝廷直接委派，執掌王國行政大權，相當於郡
太守。

［5］別部司馬：官名。東漢時大將軍領營五部，部有軍司馬一
人，秩比千石。其別營領屬稱別部司馬。後雖非大將軍者，亦或
有置。

［6］部曲：本爲漢代軍隊之編制。《續漢書・百官志》："大將
軍營五部，部校尉一人，部下有曲。"後因稱軍隊爲部曲。

［7］徐州：東漢末刺史治所下邳縣，在今江蘇睢寧縣西北。

［8］下邳城：趙幼文《校箋》謂《群書治要》卷二七引無
"城"字，郝經《續後漢書》同，是。

［9］小沛：即沛縣。治所在今江蘇沛縣。因沛縣屬沛國，而沛
國治所在相縣，故時人稱沛縣爲小沛。

［10］啓公：潘眉《考證》謂《華陽國志》"啓公"下有"妻
無子"三字，較明晰。

［11］秦宜禄：詳見本書卷三《明帝紀》青龍元年裴松之注引
《獻帝傳》。

［12］無異：殿本、盧弼《集解》本無"無"字，百衲本、校
點本有。今從百衲本。按，本書《明帝紀》青龍元年裴松之注引
《魏氏春秋》未叙此事。其下又注引《獻帝傳》卻詳叙此事，與此
《蜀記》所叙無異。

建安五年，[1]曹公東征，先主奔袁紹。曹公禽羽以歸，拜爲偏將軍，[2]禮之甚厚。紹遣大將（軍）顏良攻東郡太守劉延於白馬，[3]曹公使張遼及羽爲先鋒擊之。羽望見良麾蓋，[4]策馬刺良於萬衆之中，斬其首還，紹諸將莫能當者，遂解白馬圍。曹公即表封羽爲漢壽亭侯。[5]初，曹公壯羽爲人，而察其心神無久留之意，謂張遼曰：“卿試以情問之。”既而遼以問羽，羽歎曰：“吾極知曹公待我厚，然吾受劉將軍厚恩，[6]誓以共死，不可背之。吾終不留，吾要當立效以報曹公乃去。”[7]遼以羽言報曹公，曹公義之。〔一〕及羽殺顏良，曹公知其必去，重加賞賜。羽盡封其所賜，拜書告辭，而奔先主於袁軍。左右欲追之，曹公曰：“彼各爲其主，[8]勿追也。”〔二〕[9]

〔一〕《傅子》曰：遼欲白太祖，恐太祖殺羽，[10]不白，非事君之道，乃歎曰：“公，君父也；羽，兄弟耳。”遂白之。太祖曰：“事君不忘其本，天下義士也。度何時能去？”[11]遼曰：“羽受公恩，必立效報公而後去也。”[12]

〔二〕臣松之以爲曹公知羽不留而心嘉其志，去不遣追以成其義，自非有王霸之度，[13]孰能至於此乎？斯實曹氏之休美。[14]

[1] 建安：漢獻帝劉協年號（196—220）。

[2] 偏將軍：官名。漢雜號將軍中地位較低者。

[3] 大將：各本皆作“大將軍”。殿本《考證》云：“‘軍’字疑衍。”校點本即從《考證》説刪“軍”字。今從之。　東郡：治所濮陽縣，在今河南濮陽縣西南。　白馬：縣名。治所在今河南滑縣東南城關鎮東。

　　[4] 麾蓋：將帥的旌旗傘蓋。

　　[5] 漢壽亭侯：趙翼《陔餘叢考》、王鳴盛《十七史商榷》、梁章鉅《旁證》、周壽昌《注證遺》皆謂東漢武陵郡有漢壽縣（今湖南常德市東北），即關羽所封之地。而沈家本《瑣言》則認爲“武陵之漢壽乃縣名，非亭名。亭侯之號不得襲用縣名，恐別有漢壽亭，不可考耳”。亭侯，漢制列侯大者食縣邑，小者食鄉、亭。東漢後期遂以食鄉、亭者稱爲鄉侯、亭侯。

　　[6] 厚恩：趙幼文《校箋》謂《群書治要》卷二七、《太平御覽》卷四二〇、《册府元龜》卷八〇二引俱無“厚”字。

　　[7] 乃去：趙幼文《校箋》謂《群書治要》《太平御覽》《册府元龜》引作“而後乃歸”。

　　[8] 各爲：趙幼文《校箋》謂《太平御覽》《册府元龜》引無“各”字。

　　[9] 追也：趙幼文《校箋》謂《群書治要》引“也”字作“之”。《通志》同。

　　[10] 太祖殺羽：百衲本、殿本“太祖”下有“之”字，盧弼《集解》本、校點本無。今從《集解》本等。

　　[11] 能去：趙幼文《校箋》謂《太平御覽》卷四二〇、《册府元龜》卷八〇二引無“能”字。

　　[12] 必立效報公：趙幼文《校箋》謂《太平御覽》《册府元龜》引作“必效力”，無“立”“報公”三字。

　　[13] 度：趙幼文《校箋》謂郝經《續後漢書》苟宗道注引“度”下有“量”字。

　　[14] 曹氏：盧弼《集解》本、校點本作“曹公”，百衲本、殿本作“曹氏”，郝經《續後漢書》苟宗道注引亦作“曹氏”。今從百衲本等。

　　從先主就劉表。表卒，曹公定荆州，[1]先主自樊將南渡江，[2]別遣羽乘船數百艘會江陵。[3]曹公追至當陽長阪，[4]先主斜趣漢津，[5]適與羽船相值，共至夏口。〔一〕[6]孫權遣兵佐先主拒曹公，曹公引軍退歸。先主收江南諸郡，乃封拜元勳，以羽爲襄陽太守、盪寇將軍，[7]駐江北。先主西定益州，[8]拜羽董督荊州事。羽聞馬超來降，舊非故人，羽書與諸葛亮，問超人才可誰比類。亮知羽護前，[9]乃答之曰："孟起兼資文武，[10]雄烈過人，一世之傑，黥、彭之徒，[11]當與益德並驅爭先，[12]猶未及髯之絕倫逸羣也。"羽美鬚髯，故亮謂之髯。羽省書大悅，以示賓客。

〔一〕《蜀記》曰：初，劉備在許，[13]與曹公共獵。獵中，衆散，羽勸備殺公，備不從。及在夏口，飄颻江渚，羽怒曰："往日獵中，若從羽言，可無今日之困。"備曰："是時亦爲國家惜之耳；若天道輔正，安知此不爲福邪！"

臣松之以爲備後與董承等結謀，但事泄不克諧耳，若爲國家惜曹公，其如此言何！羽若果有此勸而備不肯從者，將以曹公腹心親戚，實繁有徒，事不宿構，非造次所行；[14]曹雖可殺，身必不免，故以計而止，何惜之有乎！既往之事，故託爲雅言耳。

[1] 荊州：漢末劉表爲刺史，治所襄陽，在今湖北襄陽市襄州區。

[2] 樊：城名。在襄陽縣北，與襄陽隔漢水相對，在今湖北襄陽市。

[3] 江陵：縣名。治所在今湖北荊州市荊州區。

[4] 當陽：縣名。治所在今湖北荊門市西南。　長阪：地名。在今湖北荊門市西南。

〔5〕漢津：津渡名。在今湖北荆門市東漢水上。

〔6〕夏口：地名。在今湖北武漢市原漢水入長江處。

〔7〕襄陽：郡名。建安十三年（208）曹操得荆州，分南郡編縣以北及南陽郡之山都縣置襄陽郡，治所襄陽縣。而此時之襄陽郡爲曹操所控制，關羽爲太守，僅虛名而已。　盪寇將軍：官名。漢末置，爲雜號將軍，主統兵出征。

〔8〕益州：刺史治所成都縣，在今四川成都市舊東、西城區。

〔9〕護前：吳金華《校詁》謂“護”乃提防、阻遏之義；“前”謂勝己之人。護前，即逞強好勝，不容許別人爭先居前。

〔10〕孟起：馬超字孟起。

〔11〕黥彭：指黥布、彭越。秦末漢初漢高祖劉邦之武將。

〔12〕益德：張飛字益德。

〔13〕許：縣名。治所在今河南許昌縣東。自建安元年爲漢獻帝之都。

〔14〕造次：倉猝。《論語·里仁》“造次必於是”，何晏《集解》：“馬曰：造次，急遽。”邢昺疏：“造次急遽者，造次猶草次。鄭玄云倉卒也。”

羽嘗爲流矢所中，貫其左臂，後創雖愈，每至陰雨，骨常疼痛，醫曰：“矢鏃有毒，毒入于骨，當破臂作創，刮骨去毒，然後此患乃除耳。”羽便伸臂令醫劈之。[1]時羽適請諸將飲食相對，臂血流離，[2]盈於盤器，而羽割炙引酒，言笑自若。

二十四年，先主爲漢中王，拜羽爲前將軍，[3]假節鉞。[4]是歲，羽率衆攻曹仁於樊。曹公遣于禁助仁。秋，大霖雨，漢水汎溢，禁所督七軍皆没。禁降羽，羽又斬將軍龐悳。梁、郟、陸渾羣盜或遙受羽印號，[5]

爲之支黨，羽威震華夏。[6]曹公議徙許都以避其銳，司馬宣王、蔣濟以爲關羽得志，[7]孫權必不願也。可遣人勸權躡其後，許割江南以封權，則樊圍自解。曹公從之。先是，權遣使爲子索羽女，羽罵辱其使，不許婚，權大怒。[一]又南郡太守麋芳在江陵，[8]將軍（傅）士仁屯公安，[9]素皆嫌羽（自）輕己；[10]〔自〕羽之出軍，芳、仁供給軍資，不悉相救，[11]羽言“還當治之”，芳、仁咸懷懼不安。於是權陰誘芳、仁，芳、仁使人迎權。而曹公遣徐晃救曹仁，[二]羽不能克，引軍退還。權已據江陵，盡虜羽士衆妻子，羽軍遂散。權遣將逆擊羽，斬羽及子平于臨沮。[三][12]

〔一〕《典略》曰：羽圍樊，權遣使求助之，敕使莫速進，又遣主簿先致命於羽。[13]羽忿其淹遲，又自己得于禁等，乃罵曰：“貉子敢爾，[14]如使樊城拔，吾不能滅汝邪！”權聞之，知其輕己，僞手書以謝羽，許以自往。

臣松之以爲荊、吳雖外睦，而内相猜防，故權之襲羽，潛師密發。按《呂蒙傳》云：“伏精兵於𦩻𦪇之中，[15]使白衣搖櫓，作商賈服。”以此言之，羽不求助於權，權必不語羽當往也。若許相援助，何故匿其形迹乎？

〔二〕《蜀記》曰：羽與晃宿相愛，遙共語，但説平生，不及軍事。須臾，晃下馬宣令：“得關雲長頭，賞金千斤。”羽驚怖，謂晃曰：“大兄，是何言邪！”晃曰：“此國之事耳。”

〔三〕《蜀記》曰：權遣將軍擊羽，獲羽及子平。權欲活羽以敵劉、曹，左右曰：“狼子不可養，後必爲害。曹公不即除之，自取大患，乃議徙都。今豈可生！”乃斬之。

臣松之按《吳書》：孫權遣將潘璋逆斷羽走路，羽至即斬，且臨沮去江陵二三百里，豈容不時殺羽，方議其生死乎？又云“權欲活羽以敵劉、曹”，此之不然，[16]可以絕智者之口。

《吳歷》曰：權送羽首於曹公，以諸侯禮葬其屍骸。

[1] 令醫劈之：趙幼文《校箋》謂《太平御覽》卷四三五引作“令鑿骨劈之”，卷八四七作“令醫鑿之”。

[2] 流離：猶言“淋灘”。

[3] 前將軍：官名。東漢時位如上卿，與後、左、右將軍掌京師兵衛與邊防屯警。

[4] 假節鉞：漢末三國時期，帝王賜給重臣的一種權力，加此號者，可代行帝王旨意，掌握生殺特權。

[5] 梁：縣名。治所在今河南汝州市南。　郟：縣名。治所在今河南郟縣。　陸渾：縣名。治所在今河南嵩縣東北。盧弼《集解》引本書卷一《武帝紀》建安二十四年裴松之注引《曹瞞傳》，謂南陽守將侯音執太守與關羽聯合；卷一一《管寧傳附胡昭傳》謂陸渾民孫狼等殺縣主簿叛，南附關羽，羽授印給兵；卷二六《滿寵傳》載寵言：“聞羽遣別將已在郟下，自許以南，百姓擾擾。”

[6] 羽威震華夏：侯康《補注續》引《魏橫海將軍呂君碑》，言關羽勢盛，樊城被淹，魏所轄城之守將或叛或逃，人心極不穩定。

[7] 司馬宣王：即司馬懿。

[8] 南郡：治所即江陵縣。

[9] 士仁：各本皆作“傅士仁”。本書卷四七《吳主傳》、卷五四《呂蒙傳》及卷四五《楊戲傳》末的《季漢輔臣贊》均作“士仁”。此人乃姓士名仁（參潘眉《考證》等）。校點本即據《吳主傳》《呂蒙傳》刪“傅”字。今從校點本。　公安：縣名。治所在今湖北公安縣西。

[10] 輕己：各本皆作“自輕己”。校點本據《通志》改作

"輕己"，又將"自"字移於"己"下。吳金華《校詁》則謂原本蓋作"自輕"，後人不明"自輕"即"輕己"，遂於"輕"下增"己"字；此句删"己"字即可，不煩移"自"字。按，吳説有理，但嫌無版本根據，又《通鑑》、蕭常及郝經之《續後漢書》亦作"輕己"，故仍從校點本。

[11] 相救：《通鑑》卷六八漢獻帝建安二十四年作"相及"，較合文義。

[12] 斬羽及子平：擒斬關羽及平者，吳將潘璋。詳見本書《吕蒙傳》與卷五五《潘璋傳》。　臨沮：縣名。治所在今湖北安遠縣西北。

[13] 主簿：官名。漢代中央各官府及州、郡、縣府皆置，以典領文書，辦理事務。

[14] 貉（hé）子：盧弼《集解》本作"貊子"，百衲本、殿本、校點本作"貉子"。按，二字同，今從百衲本等。貉是一種似狸的動物。魏晋時北方人罵南方人爲貉子。

[15] 艜（gōu）䑠（lù）：古代吳地的一種大船。

[16] 此之：殿本"之"字作"書"，百衲本、盧弼《集解》本、校點本作"之"。今從百衲本等。

追謚羽曰壯繆侯。〔一〕[1] 子興嗣。興字安國；少有令問，[2] 丞相諸葛亮深器異之。弱冠爲侍中、中監軍，[3] 數歲卒。子統嗣，尚公主，官至虎賁中郎將。[4] 卒，無子，以興庶子彝續封。〔二〕

〔一〕《蜀記》曰：羽初出軍圍樊，夢豬嚙其足，語子平曰："吾今年衰矣，然不得還！"[5]

《江表傳》曰：羽好《左氏傳》，諷誦略皆上口。

〔二〕《蜀記》曰：龐德子會，隨鍾、鄧伐蜀，蜀破，盡滅關氏家。

［1］追謚：按，本書卷三三《後主傳》，追謚在景耀三年（260）九月。　繆（mù）：通“穆”。《謚法》：“布德執義曰穆。”後世誤認爲“繆”是惡謚。清高宗弘曆令改“壯繆”爲“忠義”，故殿本作“忠義”。

［2］令問：趙幼文《校箋》謂蕭常及郝經之《續後漢書》《通志》“問”字作“聞”。按，二字可通，朱駿聲《説文通訓定聲·屯部》：“問，假借爲聞。”

［3］侍中：官名。秩比二千石。職掌門下衆事，侍從左右，顧問應對。漢靈帝時置侍中寺，不再隸屬少府。獻帝時定員六人，與給事黃門侍郎出入禁中，近侍帷幄，省尚書事。　中監軍：官名。蜀漢置。統兵，位在前、後、左、右護軍之上。地位頗重。

［4］虎賁中郎將：官名。秩比二千石，掌虎賁宿衞。

［5］然不得還：趙幼文《校箋》謂《太平御覽》卷四〇〇引作“果尋被殺”，郝經《續後漢書》作“經不得還”，疑“然”字誤，《通志》作“恐”。

張飛字益德，涿郡人也，少與關羽俱事先主。羽年長數歲，飛兄事之。先主從曹公破呂布，隨還許，曹公拜飛爲中郎將。[1] 先主背曹公依袁紹、劉表。表卒，曹公入荆州，先主奔江南。曹公追之，一日一夜，及於當陽之長阪。先主聞曹公卒至，棄妻子走，使飛將二十騎拒後。飛據水斷橋，瞋目橫矛曰：“身是張益德也，[2] 可來共決死！”敵皆無敢近者，故遂得免。先主既定江南，以飛爲宜都太守、征虜將軍，[3] 封新亭侯，後轉在南郡。先主入益州，還攻劉璋，飛與諸葛亮等泝流而上，分定郡縣。至江州，破璋將巴郡太守嚴顏，[4]生獲顏。飛呵顏曰："大軍至，何以不降而敢拒戰？"顏答曰："卿等無狀，侵奪我州，我州但有斷頭將軍，無有降將軍也。"[5]飛怒，令左右："牽去斫頭！"顏色不變，[6]曰："斫頭便斫頭，何爲怒邪！"飛壯而釋之，引爲賓客。[一]飛所過戰克，與先主會于成都。益州既平，賜諸葛亮、法正、飛及關羽金各五百斤，銀千斤，錢五千萬，錦千匹，其餘頒賜各有差，以飛領巴西太守。[7]

〔一〕《華陽國志》曰：初，先主入蜀，至巴郡，顏拊心歎曰："此所謂獨坐窮山，放虎自衞也！"

[1] 中郎將：官名。東漢統兵將領之一，位次將軍，秩比二千石。

[2] 身是張益德也：趙幼文《校箋》謂《初學記》卷一七、《太平御覽》卷三五三、卷四一七引俱無"是"字。按，《太平御覽》兩處皆作"我張益德也"。

[3] 宜都：郡名。治所夷道縣，在今湖北枝城市。　征虜將軍：官名。東漢爲雜號將軍。

[4] 江州：縣名。治所在今重慶渝中區。　巴郡：治所即江州縣。

[5] 無有：趙幼文《校箋》謂《太平御覽》卷三六三、卷四一七、《册府元龜》卷八七七引俱無"有"字。

[6] 顏色：趙幼文《校箋》謂《群書治要》卷二七引重"顏"字，《白孔六帖》卷五七（當作卷五六）引作"顏容色不變"。按，"色"即容色。

[7] 巴西：郡名。治所閬中縣，在今四川閬中市。

曹公破張魯，留夏侯淵、張郃守漢川。[1]郃別督諸軍下巴西，欲徙其民於漢中，進軍宕渠、蒙頭、盪石，[2]與飛相拒五十餘日。飛率精卒萬餘人，從他道邀郃軍交戰，山道迮狹，前後不得相救，飛遂破郃。郃棄馬緣山，獨與麾下十餘人從間道退，引軍還南鄭，巴土獲安。先主爲漢中王，拜飛爲右將軍，假節。[3]章武元年，[4]遷車騎將軍，[5]領司隸校尉，[6]進封西鄉侯，[7]策曰："朕承天序，嗣奉洪業，除殘靖亂，未燭厥理。今寇虜作害，民被荼毒，思漢之士，延頸鶴望。朕用悼然，[8]坐不安席，食不甘味，整軍誥誓，將行天罰。以君忠毅，侔蹤召虎，[9]名宣遐邇，故特顯命，高墉進爵，兼司于京。其誕將天威，柔服以德，伐叛以刑，稱朕意焉。《詩》不云乎，'匪疚匪棘，[10]王國來極。[11]肇敏戎功，[12]用錫爾祉'。[13]可不勉歟！"

初，飛雄壯威猛，亞於關羽，[14]魏謀臣程昱等咸稱羽、飛萬人之敵也。羽善待卒伍而驕於士大夫，飛愛敬君子而不恤小人。先主常戒之曰："卿刑殺既過差，又日鞭撾健兒，而令在左右，此取禍之道也。"飛猶不悛。先主伐吳，飛當率兵萬人，自閬中會江州。臨發，其帳下將張達、范彊殺飛，[15]持其首，順流而奔孫權。[16]飛營都督表報先主，[17]先主聞飛都督之有表也，曰："噫！飛死矣。"追謚飛曰桓侯。長子苞，早夭。次子紹嗣，官至侍中、尚書僕射。[18]苞子遵爲尚書，[19]隨諸葛瞻於緜竹，[20]與鄧艾戰，死。

[1] 漢川：此指漢中郡。漢中郡治所南鄭縣，在今陝西漢中市東。

[2] 宕渠：縣名。治所在今四川渠縣東北土溪鄉。　蒙頭、盪石：皆地名。在今渠縣東北。

[3] 右將軍：官名。東漢時位如上卿，與前、後、左將軍掌京師兵衛和邊防屯警。　假節：漢末三國時期，帝王賜予臣下的一種權力。至晉代，此種權力明確爲因軍事可殺犯軍令者。

[4] 章武：蜀漢昭烈帝劉備年號（221—223）。

[5] 車騎將軍：官名。東漢時位比三公，常以貴戚充任。出掌征伐，入參朝政，漢靈帝時常作贈官。三國沿置，位次驃騎將軍，在諸名號大將軍上。

[6] 司隸校尉：官名。秩比二千石。掌糾察京師百官違法者，並治所轄各郡，相當於州刺史。

[7] 西鄉：西漢涿郡有西鄉侯國，治所在今北京房山區西南。此乃虛名遙領。

[8] 怛（dá）然：憂傷貌。徐紹楨《質疑》謂蕭常《續後漢書》作「憪然」。《史記》卷一〇《孝文本紀》：「故憪然念外人之有非。」《索隱》引蘇林云：「憪（xiàn），寢視不安之貌。」故此下文云「坐不安席，食不甘味」，所以言「朕用憪然」也。

[9] 召虎：即召穆公。周宣王時，淮夷不服，宣王命召虎領兵沿江漢征之。《詩·大雅·江漢》：「江漢之滸，王命召虎。」

[10] 匪疚匪棘：此乃《詩·大雅·江漢》周宣王命召虎之言。謂平江漢後要治理好疆土，施政不要擾民，不要急迫。棘，通「急」。

[11] 王國來極：謂一切皆以王國爲準則。極，準則。

[12] 肇敏戎功：速建大功。肇，創建。敏，速。戎，大。

[13] 用錫爾祉：賜你福禄。祉，福。

[14] 亞於關羽：趙幼文《校箋》謂《太平御覽》卷四三五引作「名亞關羽」。

[15] 帳下將：趙幼文《校箋》謂蕭常《續後漢書》"將"字作"督"。

[16] 順流：謂從今閬中之嘉陵江順流而下至重慶入長江，再順長江而下。

[17] 營都督：官名。蜀漢、孫吳皆置。統領軍營事務。將軍不在時，代行其職權。

[18] 尚書僕射（yè）：官名。東漢爲尚書臺次官，秩六百石，職權重，若公爲之，增秩至二千石。職掌拆閱封緘章奏文書，參議政事，諫諍駁議，監察百官。令不在，則代理其職。漢獻帝建安四年（199）分置左右。

[19] 尚書：官名。東漢有六曹尚書，即三公曹、民曹、客曹、二千石曹、吏曹、中都官曹等。秩皆六百石，皆稱尚書，不加曹號。（本《晋書·職官志》）

[20] 緜竹：縣名。治所在今四川德陽市北黃許鎮。

　　馬超字孟起，（右）扶風茂陵人也。[1]父騰，靈帝末與邊章、韓遂等俱起事於西州。[2]初平三年，[3]遂、騰率衆詣長安。[4]漢朝以遂爲鎮西將軍，[5]遣還金城，[6]騰爲征西將軍，[7]遣屯郿。[8]後騰襲長安，敗走，退還涼州。[9]司隸校尉鍾繇鎮關中，[10]移書遂、騰，爲陳禍福。騰遣超隨繇討郭援、高幹於平陽，[11]超將龐德親斬援首。後騰與韓遂不和，求還京畿。於是徵爲衛尉，[12]以超爲偏將軍，封都亭侯，[13]領騰部曲。〔一〕

　　〔一〕《典略》曰：騰字壽成，馬援後也。[14]桓帝時，其父字子碩，嘗爲天水蘭干尉。[15]後失官，因留隴西，[16]與羌錯居。家貧無妻，遂娶羌女，生騰。騰少貧無產業，常從鄣山中斫材木，[17]負販詣城市，以自供給。騰爲人長八尺餘，身體洪大，面鼻雄異，而性賢厚，人多敬之。靈帝末，涼州刺史耿鄙任信姦吏，[18]民王國等及氐、羌反叛。州郡募發民中有勇力者，欲討之，騰在募中。州郡異之，署爲軍從事，[19]典領部衆。討賊有功，拜軍司馬，[20]後以功遷偏將軍，又遷征西將軍，常屯汧、隴之間。[21]初平中，拜征東將軍。[22]是時，西州少穀，騰自表軍人多乏，求就穀於池陽，[23]遂移屯長平岸頭，[24]而將王承等恐騰爲己害，乃攻騰營。時騰近出無備，遂破走，西上。會三輔亂，[25]不復來東，而與鎮西將軍韓遂結爲異姓兄弟，始甚相親，後轉以部曲相侵，[26]又更爲讐敵。騰攻遂，遂走，合衆還攻騰，殺騰妻子，連兵不解。[27]建安之初，國家綱紀殆弛，[28]乃使司隸校尉鍾繇、涼州牧韋端和解之。徵騰還屯槐里，轉拜爲前將軍，假節，封槐里侯。北備胡寇，東備白騎，[29]待士進賢，矜救民命，三輔甚安愛之。十（五）〔三〕年，[30]徵爲衛尉，騰自見年老，遂入宿衛。初，曹公爲丞相，辟騰長子超，不就。超後爲司隸校尉督軍從事，[31]討郭援，爲飛矢所中，乃以囊囊其足而戰，破斬援首。詔拜徐州刺史，後拜諫議大夫。[32]及騰之入，因詔拜爲偏將軍，使領騰營。又拜超弟休奉車都尉，[33]休弟鐵騎都尉，[34]徙其家屬皆詣鄴，[35]惟超獨留。

[1] 扶風：各本皆作“右扶風”。錢大昕云：“案兩《漢書》例，惟官名稱左右，若稱人籍貫，但云‘馮翊’‘扶風’而已。此傳云‘右扶風茂陵人’，《法正傳》‘右扶風郿人’，兩‘右’字當省。”（《廿二史考異》卷一六）校點本即從錢說刪“右”字。今從之。扶風，治所槐里縣，在今陝西興平市東南。　茂陵：縣名。治所在今陝西興平縣東北。

[2] 西州：百衲本作“西川”，殿本、盧弼《集解》本、校點本作“西州”。今從殿本等。西州，指涼州。

[3] 初平：漢獻帝劉協年號（190—193）。

[4] 長安：縣名。治所在今陝西西安市西北。

[5] 鎮西將軍：官名。漢末置於此時，即以韓遂爲之。

[6] 金城：郡名。治所允吾縣，在今甘肅永靖縣西北湟水南岸。

[7] 征西將軍：官名。東漢和帝時置，地位不高，與雜號將軍同。獻帝建安中曹操執政時，列爲四征將軍之一，地位提高，秩二千石。

[8] 郿：縣名。治所在今陝西眉縣東北。

[9] 涼州：漢靈帝中平後，迄於建安末，刺史治所冀縣，在今甘肅甘谷縣東。

[10] 關中：地區名。指函谷關以内之地。包括今陝西和甘肅、寧夏、内蒙古的部分地區。

[11] 平陽：縣名。治所在今山西臨汾市西南金殿。

[12] 衛尉：官名。漢列卿之一，秩中二千石，掌宫門警衛。

[13] 都亭侯：爵名。位在鄉侯下，食禄於都亭。都亭，城郭附近之亭。

[14] 馬援：東漢初扶風茂陵人。漢光武帝劉秀時，曾任隴西太守、伏波將軍，封新息侯。（見《後漢書》卷二四《馬援傳》）

[15] 天水：郡名。治所即冀縣。　蘭干：縣名。治所在今甘肅渭水上源一帶，確址未詳。　尉：官名。漢制，大縣置尉二人，小縣一人，掌管軍事，防止盜賊。

[16] 隴西：郡名。原治所狄道，在今甘肅臨洮縣；漢安帝永初五年（111），徙治所於襄武縣，在今甘肅隴西縣東南。

[17] 鄣山：百衲本、殿本、盧弼《集解》本皆作“鄣山”，校點本作“彰山”。今從百衲本等。趙一清謂《續漢書·郡國志》隴西郡有鄣縣。鄣山，鄣縣之山也。鄣縣治所在今甘肅漳縣。

[18] 耿鄙任信姦吏：此事詳見《後漢書》卷五八《傅燮傳》。

[19] 軍從事：百衲本、殿本作“軍行事”，盧弼《集解》本、

校點本作“軍從事”。今從《集解》本等。軍從事，官名。即此時涼州所置屬吏，典領州郡募兵。

[20] 軍司馬：官名。漢代校尉所領營部，置以佐之。不置校尉之部，則爲長官，領兵征伐，秩比千石。

[21] 汧：縣名。治所在今陝西隴縣東南。　隴：縣名。治所在今甘肅張家川回族自治縣。

[22] 征東將軍：官名。置於初平三年，即以馬騰爲之。曹操執政後，列爲四征將軍之一，秩二千石。

[23] 池陽：縣名。治所在今陝西涇陽縣西北。

[24] 長平：地名。在今陝西涇陽縣西南。

[25] 三輔：地區名。西漢都城在長安，遂以長安爲中心置京兆尹、右扶風、左馮（píng）翊（yì），合稱三輔。東漢定都洛陽，以三輔陵廟所在，不改其號，仍稱三輔。轄區在今陝西渭水流域。

[26] 相侵：百衲本、校點本作“相侵入”，殿本、盧弼《集解》本“入”作“又”，屬下句。今從殿本等。

[27] 不解：百衲本作“不深”，殿本、盧弼《集解》本、校點本作“不解”。今從殿本等。

[28] 殆弛：百衲本、盧弼《集解》本作“始弛”，殿本、校點本作“殆弛”。今從殿本等。

[29] 白騎：指張白騎。本書卷八《張燕傳》裴松之注引《典略》謂黑山、黃巾軍諸帥中“自相號字，謂騎白馬者爲張白騎”。又本書卷一八《龐惪傳》云：“後張白騎叛於弘農，惪復隨騰征之，破白騎於兩殽間。”此“騰”即馬騰。弘農又在槐里之東，故此云“東備白騎”。（本趙幼文《三國志集解辨證》）

[30] 十三年：各本皆作“十五年”。侯康《補注續》謂本書卷一五《張既傳》云曹操將征荆州，使張既説馬騰入朝。則此“十五年”當作“十三年”。校點本即從侯説改。今從之。

[31] 督軍從事：官名。此爲司隸校尉之屬官。

[32] 諫議大夫：官名。秩六百石。屬光禄勳，掌議論，

無定員。

[33] 奉車都尉：官名。秩比二千石。掌皇帝車輿，入侍左右。

[34] 騎都尉：官名。秩比二千石。屬光禄勳，掌羽林騎兵。

[35] 鄴：縣名。治所在今河北臨漳縣西南鄴鎮東一里半。

超既統衆，遂與韓遂合從，及楊秋、李堪、成宜等相結，進軍至潼關。[1]曹公與遂、超單馬會語，超負其多力，陰欲突前捉曹公，曹公左右將許褚瞋目盻之，[2]超乃不敢動。曹公用賈詡謀，離間超、遂，更相猜疑，軍以大敗。〔一〕超走保諸戎，曹公追至安定，[3]會北方有事，[4]引軍東還。楊阜説曹公曰：“超有信、布之勇，[5]甚得羌胡心。若大軍還，不嚴爲其備，隴上諸郡非國家之有也。”[6]超果率諸戎以擊隴上郡縣，隴上郡縣皆應之，殺涼州刺史韋康，據冀城，有其衆。超自稱征西將軍，領并州牧，[7]督涼州軍事。康故吏民楊阜、姜敍、梁寬、趙衢等，合謀擊超。阜、敍起於鹵城，[8]超出攻之，不能下；寬、衢閉冀城門，超不得入。進退狼狽，乃奔漢中依張魯。魯不足與計事，内懷於邑，[9]聞先主圍劉璋於成都，密書請降。〔二〕

〔一〕《山陽公載記》曰：初，曹公軍在蒲阪，[10]欲西渡，超謂韓遂曰：“宜於渭北拒之，[11]不過二十日，河東穀盡，[12]彼必走矣。”遂曰：“可聽令渡，[13]麾於河中，顧不快耶！”超計不得施。曹公聞之曰：“馬兒不死，吾無葬地也。”

〔二〕《典略》曰：建安十六年，超與關中諸將侯選、程銀、李堪、張横、梁興、成宜、馬玩、楊秋、韓遂等，[14]凡十部，俱反，其衆十萬，同據河、潼，建列營陣。[15]是歲，曹公西征，與超等戰於河、渭之交，超等敗走。超至安定，遂奔涼州。詔收減超家屬。超復敗於隴上。後奔漢中，張魯以爲都講祭酒，[16] 欲妻之以女，或諫魯曰："有人若此不愛其親，焉能愛人？"魯乃止。初，超未反時，其小婦弟种留三輔，[17] 及超敗，种先入漢中。正旦，种上壽於超，超搥胸吐血曰："闔門百口，一旦同命，今二人相賀邪？"後數從魯求兵，欲北取涼州，魯遣往，無利。又魯將楊白等欲害其能，[18] 超遂從武都逃入氐中，[19] 轉奔往蜀。是歲建安十九年也。

[1] 潼關：關隘名。在今陝西潼關縣東北黃河南岸潼關。

[2] 眄：百衲本作"眽"，殿本、盧弼《集解》本、校點本作"眄"。今從殿本等。眄（xì），怒視。《説文·目部》："眄，恨視也。"

[3] 安定：郡名。治所臨涇縣，在今甘肅鎮原縣東南。

[4] 北方有事：指田銀、蘇白反於河間郡。見本書卷一一《國淵傳》、卷二五《楊阜傳》。

[5] 信布：指韓信、黥布，漢高祖劉邦之將。

[6] 隴上諸郡：隴上，泛指今陝西西部、甘肅東部一帶。胡三省云："隴西、南安、漢陽、永陽皆隴上諸郡也。"（《通鑑》卷六六漢獻帝建安十八年注）

[7] 并州：刺史治所晉陽縣，在今山西太原市西南古城營西古城。

[8] 鹵城：城名。在今甘肅天水市、甘谷縣之間。

[9] 於（wū）邑：憂鬱煩悶。

[10] 蒲阪：縣名。治所在今山西永濟縣西南蒲州鎮。

[11] 渭北：指今陝西東面的渭河以北之地。

[12] 河東：此指今山西西南部地區。

[13] 渡：謂渡黃河。

[14] 程銀：百衲本作"程錕"，殿本、盧弼《集解》本、校

點本作"程銀"。按，程銀又見本書卷八《張魯傳》裴松之注引《魏略》。今從殿本等。

　　[15]建列：盧弼《集解》本作"建立"，百衲本、殿本、校點本作"建列"。今從百衲本等。

　　[16]都講祭酒：張魯傳五斗米道所置的頭領。最高者稱師君。胡三省云："魯使學者都學《老子》五千文，置都講祭酒，位次師君。"（《通鑑》卷六六漢獻帝建安十八年注）

　　[17]种：趙一清《注補》謂本傳後注引《典略》謂超庶妻董，則种疑姓董也。

　　[18]楊白：《通鑑》卷六七漢獻帝建安十九年作"楊昂"，本書卷一《武帝紀》、卷二五《楊阜傳》亦作"楊昂"；而本書卷四一《霍峻傳》又謂張魯將"楊帛"。　欲：《通鑑》及郝經《續後漢書》作"數"。以文義論，當作"數"。吳金華《〈三國志校詁〉及〈外編〉訂補》則云："今疑'欲'當作'心'，'心害其能'是漢人習用之文。"

　　[19]武都：郡名。治所下辨縣，在今甘肅成縣西。

　　先主遣人迎超，超將兵徑到城下。城中震怖，璋即稽首，〔一〕以超爲平西將軍，[1]督臨沮，因爲前都亭侯。〔二〕[2]先主爲漢中王，拜超爲左將軍，假節。章武元年，遷驃騎將軍，[3]領涼州牧，進封斄鄉侯，[4]策曰："朕以不德，獲繼至尊，奉承宗廟。曹操父子，世載其罪，朕用慘怛，疢如疾首。海内怨憤，歸正反本，暨于氐、羌率服，獯鬻慕義。[5]以君信著北土，威武並昭，是以委任授君，抗颺虓虎，[6]兼董萬里，求民之瘼。其明宣朝化，懷保遠邇，[7]肅慎賞罰，以篤漢祜，[8]以對于天下。"二年卒，時年四十七。臨沒上疏

曰："臣門宗二百餘口，爲孟德所誅略盡，惟有從弟
岱，當爲微宗血食之繼，深託陛下，餘無復言。"追謚
超曰威侯，子承嗣。岱位至平北將軍，[9]進爵陳倉
侯。[10]超女配安平王理。〔三〕

〔一〕《典略》曰：備聞超至，喜曰："我得益州矣。"乃使人止
超，而潛以兵資之。超到，令引軍屯城北，超至未一旬而成都潰。

〔二〕《山陽公載記》曰：超因見備待之厚，與備言，常呼備
字，關羽怒，請殺之。備曰："人窮來歸我，卿等怒，以呼我字故
而殺之，何以示於天下也！"張飛曰："如是，當示之以禮。"明
日大會，請超入，羽、飛並杖刀立直，超顧坐席，不見羽、飛，
見其直也，乃大驚，遂止，[11]不復呼備字。明日歎曰："我今乃知
其所以敗。爲呼人主字，幾爲關羽、張飛所殺。"自後乃尊事備。

臣松之按以爲超以窮歸備，受其爵位，何容傲慢而呼備
字？[12]且備之入蜀，留關羽鎮荊州，羽未嘗在益土也。故羽聞馬
超歸降，以書問諸葛亮"超人才可誰比類"，不得如書所云。羽焉
得與張飛立直乎？凡人行事，皆謂其可也，知其不可，則不行之
矣。超若果呼備字，亦謂於理宜爾也。就令羽請殺超，超不應聞，
但見二子立直，何由便知以呼字之故，云幾爲關、張所殺乎？言
不經理，深可忿疾也。袁暐、樂資等諸所記載，穢雜虛謬，若此
之類，殆不可勝言也。

〔三〕《典略》曰：初超之入蜀，其庶妻董及子秋，留依張
魯。魯敗，曹公得之，以董賜閻圃，[13]以秋付魯，魯自手殺之。

[1] 平西將軍：官名。建安末劉備置，以馬超爲之。曹魏時與
平東、平南、平北將軍合稱四平將軍。多爲持節都督或監某一地區
之軍事。

[2] 因爲前都亭侯：諸家或謂前已云封都亭侯，此"前"字

衍。梁章鉅《旁證》云："此或當作'因前爲都亭侯'也。"徐紹楨《質疑》亦云："此云前都亭侯，蓋就前封耳，（前）非衍文也。"

[3] 驃騎將軍：官名。東漢時位比三公，地位尊崇。

[4] 斄（tái）：亭名。在郿縣境内。此亦虛名遥領。

[5] 獯鬻：百衲本、殿本、盧弼《集解》本作"獯粥"，校點本作"獯鬻"。按，二字通，今從校點本。獯鬻，夏商時之北方少數民族。此泛指北方少數民族。

[6] 虓（xiāo）虎：咆哮之虎。

[7] 懷保：趙幼文《校箋》謂蕭常《續後漢書》作"懷柔"。

[8] 祜：百衲本作"祐"，殿本、盧弼《集解》本、校點本、蕭常及郝經之《續後漢書》皆作"祜"。今從殿本等。盧弼《集解》引《詩·大雅·皇矣》："以篤于周祜，以對于天下。"鄭玄箋："以厚周當王之福，以答天下鄉周之望。"

[9] 平北將軍：官名。建安中曹操置，魏晋時與平東、平西、平南將軍合稱四平將軍，地位較高。

[10] 陳倉：縣名。治所在今陝西寶鷄市東渭水北岸。此亦虛名遥領。

[11] 遂止：殿本、盧弼《集解》本、校點本作"遂一"，百衲本作"遂止"，郝經《續後漢書·馬超傳》苟宗道注引亦作"遂止"。今從百衲本。

[12] 何容：百衲本作"可容"，殿本、盧弼《集解》本、校點本、郝經《續後漢書·馬超傳》苟宗道注引皆作"何容"。今從殿本等。

[13] 閻圃：張魯之功曹史。

　　黄忠字漢升，南陽人也。[1]荆州牧劉表以爲中郎將，與表從子磐共守長沙攸縣。[2]及曹公克荆州，假行裨將軍，[3]仍就故任，統屬長沙太守韓玄。先主南定諸郡，忠遂委質，[4]隨從入蜀。自葭萌受任，[5]還攻劉璋，忠常先登陷陣，勇毅冠三軍。益州既定，拜爲討虜將軍。[6]建安二十四年，於漢中定軍山擊夏侯淵。[7]淵衆甚精，忠推鋒必進，[8]勸率士卒，金鼓振天，歡聲動谷，一戰斬淵，淵軍大敗。遷征西將軍。是歲，先主爲漢中王，欲用忠爲後將軍，[9]諸葛亮説先主曰："忠之名望，素非關、馬之倫也，而今便令同列。[10]馬、張在近，親見其功，尚可喻指；關遙聞之，[11]恐必不悦，得無不可乎！"先主曰："吾自當解之。"遂與羽等齊位，[12]賜爵關内侯。[13]明年卒，追謚剛侯。子敘，早没，無後。

[1] 漢升：殿本《考證》云："《太平御覽》作'漢叔'。"趙幼文《校箋》謂此見《太平御覽》卷二三八。漢人多以"叔"爲字，疑作"叔"字爲是。　南陽：郡名。治所宛縣，在今河南南陽市。

[2] 長沙：郡名。治所臨湘縣，在今湖南長沙市。　攸縣：治所在今湖南攸縣東北。

[3] 裨將軍：官名。漢雜號將軍之低級者。

[4] 委質：向君主獻禮，表示獻身。引申爲臣服，歸附。

[5] 葭萌：縣名。治所在今四川廣元市西南。

[6] 討虜將軍：官名。漢獻帝建安初置，爲雜號將軍。

[7] 定軍山：在今陝西勉縣東南。

[8] 推鋒：百衲本、校點本作"推鋒"，殿本、盧弼《集解》本作"摧鋒"。趙幼文《校箋》謂作"推"字是。推鋒，猶《公羊傳》之推刃。《一切經音義》："推，前也。"謂執刃向前也。今從

百衲本等。

　　〔9〕後將軍：官名。東漢時位如上卿，與前、左、右將軍掌京師兵衛與邊防屯警。

　　〔10〕便令：趙幼文《校箋》謂《太平御覽》卷二三八引"便"字作"使"。

　　〔11〕關遥聞之：趙幼文《校箋》謂《太平御覽》引"關"下有"羽"字。

　　〔12〕齊位：趙幼文《校箋》謂《太平御覽》引"齊"字作"同"。

　　〔13〕關內侯：爵名。漢制二十級爵之第十九級，次於列侯，祇有食租税而無封地。

　　趙雲字子龍，常山真定人也。[1]本屬公孫瓚，瓚遣先主與田楷拒袁紹，[2]雲遂隨從，爲先主主騎。〔一〕及先主爲曹公所追於當陽長阪，棄妻子南走，雲身抱弱子，即後主也，[3]保護甘夫人，即後主母也，皆得免難。遷爲牙門將軍。[4]先主入蜀，雲留荆州。〔二〕

　　〔一〕《雲別傳》曰：[5]雲身長八尺，姿顔雄偉，爲本郡所舉，將義從吏兵詣公孫瓚。時袁紹稱冀州牧，[6]瓚深憂州人之從紹也，善雲來附，[7]嘲雲曰："聞貴州人皆願袁氏，君何獨迴心，迷而能反乎？"雲答曰："天下訩訩，未知孰是，民有倒縣之厄，鄙州論議，從仁政所在，不爲忽袁公私明將軍也。"遂與瓚征討。時先主亦依託瓚，每接納雲，雲得深自結託。雲以兄喪，辭瓚暫歸，先主知其不反，捉手而別，雲辭曰："終不背德也。"先主就袁紹，雲見於鄴。先主與雲同床眠卧，密遣雲合募得數百人，皆稱劉左將軍部曲，[8]紹不能知。遂隨先主至荆州。

　　〔二〕《雲別傳》曰：初，先主之敗，有人言雲已北去者，先主以手戟擿之曰："子龍不棄我走也。"頃之，雲至。從平江南，以爲偏將軍，領桂陽太守，[9]代趙範。範寡嫂曰樊氏，有國色，範欲以配雲。雲辭曰："相與同姓，卿兄猶我兄。"固辭不許。時有人勸雲納之，雲曰："範迫降耳，心未可測；天下女不少。"遂不取。範果逃走，雲無纖介。先是，與夏侯惇戰於博望，[10]生獲夏侯蘭。蘭是雲鄉里人，少小相知，雲白先主活之，薦蘭明於法律，以爲軍正。[11]雲不用自近，其慎慮類如此。先主入益州，雲領留營司馬。[12]此時先主孫夫人以權妹驕豪，多將吳吏兵，縱橫不法。先主以雲嚴重，必能整齊，特任掌內事。權聞備西征，大遣舟船迎妹，而夫人內欲將後主還吳，雲與張飛勒兵截江，乃得後主還。

[1] 常山：王國名。治所元氏縣，在今河北元氏縣西北。　真定：縣名。治所在今河北正定縣南。

[2] 與：盧弼《集解》本作"與"，百衲本、殿本、校點本作"爲"。盧弼《集解》云："與，各本皆作'爲'，趙一清曰'爲'字誤。"按，本書卷三二《先主傳》亦作"與"，今從《集解》本。

[3] 即後主也：吳金華《〈三國志〉斠議》謂從易培基《三國志補注》中知鄭樵《通志》"即後主也"與下文"即後主母也"皆作雙行小注，則鄭樵依據的《蜀志》亦是如此。是此二句應爲裴松之注文，非陳壽正文。

[4] 牙門將軍：官名。劉備置於此時，即以趙雲爲之。屬雜號將軍。

[5] 雲別傳：《隋書》《舊唐書》之《經籍志》、《新唐書·藝文志》皆未著録。

[6] 冀州：東漢末州牧刺史之治所常設在鄴縣，在今河北臨漳縣鄴鎮東一里半。

[7] 善雲來附：殿本《考證》云："善，元本作'喜'。"

　　〔8〕劉左將軍：劉備建安初曾爲左將軍。

　　〔9〕桂陽：郡名。治所郴縣，在今湖南郴州市。

　　〔10〕博望：縣名。治所在今河南方城縣西南博望集。

　　〔11〕軍正：官名。軍中司法官。

　　〔12〕留營司馬：官名。劉備置於此時，即以趙雲爲之，統領留守荆州軍營事務。

　　先主自葭萌還攻劉璋，召諸葛亮。亮率雲與張飛等俱泝江西上，平定郡縣。至江州，分遣雲從外水上江陽，[1]與亮會于成都。成都既定，以雲爲翊軍將軍。[一][2]建興元年，[3]爲中護軍、征南將軍，[4]封永昌亭侯，遷鎮東將軍。[5]五年，隨諸葛亮駐漢中。明年，亮出軍，揚聲由斜谷道，[6]曹真遣大衆當之。亮令雲與鄧芝往拒，而身攻祁山。[7]雲、芝兵弱敵彊，失利於箕谷，[8]然斂衆固守，不至大敗。軍退，貶爲鎮軍將軍。[二][9]

　　〔一〕《雲別傳》曰：益州既定，時議欲以成都中屋舍及城外園地桑田分賜諸將。[10]雲駁之曰："霍去病以匈奴未滅，[11]無用家爲，今國賊非但匈奴，未可求安也。須天下都定，各反桑梓，歸耕本土，乃其宜耳。益州人民，初罹兵革，田宅皆可歸還，令安居復業，然後可役調，得其歡心。"先主即從之。夏侯淵敗，曹公爭漢中地，運米北山下，數千萬囊。黃忠以爲可取，雲兵隨忠取米。[12]忠過期不還，雲將數十騎輕行出圍，[13]迎視忠等。值曹公揚兵大出，雲爲公前鋒所擊，方戰，其大衆至，[14]勢偪，遂前突其陣，且鬪且卻。公軍散，[15]已復合，雲陷敵，還趣圍。將張著被創，雲復馳馬還營迎著。公軍追至圍，此時（沔）〔江〕陽長張翼在雲圍內，[16]翼欲閉門拒守，而雲入營，更大開門，偃旗息鼓。公軍疑雲有伏兵，[17]引去。雲雷鼓震天，[18]惟以戎弩於後射公軍，公軍驚駭，自相蹂踐，[19]墮漢水中死者甚多。先主明旦自來至雲營圍視昨戰處，曰："子龍一身都爲膽也。"[20]作樂飲宴至暝，軍中號雲爲虎威將軍。孫權襲荆州，先主大怒，欲討權。雲諫曰："國賊是曹操，[21]非孫權也，且先滅魏，則吳自服。操身雖斃，[22]子丕篡盗，當因衆心，早圖關中，居河、渭上流以討凶逆，關東義士必裹糧策馬以迎王師。[23]不應置魏，先與吳戰；兵勢一交，不得卒解也。"先主不聽，遂東征，留雲督江州。先主失利於秭歸，[24]雲進兵至永安，[25]吳軍已退。

〔二〕《雲別傳》曰：亮曰："街亭軍退，[26]兵將不復相録，箕谷軍退，兵將初不相失，何故？"芝答曰："雲身自斷後，軍資什物，略無所棄，兵將無緣相失。"雲有軍資餘絹，亮使分賜將士，雲曰："軍事無利，何爲有賜？其物請悉入赤岸府庫，[27]須十月爲冬賜。"亮大善之。

[1] 外水：即蜀外水。《水經·江水注》云："江州縣對二水口，右則涪内水，左則蜀外水。"涪内水，即今涪江。從江州（今重慶合川市）沿涪水西北上，可至涪縣（今四川綿陽市）。蜀外水則指從江州至成都之江水（今長江與岷江）。 江陽：郡名。治所江陽縣，在今四川瀘州市。當時趙雲從江州沿外水至成都之路綫是：從江州沿江水（今長江）至江陽，再由江陽沿江而上至僰道縣（今四川宜賓市），再由僰道沿江水（今岷江）而上至成都。

[2] 翊軍將軍：官名。劉備置於此時，以趙雲爲之，統兵。

[3] 建興：蜀漢後主劉禪年號（223—237）。

[4] 中護軍：官名。劉備置，又有後、左、右護軍各一人。征南將軍：官名。漢獻帝建安中置，爲四征將軍之一，秩二千石。

[5] 鎮東將軍：官名。將軍名號之一，東漢末有鎮東、西、

南、北將軍各一人。

　　〔6〕斜（yé）谷道：在今陝西眉縣西南，爲褒斜道北段。

　　〔7〕祁山：山名。在今甘肅禮縣東。

　　〔8〕箕谷：山谷名。在今陝西寶鷄市南。

　　〔9〕鎮軍將軍：官名。劉備置，位在四鎮將軍下。曹魏定爲三品。

　　〔10〕圍地桑田：趙幼文《校箋》謂蕭常《續後漢書》作“圍池田桑”。

　　〔11〕霍去病：漢武帝時之名將，多次出擊匈奴，解除了匈奴對漢朝的威脅。漢武帝將爲其造府第，去病曰：“匈奴不滅，無以家爲也。”（見《漢書》卷五五《霍去病傳》）

　　〔12〕雲兵：殿本《考證》云：“《太平御覽》作‘雲遣兵’，多‘遣’字。”趙幼文《校箋》謂此見《太平御覽》卷三〇九。

　　〔13〕數十騎：趙幼文《校箋》謂《北堂書鈔》卷一一六、《太平御覽》卷三〇九、卷三七六引“騎”字作“人”。按，《北堂書鈔》引實作“騎”。

　　〔14〕其大衆至：趙幼文《校箋》謂蕭常《續後漢書》作“其大衆奄至”。

　　〔15〕軍散：校點本作“軍敗”，百衲本、殿本、盧弼《集解》本作“軍散”。今從百衲本等。

　　〔16〕江陽：各本皆作“沔陽”。錢大昕云：“‘沔陽’當作‘江陽’。”（《廿二史考異》卷一六）按，錢説有理。本書卷四五《張翼傳》亦謂建安末張翼爲江陽長。今從錢説改。

　　〔17〕公軍疑雲有伏兵：趙幼文《校箋》謂《北堂書鈔》卷一一六引“公”下無“軍”字，有“至”字，“疑”下無“雲”字。《太平御覽》卷三〇九作“公軍至疑有伏兵”，卷三七六無“軍”字（按，此《太平御覽》實作“公疑雲有伏兵”）。疑此應據《北堂書鈔》删。

　　〔18〕雷鼓：殿本作“擂鼓”，百衲本、盧弼《集解》本、校點本作“雷鼓”。按，“雷”通“擂”。今從百衲本等。

［19］自相：趙幼文《校箋》謂《太平御覽》卷三七六引"自"字作"因"。

［20］都爲：百衲本作"都爲"，殿本、盧弼《集解》本、校點本作"都是"。《太平御覽》卷三七六引《趙雲別傳》、《通鑑》卷六八《漢紀》建安二十四年皆作"都爲"。今從百衲本等。

［21］國賊是：趙幼文《校箋》謂《通鑑·魏紀》"賊"下無"是"字。

［22］操身：趙幼文《校箋》謂《通鑑》"操"上有"今"字。

［23］關東：地區名。指函谷關以東之地。

［24］秭歸：縣名。治所在今湖北秭歸縣。

［25］永安：縣名。治所在今重慶奉節縣東白帝城。

［26］街亭：地名。在今甘肅秦安縣東北九十里隴城鎮。

［27］赤岸：地名。又稱赤崖。在今陝西漢中市西北褒城鎮北。爲褒斜道所經，蜀漢於此置有庫藏。

七年卒，追諡曰順平侯。[1]

初，先主時，惟法正見諡；後主時，諸葛亮功德蓋世，蔣琬、費褘荷國之重，亦見諡；陳祗寵待，特加殊獎，夏侯霸遠來歸國，故復得諡；於是關羽、張飛、馬超、龐統、黃忠及雲乃追諡，[2]時論以爲榮。〔一〕雲子統嗣，官至虎賁中郎督、行領軍。[3]次子廣，牙門將，[4]隨姜維沓中，[5]臨陣戰死。

〔一〕《雲別傳》載後主詔曰："雲昔從先帝，功績既著。朕以幼沖，涉塗艱難，賴恃忠順，濟於危險。夫諡所以叙元勳也，外議雲宜諡。"大將軍姜維等議，以爲雲昔從先帝，勞績既著，經營天下，遵奉法度，功效可書。當陽之役，義貫金石。忠以衛上，君念其賞；禮以厚下，臣忘其死。死者有知，足以不溺；[6]生者感恩，足以殞身。[7]謹按謚法，柔賢慈惠曰順，執事有班曰平，[8]克定禍亂曰平，應謚云曰順平侯。

[1] 追謚曰：百衲本有“曰”字，殿本、盧弼《集解》本、校點本無，今從百衲本。

[2] 乃追謚：趙幼文《校箋》謂《册府元龜》卷五九五引“乃”下有“皆”字。按，宋本《册府元龜》亦無“皆”字。

[2] 虎賁中郎督：官名。蓋即虎賁中郎，隸虎賁中郎將，秩比六百石，掌宿衛侍從。　行領軍：官名。漢獻帝建安中曹操置，出征時督率諸將。職掌略同領軍。蜀漢亦置。

[4] 牙門將：官名。魏文帝黃初中置，爲統兵武職，位在裨將軍下。蜀漢、孫吳、兩晉亦置。魏、晉皆五品。

[5] 沓中：地名。在今甘肅舟曲縣西北。

[6] 不溺：殿本、盧弼《集解》本、校點本作“不朽”，百衲本作“不溺”，宋本《册府元龜》卷五九五引亦作“不溺”。蕭常《續後漢書·趙雲傳》作“不負”。按，溺與負義同。《史記》卷一二二《酷吏列傳》：“言道德者，溺其取矣。”溺其取，謂失其取。《後漢書》卷二八上《馮衍傳》：“破軍殘衆，無補於主，身死之日，負於時矣。”李賢注：“負，猶失也。”今從百衲本。

[7] 殞身：百衲本作“隕身”，蕭常《續後漢書》同，殿本、盧弼《集解》本、校點本作“殞身”。按，二者義同，今從殿本等。

[8] 執事有班曰平：趙幼文《校箋》謂蕭常《續後漢書》“班”字作“恪”。《謚法解》：“執事有制曰平。”

評曰：關羽、張飛皆稱萬人之敵，爲世虎臣。羽報效曹公，飛義釋嚴顏，並有國士之風。然羽剛而自矜，飛暴而無恩，以短取敗，理數之常也。馬超阻戎負勇，以覆其族，惜哉！能因窮致泰，不猶愈乎！黃忠、趙雲彊摯壯猛，並作爪牙，其灌、滕之徒歟！[1]

[1] 灌：指灌嬰。秦末，從漢高祖劉邦轉戰各地，屢斬將獲勝。項羽之敗於垓下，灌嬰率衆追擊，遂斬滅項羽。（見《漢書》卷四一《灌嬰傳》） 滕：指滕公夏侯嬰。秦末從漢高祖劉邦起兵，轉戰各地。彭城之役，劉邦大敗，楚兵追之急，劉邦推惠帝、魯元公主於車下，賴滕公收載得脱。夏侯嬰曾爲滕縣令，故時人稱之爲滕公。（見《漢書》卷四一《夏侯嬰傳》）

三國志 卷三七

蜀書七

龐統法正傳第七

龐統字士元，襄陽人也。[1]少時樸鈍，未有識者。潁川司馬徽清雅有知人鑒，[2]統弱冠往見徽，徽採桑於樹上，坐統在樹下，[3]共語自晝至夜。徽甚異之，稱統當爲南州士之冠冕，[4]由是漸顯。〔一〕後郡命爲功曹。[5]性好人倫，[6]勤於長養。每所稱述，多過其才，[7]時人怪而問之，統答曰：“當今天下大亂，雅道陵遲，善人少而惡人多。方欲興風俗，長道業，不美其譚即聲名不足慕企，不足慕企而爲善者少矣。今拔十失五，猶得其半，而可以崇邁世教，使有志者自勵，不亦可乎？”吳將周瑜助先主取荊州，因領南郡太守。[8]瑜卒，統送喪至吳，[9]吳人多聞其名。及當西還，並會昌門，陸績、顧劭、全琮皆往。[10]統曰：“陸子可謂駑馬有逸足之力，[11]顧子可謂駑牛能負重致遠也。”〔二〕[12]謂全琮曰：“卿好施慕名，有似汝南樊子昭。〔三〕[13]雖智力不多，亦一時之佳也。"[14] 續、劭謂統曰："使天下太平，當與卿共料四海之士。"深與統相結而還。

〔一〕《襄陽記》曰：諸葛孔明爲臥龍，龐士元爲鳳雛，司馬德操爲水鏡，[15]皆龐德公語也。德公，襄陽人。孔明每至其家，獨拜牀下，德公初不令止。[16]德操嘗造德公，值其渡沔，[17]上祀先人墓，德操徑入其室，呼德公妻子，使速作黍，"徐元直向云有客當來就我與龐公譚"。[18]其妻子皆羅列拜於堂下，奔走供設。須臾，德公還，直入相就，不知何者是客也。德操年小德公十歲，兄事之，呼作龐公，故世人遂謂龐公是德公名，非也。德公子山民，[19]亦有令名，娶諸葛孔明小姊，爲魏黃門、吏部郎，[20]早卒。子渙，[21]字世文，晉太康中爲牂柯太守。[22]統，德公從子也，少未有識者，惟德公重之，年十八，使往見德操。德操與語，既而歎曰："德公誠知人，此實盛德也。"

〔二〕張勃《吳錄》曰：[23]或問統曰："如所目，陸子爲勝乎？"統曰："駑馬雖精，[24]所致一人耳。駑牛一日行三十里，[25]所致豈一人之重哉！"[26]劭就統宿，語，因問："卿名知人，吾與卿孰愈？"統曰："陶冶世俗，甄綜人物，吾不及卿；論帝王之祕策，攬倚伏之要最，[27]吾似有一日之長。"劭安其言而親之。[28]

〔三〕蔣濟《萬機論》云許子將襃貶不平，[29]以拔樊子昭而抑許文休。[30]劉曄曰：[31]"子昭拔自賈豎，年至耳順，[32]退能守靜，[33]進能不苟。"[34]濟答曰："子昭誠自長幼完潔，[35]然觀其齇齒牙，[36]樹頰胲，[37]吐唇吻，[38]自非文休敵也。"胲音改。

[1] 襄陽：郡名。治所襄陽縣，在今湖北襄陽市。

[2] 潁川：郡名。治所陽翟縣，在今河南禹州市。　司馬徽：盧弼《集解》引《世說新語·言語篇》劉孝標注引《司馬徽別傳》云："徽字德操，潁川陽翟人。有人倫鑒識，居荊州。"　有知人

鑒：趙幼文《校箋》謂《世説新語·言語篇》注引"人"下有"之"字。

[3] 採桑於樹上：趙幼文《校箋》謂《世説新語》注引"桑"下無"於"字。《太平御覽》卷三九○、卷四四二引亦俱無"於"字。 在樹下：趙幼文《校箋》謂《世説新語》注引無"在"字，《太平御覽》引同。

[4] 南州：指荆州。東漢荆州刺史治所漢壽縣，在今湖南常德市東北。至漢末劉表爲刺史時，移治所於襄陽縣。 士之冠冕：盧弼《集解》云："《世説·言語篇》注引'士'下有'人'字。"趙幼文《校箋》謂《太平御覽》卷四四二引亦有"人"字。

[5] 功曹：漢代郡太守下設功曹史，簡稱功曹。爲郡太守之佐吏，除分掌人事外，並得參與一郡之政務。此功曹指南郡之功曹。

[6] 人倫：謂品評人物。

[7] 多過其才：吳金華《校詁》謂《文選》任昉《爲范尚書讓吏部封侯第一表》李善注引習鑿齒《襄陽耆舊傳記》載此事作"多過其中"。謂龐統頌揚他人之善，往往過當。

[8] 南郡：治所江陵縣，在今湖北荆州市江陵縣。

[9] 統送喪：因龐統爲周瑜之功曹，見後裴松之注引《江表傳》。 吳：郡名。治所吳縣，在今江蘇蘇州市。

[10] 昌門：吳縣城之門。 陸績：校點本"績"字作"勣"，百衲本、殿本、盧弼《集解》本皆作"績"。今從百衲本等。

[11] 陸子可謂駑馬有逸足之力：趙幼文《校箋》謂《世説新語·品藻篇》注引"可"字作"所"，"力"字作"用"。按，此乃《世説新語》之文，非劉孝標注引之文。

[12] 顧子可謂駑牛能負重致遠也：趙幼文《校箋》謂《世説新語》注引"可"字亦作"所"，"能"字無，有"所以"二字。按，此亦《世説新語》之文，非劉孝標注引之文。

[13] 汝南：郡名。治所平輿縣，在今河南平輿縣北。

[14] 佳也：趙幼文《校箋》謂蕭常《續後漢書》"佳"下有

"士"字。

［15］水鏡：盧弼《集解》本作"冰鏡"，百衲本、殿本、校點本作"水鏡"。今從百衲本等。

［16］初：全，完全。

［17］沔：水名。即漢水。《後漢書》卷八三《逸民龐公傳》謂龐公"居峴山之南，未嘗入城府"。峴山在今湖北襄陽市南漢水西岸。

［18］徐元直：徐庶字元直。　向云有客當來就我：《後漢書·逸民龐公傳》李賢注引《襄陽記》無"有客"二字。

［19］子山民：百衲本、殿本作"字山民"，盧弼《集解》本、校點本作"子山民"。今從《集解》本等。

［20］黃門：官名。即黃門郎，亦即給事黃門侍郎。東漢時秩六百石，侍從皇帝左右，給事禁中，關通內外。　吏部郎：官名。曹魏、蜀漢皆置。屬吏部尚書，主管官吏選任銓叙調動事務，對五品以下官吏任免有建議權。秩四百石，曹魏爲六品。

［21］子：指山民之子。

［22］太康：晋武帝司馬炎年號（280—289）。　牂（zāng）牁（kē）：郡名。西晋時治所萬壽縣，在今貴州甕安縣東北。

［23］吳録：書名。沈家本《三國志注所引書目》謂《隋書·經籍志》著録有晋張勃《吳録》三十卷，亡。《舊唐書·經籍志》《新唐書·藝文志》又著録張勃《吳録》三十卷，是先亡後出者。又《史記》卷六六《伍子胥列傳》司馬貞《索隱》謂張勃晋人，吳鴻臚張儼之子。

［24］雖精：趙幼文《校箋》謂《世説新語·品藻篇》注引"精"下有"速"字。按，此亦《世説新語》之文，非劉孝標注引之文。以下數條若爲《世説新語》之文者，徑删趙説"注引"二字，不再説明。

［25］三十里：百衲本、殿本、盧弼《集解》本作"三百里"。殿本《考證》云："元修本作'三十里'。"校點本即作"三十里"。

今從校點本。趙幼文《校箋》則謂《世說新語·品藻篇》無“三”字，作“百里”。

　　[26] 一人之重：趙幼文《校箋》謂《世說新語》無“之重”二字。

　　[27] 帝王之秘策：趙幼文《校箋》謂《世說新語》“帝王”作“霸王”，“秘”字作“餘”。　要最：趙幼文《校箋》謂《世說新語》“最”字作“害”。

　　[28] 而親之：趙幼文《校箋》謂《世說新語》“而”字作“更”。

　　[29] 萬機論：沈家本《三國志注所引書目》謂《隋書·經籍志》著錄《蔣子萬機論》八卷，蔣濟撰。《舊唐書·經籍志》同，《新唐書·藝文志》卻作十卷。《宋史·藝文志》同。　許子將：許劭字子將。其事主要見本書卷二三《和洽傳》裴松之注引《汝南先賢傳》等。

　　[30] 許文休：許靖字文休。

　　[31] 劉曄曰：趙幼文《校箋》謂《世說新語·品藻篇》“曄”下有“難”字。

　　[32] 耳順：指六十歲。《論語·爲政》：“子曰：‘吾十有五而志於學，三十而立，四十而不惑，五十而知天命，六十而耳順。’”

　　[33] 退能：百衲本作“退難”，殿本、盧弼《集解》本、校點本作“退能”。今從殿本等。

　　[34] 進能不苟：趙幼文《校箋》謂《世說新語·品藻篇》作“進不苟競”。

　　[35] 誠自長幼：趙幼文《校箋》謂《世說新語·品藻篇》作“誠自幼至長”。　完潔：百衲本、盧弼《集解》本作“貌潔”，殿本、校點本作“完潔”。今從殿本等。趙幼文《校箋》則謂《世說新語·品藻篇》作“容貌完潔”。

　　[36] 舌：通“插”。趙幼文《校箋》謂《世說新語》“舌”字作“搖”，疑是。按，余嘉錫《世說新語箋疏》本及徐震堮《世

說新語校箋》本皆作“插”。

　　[37] 頰胲（gǎi）：臉頰肉。

　　[38] 吐唇吻：以上三句見《漢書》卷六五《東方朔傳》，謂善於言辭論辯。

　　先主領荆州，統以從事守耒陽令，[1]在縣不治，免官。吴將魯肅遺先主書曰：“龐士元非百里才也，[2]使處治中、別駕之任，[3]始當展其驥足耳。”諸葛亮亦言之於先主，先主見與善譚，大器之，以爲治中從事。〔一〕親待亞於諸葛亮，遂與亮並爲軍師中郎將。〔二〕[4]亮留鎮荆州。統隨從入蜀。[5]

　　〔一〕《江表傳》曰：先主與統從容宴語，問曰：“卿爲周公瑾功曹，[6]孤到吴，聞此人密有白事，勸仲謀相留，[7]有之乎？在君爲君，卿其無隱。”統對曰：“有之。”備歎息曰：[8]“孤時危急，當有所求，故不得不往，殆不免周瑜之手！天下智謀之士，所見略同耳。時孔明諫孤莫行，其意獨篤，亦慮此也。孤以仲謀所防在北，當賴孤爲援，故決意不疑。[9]此誠出於險塗，非萬全之計也。”

　　〔二〕《九州春秋》曰：統説備曰：“荆州荒殘，人物殫盡，東有吴孫，[10]北有曹氏，鼎足之計，難以得志。今益州國富民彊，[11]户口百萬，四部兵馬，[12]所出必具，[13]寳貨無求於外，今可權借以定大事。”備曰：“今指與吾爲水火者，[14]曹操也，操以急，吾以寬；操以暴，吾以仁；操以譎，吾以忠；每與操反，事乃可成耳。今以小故而失信義於天下者，[15]吾所不取也。”統曰：“權變之時，固非一道所能定也。兼弱攻昧，五伯之事，[16]逆取順守，報之以義，事定之後，封以大國，何負於信？今日不取，終爲人利耳。"[17]備遂行。[18]

　　[1] 從事：官名。漢代州牧刺史的佐吏，有別駕從事史、治中從事史、兵曹從事史、部從事史等，均可簡稱爲從事。　　耒陽：縣名。治所在今湖南耒陽縣。

　　[2] 百里：謂一縣之地。

　　[3] 治中：即治中從事。官名。州牧刺史之主要屬吏，居中治事，主衆曹文書。　　別駕：官名。別駕從事史之簡稱，爲州牧刺史之主要屬吏，州牧刺史巡行各地時，別乘傳車從行，故名別駕。

　　[4] 軍師中郎將：官名。劉備置，以諸葛亮爲之，總管軍政。

　　[5] 蜀：地區名。指今四川成都平原一帶。秦滅蜀前爲蜀國地。

　　[6] 周公瑾：周瑜字公瑾。

　　[7] 仲謀：孫權字仲謀。

　　[8] 備歎息：趙幼文《校箋》謂《册府元龜》卷一九〇引"備"字作"先主"，是也。與上文"先主"相應。

　　[9] 不疑：盧弼《集解》本"不"下有"也"字，百衲本、殿本、校點本無。今從百衲本等。

　　[10] 吳孫：謂吳地孫氏，即指孫權。

　　[11] 益州：當時刺史治所成都縣，在今四川成都市舊東、西城區。

　　[12] 四部：趙幼文《校箋》謂《太平御覽》卷四四九引"部"字作"郡"。

　　[13] 必具：趙幼文《校箋》謂《太平御覽》引"必"字作"畢"。

　　[14] 指：潘眉《考證》云："指"字當衍。

　　[15] 小故：趙幼文《校箋》謂《太平御覽》卷四四九引"故"字作"國"。又句末無"者"字。

　　[16] 五伯（bà）：盧弼《集解》本作"五霸"，百衲本、殿

本、校點本作"五伯"。按，二者同，今從百衲本等。五伯，《孟子·告子》趙岐注謂齊桓公、晋文公、秦穆公、宋襄公、楚莊王爲春秋五霸。

　　[17] 終爲人利：趙幼文《校箋》謂《太平御覽》卷四四九引"利"字作"制"。

　　[18] 備遂行：趙幼文《校箋》謂《太平御覽》引"備"下有"後"字。

　　益州牧劉璋與先主會涪，[1]統進策曰："今因此會，便可執之，則將軍無用兵之勞而坐定一州也。"先主曰："初入他國，恩信未著，此不可也。"璋既還成都，先主當爲璋北征漢中，[2]統復説曰："陰選精兵，晝夜兼道，徑襲成都；璋既不武，又素無預備，大軍卒至，一舉便定，此上計也。楊懷、高沛，璋之名將，各杖彊兵，[3]據守關頭，[4]聞數有牋諫璋，使發遣將軍還荆州。將軍未至，[5]遣與相聞，説荆州有急，欲還救之，並使裝束，外作歸形；此二子既服將軍英名，又喜將軍之去，計必乘輕騎來見，將軍因此執之，進取其兵，乃向成都，此中計也。退還白帝，[6]連引荆州，徐還圖之，此下計也。若沈吟不去，將致大困，不可久矣。"先主然其中計，即斬懷、沛，還向成都，所過輒克。於涪大會，置酒作樂，謂統曰："今日之會，可謂樂矣。"統曰："伐人之國而以爲歡，非仁者之兵也。"先主醉，怒曰："武王伐紂，前歌後舞，[7]非仁者邪？卿言不當，宜速起出！"於是統逡巡引退。先主尋悔，請還。統復故位，初不顧謝，飲食自若。先主

謂曰："向者之論，阿誰爲失？"統對曰："君臣俱失。"先主大笑，宴樂如初。[一]

〔一〕習鑿齒曰：夫霸王者，必體仁義以爲本，杖信順以爲宗，[8]一物不具，則其道乖矣。今劉備襲奪璋土，權以濟業，負信違情，德義俱愆，雖功由是隆，宜大傷其敗，譬斷手全軀，何樂之有？龐統懼斯言之泄宣，知其君之必悟，故衆中匡其失，而不脩常謙之道，矯然太當，[9]盡其謇諤之風。[10]夫上失而能正，[11]是有臣也，納勝而無執，是從理也；有臣則陛隆堂高，從理則羣策畢舉；一言而三善兼明，暫諫而義彰百代，可謂達乎大體矣。若惜其小失而廢其大益，[12]矜此過言，自絕遠讜，能成業濟務者，未之有也。

臣松之以爲謀襲劉璋，計雖出於統，然違義成功，本由詭道，心既内疚，則歡情自戢，故聞備稱樂之言，不覺率爾而對也。備酣宴失時，[13]事同樂禍，自比武王，曾無愧色，此備有非而統無失，其云"君臣俱失"，蓋分謗之言耳。習氏所論，雖大旨無乖，然推演之辭，近爲流宕也。

[1] 涪：縣名。治所在今四川綿陽市東涪江東岸。

[2] 漢中：郡名。治所南鄭縣，在今陝西漢中市東。

[3] 杖：校點本作"仗"，百衲本、殿本、盧弼《集解》本作"杖"。按，二字義同，皆憑倚、依靠之義。今從百衲本等。而蕭常《續後漢書》作"擁"，趙幼文《校箋》謂《文選集注》引《鈔》"仗"字作"將"。

[4] 關頭：指白水關頭。白水關在今四川青川縣東北白水鎮。

[5] 未至：趙幼文《校箋》謂《文選》袁彥伯《三國名臣序贊》李善注引"至"字作"去"。

[6] 白帝：城名。在今重慶奉節縣東白帝山上。

　　〔7〕前歌後舞：《太平御覽》卷八四引《樂稽耀嘉》曰："武王承命，興師誅商紂，萬國咸喜，軍渡孟津，前歌後舞。後乃太平，家給人足。"

　　〔8〕杖：百衲本、殿本、盧弼《集解》本作"杖"，校點本作"仗"。今從百衲本等。

　　〔9〕太當：盧弼《集解》引周壽昌曰："按文義，'太'字疑是'失'字之誤。"

　　〔10〕謇諤：盧弼《集解》本、校點本"謇"字作"蹇"，百衲本、殿本作"謇"。今從百衲本等。謇諤，正直敢言貌。如《後漢書卷七九上《戴憑傳》："臣無謇諤之節，而有狂瞽之言。"

　　〔11〕能正：百衲本"能"字作"下"，殿本、盧弼《集解》本、校點本作"能"。按，二字雖異，其義仍同。下正，謂臣下正之。能正，亦謂臣下能正之。今從殿本等。

　　〔12〕廢其大益：殿本、盧弼《集解》本作"廢大益"，百衲本、校點本作"廢其大益"。今從百衲本等。

　　〔13〕酣宴：殿本、盧弼《集解》本作"宴酣"，百衲本、校點本作"酣宴"。今從百衲本等。

　　進圍雒縣，[1]統率衆攻城，爲流矢所中，卒，時年三十六。[2]先主痛惜，言則流涕。拜統父議郎，[3]遷諫議大夫，[4]諸葛亮親爲之拜。追賜統爵關內侯，[5]謚曰靖侯。統子宏，字巨師，剛簡有臧否，輕傲尚書令陳祗，[6]爲祗所抑，卒於涪陵太守。[7]統弟林，以荊州治中從事參鎮北將軍黃權征吳，[8]值軍敗，隨權入魏，魏封列侯，[9]至鉅鹿太守。〔一〕[10]

　　〔一〕《襄陽記》曰：林婦，同郡習禎妹。禎事在楊戲《輔臣贊》。曹公之破荊州，林婦與林分隔，守養弱女十有餘年，後林隨

黄權降魏，始復集聚。魏文帝聞而賢之，賜牀帳衣服，以顯
其義節。

[1] 雒縣：治所在今四川廣漢市北。

[2] 三十六：趙幼文《校箋》謂《世説新語·言語篇》注引
《華陽國志》"六"字作"八"。

[3] 議郎：官名。秩六百石。郎官之一種，屬光禄勳，不入直
宿衛，得參預朝政議論。

[4] 諫議大夫：官名。秩六百石。屬光禄勳，掌議論，
無定員。

[5] 關内侯：爵名。漢制二十級爵之第十九級，次於列侯，祗
有食租税而無封地。魏文帝定爵制爲十等，關内侯在亭侯下，仍爲
虚封，無食邑。

[6] 尚書令：官名。東漢時爲尚書臺長官，秩千石。掌奏、下
尚書曹文書衆事，選用署置官吏；總典臺中綱紀法度，無所不統。
名義上仍隸少府。

[7] 涪陵：郡名。治所涪陵縣，在今重慶彭水苗族土家族
自治縣。

[8] 參鎮北將軍：謂參預鎮北將軍之軍事。

[9] 列侯：爵名。漢代二十級爵之最高者。金印紫綬，有封
邑，食租税。功大者食縣，小者食鄉亭。曹魏初亦沿襲有列侯。

[10] 鉅鹿：郡名。治所廮陶縣，在今河北寧晋縣西南。

　　法正字孝直，（右）扶風郿人也。[1]祖父真，有清
節高名。[一]建安初，[2]天下饑荒，正與同郡孟達俱入蜀
依劉璋，久之爲新都令，[3]後召署軍議校尉。[4]既不任
用，又爲其州邑俱僑客者所謗無行，志意不得。益州
别駕張松與正相善，忖璋不足與有爲，常竊歎息。松

於荆州見曹公還，勸璋絶曹公而自結先主。璋曰："誰可使者？"松乃舉正，正辭讓，不得已而往。[5]正既還，爲松稱説先主有雄略，密謀協規，願共戴奉，而未有緣。後因璋聞曹公欲遣將征張魯之有懼心也，松遂説璋宜迎先主，使之討魯，復令正銜命。正既宣旨，[6]陰獻策於先主曰："以明將軍之英才，乘劉牧之懦弱；[7]張松，州之股肱，以響應於内；然後資益州之殷富，馮天府之險阻，[8]以此成業，猶反掌也。"先主然之，泝江而西，與璋會涪。北至葭萌，[9]南還取璋。

〔一〕《三輔決録注》曰：真字高卿，少明《五經》，兼通識緯，[10]學無常師，名有高才。常幅巾見扶風守，[11]守曰："哀公雖不肖，[12]猶臣仲尼，柳下惠不去父母之邦，[13]欲相屈爲功曹何如？"真曰："以明府見待有禮，故四時朝觀，若欲吏使之，真將在北山之北南山之南矣。"扶風守遂不敢以爲吏。初，真年未弱冠，父在南郡，步往候父，已欲去，父留之待正旦，[14]使觀朝吏會。會者數百人，真於窗中闚其與父語。畢，問真"孰賢"？真曰："曹掾胡廣有公卿之量。"[15]其後廣果歷九卿、三公之位，世以服真之知人。前後徵辟，皆不就，友人郭正等美之，[16]號曰玄德先生。年八十九，中平五年卒。[17]正父衍，字季謀，司徒掾、廷尉左監。[18]

[1]扶風：各本皆作"右扶風"。校點本從錢大昕説删"右"字。解見上卷《馬超傳》注。今從校點本。扶風，治所槐里縣，在今陝西興平市東南。　郿：縣名。治所在今陝西眉縣東北。

[2]建安：漢獻帝劉協年號（196—220）。

[3]新都：縣名。治所在今四川成都市新都區東。

［4］軍議校尉：官名。建安初劉璋所置，掌參議軍事。

［5］不得已而往：《華陽國志·劉二牧志》云："正佯爲不得已，行。"

［6］旨：殿本、盧弼《集解》本作"指"，百衲本、校點本作"旨"。今從百衲本等。

［7］懦弱：殿本、盧弼《集解》本作"懦"，百衲本、校點本作"懦弱"。今從百衲本等。

［8］馮（píng）：同"憑"。

［9］葭萌：縣名。治所在今四川廣元市西南。

［10］讖緯：漢代流行的神學迷信。讖，是方士製作的隱語或預言，作爲吉凶的符驗或徵兆。緯，是方士化的儒生附會儒家經典的著作。

［11］幅巾：男子以全幅細絹裹頭之頭巾。爲家居所用。

［12］哀公：指春秋魯哀公。《韓非子·五蠹》："魯哀公，下主也。南面國君，境內之民莫敢不臣。民者固服於勢，誠易以服人。故仲尼反爲臣，而哀公顧爲君。仲尼非懷其義，服其勢也。故以義，則仲尼不服哀公；乘勢，則哀公臣仲尼。"（參趙幼文《三國志集解辨證》）

［13］柳下惠：春秋魯大夫。《論語·微子》："柳下惠爲士師，三黜。人曰：'子未可以去乎？'曰：'直道而事人，焉往而不三黜？枉道而事人，何必去父母之邦？'"

［14］正旦：正月初一。

［15］曹掾：漢代郡府分曹治事，每曹皆置掾主其事。

［16］郭正等：殿本、盧弼《集解》本無"等"字，百衲本、校點本有。今從百衲本等。

［17］中平：漢靈帝劉宏年號（184—189）。

［18］司徒掾：官名。司徒府之屬吏。　廷尉左監：官名。屬廷尉，秩六百石。助廷尉平決詔獄。

鄭度説璋曰:〔一〕"左將軍縣軍襲我,[1]兵不滿萬,士衆未附,野穀是資,軍無輜重。其計莫若盡驅巴西、梓潼民內涪水以西,[2]其倉廩野穀,一皆燒除,高壘深溝,靜以待之。彼至,請戰,勿許,久無所資,不過百日,必將自走。走而擊之,則必禽耳。"先主聞而惡之,以問正。正曰:"終不能用,無可憂也。"璋果如正言,謂其羣下曰:"吾聞拒敵以安民,未聞動民以避敵也。"於是黜度,不用其計。及軍圍雒城,正牋與璋曰:"正受性無術,盟好違損,懼左右不明本末,必並歸咎,蒙恥沒身,辱及執事,[3]是以捐身於外,[4]不敢反命。恐聖聽穢惡其聲,故中間不有牋敬,顧念宿遇,瞻望悢悢。[5]然惟前後披露腹心,自從始初以至於終,實不藏情,有所不盡,但愚闇策薄,精誠不感,以致於此耳。今國事已危,禍害在速,雖捐放於外,言足憎尤,猶貪極所懷,以盡餘忠。明將軍本心,正之所知也,實爲區區不欲失左將軍之意,而卒至於是者,左右不達英雄從事之道,謂可違信黷誓,[6]而以意氣相致,日月相選,[7]趨求順耳悅目,隨阿遂指,不圖遠慮爲國深計故也。事變既成,又不量彊弱之勢,以爲左將軍縣遠之衆,糧穀無儲,欲得以多擊少,曠日相持。而從關至此,[8]所歷輒破,離宮別屯,日自零落。雒下雖有萬兵,皆壞陣之卒,破軍之將,若欲爭一旦之戰,則兵將勢力,實不相當。各欲遠期計糧者,[9]今此營守已固,穀米已積,而明將軍土地日削,百姓日困,敵對遂多,所供遠曠。愚意計之,謂必先竭,將不復以持久也。空爾相守，猶不相堪，今張益德數萬之眾，[10]已定巴東，[11]入犍爲界，[12]分平資中、德陽，[13]三道並侵，將何以禦之？本爲明將軍計者，必謂此軍縣遠無糧，餽運不及，兵少無繼。今荊州道通，眾數十倍，加孫車騎遣弟及李異、甘寧等爲其後繼。[14]若爭客主之勢，以土地相勝者，今此全有巴東、廣漢、犍爲，[15]過半已定，巴西一郡，復非明將軍之有也。計益州所仰惟蜀，[16]蜀亦破壞；三分亡二，吏民疲困，思爲亂者十戶而八；若敵遠則百姓不能堪役，敵近則一旦易主矣。廣漢諸縣，是明比也。又魚復與關頭實爲益州福禍之門，今二門悉開，堅城皆下，諸軍並破，兵將俱盡，而敵家數道並進，已入心腹，坐守都、雒，[17]存亡之勢，昭然可見。斯乃大略，其外較耳，其餘屈曲，難以辭極也。以正下愚，猶知此事不可復成，況明將軍左右明智用謀之士，豈當不見此數哉？旦夕偷幸，求容取媚，不慮遠圖，莫肯盡心獻良計耳。若事窮勢迫，將各索生，求濟門戶，展轉反覆，與今計異，不爲明將軍盡死難也，而尊門猶當受其憂。正雖獲不忠之謗，然心自謂不負聖德，顧惟分義，實竊痛心。左將軍從本舉來，舊心依依，實無薄意。愚以爲可圖變化，以保尊門。”

〔一〕《華陽國志》曰：度，廣漢人，爲州從事。

[1] 左將軍：指劉備。建安初劉備曾爲左將軍。

[2] 巴西：郡名。治所閬中縣，在今四川閬中市。　梓潼：郡

名。治所梓潼縣，在今四川梓潼縣。　內："納"本字。　涪水：即今四川涪江。

　　[3] 執事：指劉璋。不敢直呼，以執事人稱之。

　　[4] 捐身：校點本作"損身"，百衲本、殿本、盧弼《集解》本作"捐身"，郝經《續後漢書·法正傳》亦作"捐身"。今從百衲本等。

　　[5] 悢（liàng）悢：眷念。

　　[6] 謂可：百衲本無"可"字，殿本、盧弼《集解》本、校點本皆有，郝經《續後漢書》亦有。今從殿本等。

　　[7] 選：百衲本作"選"，殿本、盧弼《集解》本、校點本作"遷"。盧弼《集解》云："各本'遷'作'選'誤。"趙幼文《校箋》謂郝經《續後漢書》《通志》俱作"選"，則"選"似非誤字也。《說文·辵部》："選，遣也。"《禮記·檀弓》釋文："遣本作遷。"是"選""遷"義近。今從百衲本。

　　[8] 關：指白水關。

　　[9] 各：盧弼《集解》云："疑'若'字之誤。"

　　[10] 張益德：張飛字益德。

　　[11] 巴東：郡名。治所魚復縣，在今重慶奉節縣東白帝城。

　　[12] 犍爲：郡名。治所武陽縣，在今四川彭山縣東北江口。

　　[13] 資中：縣名。治所在今四川資中縣。　德陽：縣名。治所在今四川江油市東北馬角壩，後又移於遂寧市東南龍鳳場。

　　[14] 孫車騎：指孫權。赤壁之戰後，劉備曾表薦孫權爲車騎將軍。

　　[15] 廣漢：郡名。治所雒縣。德陽縣即屬廣漢郡。

　　[16] 蜀：郡名。治所成都縣，在今四川成都市舊東、西城區。

　　[17] 都雒：指成都、雒縣。

　　十九年，進圍成都，璋蜀郡太守許靖將踰城降，事覺，不果。璋以危亡在近，故不誅靖。璋既稽服，先主以此薄靖不用也。正説曰：“天下有獲虛譽而無其實者，許靖是也。然今主公始創大業，[1]天下之人不可戶説，靖之浮稱，播流四海，若其不禮，天下之人以是謂主公爲賤賢也。宜加敬重，以眩遠近，追昔燕王之待郭隗。”[2]先主於是乃厚待靖。〔一〕以正爲蜀郡太守、揚武將軍，[3]外統都畿，内爲謀主。一飡之德，睚眦之怨，無不報復，擅殺毁傷己者數人。或謂諸葛亮曰：“法正於蜀郡太縱橫，將軍宜啓主公，抑其威福。”亮答曰：“主公之在公安也，[4]北畏曹公之彊，東憚孫權之逼，近則懼孫夫人生變於肘腋之下；[5]當斯之時，進退狼跋，法孝直爲之輔翼，令翻然翱翔，不可復制，如何禁止法正使不得行其意邪！”[6]初，孫權以妹妻先主，妹才捷剛猛，有諸兄之風，[7]侍婢百餘人，皆親執刀侍立，先主每入，（衷）心常凜凜；[8]亮又知先主雅愛信正，故言如此。〔二〕

〔一〕孫盛曰：夫禮賢崇德，爲邦之要道，封墓式閭，[9]先王之令軌，故必以體行英邈，高義蓋世，[10]然後可以延視四海，振服羣黎。苟非其人，道不虛行。靖處室則友于不穆，[11]出身則受位非所，語信則夷險易心，論識則殆爲亂首，安在其可寵先而有以感致者乎？若乃浮虛是崇，偷薄斯榮，則秉直仗義之士，[12]將何以禮之？正務眩惑之術，違貴尚之風，譬之郭隗，非其倫矣。

臣松之以爲郭隗非賢，猶以權計蒙寵，況文休名聲夙著，天下謂之英偉，雖末年有瑕，而事不彰徹，若不加禮，何以釋遠近之惑乎？法正以靖方隗，未爲不當，而盛以封墓式閭爲難，何其迂哉！然則燕昭亦非，豈唯劉翁？至於友于不穆，失由子將，尋蔣濟之論，知非文休之尤。盛又譏其受（任）〔位〕非所，[13]將謂仕於董卓。卓初秉政，顯擢賢俊，受其策爵者森然皆是。文休爲選官，[14]在卓未至之前，後遷中丞，[15]不爲超越。以此爲貶，則荀爽、陳紀之儔皆應擯棄於世矣。

〔二〕孫盛曰：夫威福自下，亡家害國之道，刑縱於寵，毀政亂理之源，安可以功臣而極其陵肆，嬖倖而藉其國柄者哉？故顛頡雖勤，[16]不免違命之刑，楊干雖親，[17]猶加亂行之戮，夫豈不愛，王憲故也。諸葛氏之言，於是乎失政刑矣。

[1] 主公：胡三省云：“主公之稱，始於東都，改明公稱主公，尊事之爲主也。”（《通鑑》卷六七漢獻帝建安十九年注）

[2] 郭隗：戰國燕人。燕昭王立於齊破燕國之後，欲招賢以强國，問於郭隗曰：“齊因孤之國亂而襲破燕，孤極知燕小力少，不足以報。然誠得賢士以共國，以雪先王之耻，孤之願也。先生視可者，得身事之。”郭隗曰：“王必欲致士，先從隗始。況賢於隗者，豈遠千里哉！”於是昭王爲隗改築宮室而師事之。樂毅自魏往，鄒衍自齊往，劇辛自趙往，士爭趨燕。（見《史記》卷三四《燕召公世家》）

[3] 揚武將軍：官名。東漢光武帝建武初置，漢末曹操亦置。主統兵出征。

[4] 公安：縣名。治所在今湖北公安縣西。

[5] 懼：趙幼文《校箋》謂《太平御覽》卷二五九引作“慮”，《華陽國志》同。　肘腋之下：趙幼文《校箋》謂《太平御覽》引無“之下”二字。

[6] 禁止法正：趙幼文《校箋》謂郝經《續後漢書》無“法正”二字。

[7] 諸兄之風：趙幼文《校箋》謂《藝文類聚》卷六〇及《太平御覽》卷三四五、卷四六九引俱無“之”字，《華陽國

志》同。

[8] 心常：各本“心”上有“衷”字。趙幼文《校箋》謂《藝文類聚》《太平御覽》引俱無“衷”字，《華陽國志》《季漢書》亦同。疑“衷”字蓋衍文。按，郝經《續後漢書》亦無“衷”字。今據諸書删。

[9] 封墓式閭：《史記》卷四《周本紀》謂周武王滅商紂後，封比干之墓，表商容之閭。

[10] 蓋世：殿本、盧弼《集解》本作“冠世”，百衲本、校點本作“蓋世”。今從百衲本等。

[11] 友于：《論語·爲政》“《書》云：‘孝乎惟孝，友于兄弟。’”後世因以“友于”指“兄弟”。本書下卷《許靖傳》即謂靖與其從弟劭“私情不協”。　穆：通“睦”。又許靖字文休，許劭字子將。

[12] 仗義：百衲本、殿本、盧弼《集解》本“仗”字作“杖”，校點本作“仗”，郝經《續後漢書》荀宗道注引亦作“仗”。按，二字義同，今從校點本。

[13] 受位：各本皆作“受任”。盧弼《集解》云：“何焯校改‘任’作‘位’。”校點本即從何校改，今從之。

[14] 選官：漢靈帝末年許靖曾爲尚書郎，典選舉。

[15] 中丞：官名。御史中丞之簡稱。秩千石，掌監察、執法。

[16] 顛頡：春秋晋人。晋文公爲公子時，避驪姬之亂，流亡國外十九年，隨行之人有顛頡。晋文公回國爲君後，愛重顛頡。《韓非子·外儲説右上》謂晋文公“令田於圃陸，期以日中爲期，後期者行軍法焉。於是公有所愛者曰顛頡後期，吏請其罪，文公隕涕而憂。吏曰：‘請用事焉。’遂斬顛頡之脊以徇”。

[17] 楊干：即“揚干”。春秋時晋悼公之弟。魯襄公三年（前570），晋悼公會盟諸侯於鷄澤（今河北邯鄲市東北），揚干之車在鷄澤附近的曲梁擾亂了晋國兵車的行列。主管軍法的中軍司馬魏絳便殺了揚干的駕車人。晋悼公發怒，以爲揚干受到侮辱，將殺

魏絳。經羊舌赤之解説，魏絳來請死時，晋悼公又稱贊魏絳用法之公，承認了自己之過錯，阻止了魏絳之死。（見《左傳·襄公三年》）

二十二年，正説先主曰："曹操一舉而降張魯，定漢中，不因此勢以圖巴、蜀，[1]而留夏侯淵、張郃屯守，身遽北還，此非其智不逮而力不足也，必將内有憂偪故耳。今策淵、郃才略，不勝國之將帥，舉衆往討，則必可克之。克之〔之〕日，[2]廣農積穀，觀釁伺隙，上可以傾覆寇敵，尊獎王室，中可以蠶食雍、涼，[3]廣拓境土，下可以固守要害，爲持久之計。此蓋天以與我，時不可失也。"先主善其策，乃率諸將進兵漢中，正亦從行。二十四年，先主自陽平南渡沔水，[4]緣山稍前，於定軍興勢作營。[5]淵將兵來爭其地。正曰："可擊矣。"先主命黄忠乘高鼓譟攻之，大破淵軍，淵等授首。曹公西征，聞正之策，曰："吾故知玄德不辨有此，[6]必爲人所教也。"〔一〕

〔一〕臣松之以爲蜀與漢中，其由脣齒也。劉主之智，豈不及此？將計略未展，[7]正先發之耳。夫聽用嘉謀以成功業，霸王之主，誰不皆然？魏武以爲人所教，亦豈劣哉！此蓋恥恨之餘辭，非測實之當言也。[8]

[1] 巴：郡名。治所江州縣，在今重慶渝中區。

[2] 克之之日：各本皆作"克之日"。盧弼《集解》云："《通鑑》作'必可克之，克之之日'。何焯曰：'則必可克'爲句，下作'克之之日'。"校點本從何焯改。但何説無文獻依據，郝經

《續後漢書·法正傳》又作"可必克之，既克之日"，與《通鑑》相近，故從《通鑑》增一"之"字。

　　[3] 雍：州名。刺史治所長安縣，在今陝西西安市西北。涼：州名。漢靈帝中平後迄於建安末刺史治所在冀縣，在今甘肅甘谷縣東。

　　[4] 陽平：關隘名。在今陝西勉縣西北白馬城。

　　[5] 定軍興勢：當從本書卷三二《先主傳》作"定軍山勢"。定軍山在今陝西勉縣東南。吳金華《校詁》謂"勢"爲高險可屯居之地。

　　[6] 辦：殿本、盧弼《集解》本、校點本作"辦"，百衲本作"辨"。今從百衲本。王觀國《學林·辨》云："古無從力之'辦'，止用'辨'字。"《周禮·考工記序》："以飭五材，以辨民器。"鄭玄注："辨，猶具也。"

　　[7] 將：殿本《考證》云："元本作'特'。"

　　[8] 當言：殿本、盧弼《集解》本作"常言"，百衲本、校點本作"當言"。今從百衲本等。趙幼文《校箋》云："竊疑'當'借爲'讜'。《書·益稷傳》'亦陳當言'釋文'當'本作'讜'。《後漢書·班彪傳》注：'讜，直言也。'"

　　先主立爲漢中王，以正爲尚書令、護軍將軍。[1]明年卒，時年四十五。先主爲之流涕者累日。謚曰翼侯。賜子邈爵關內侯，官至奉車都尉、漢陽太守。[2]諸葛亮與正，雖好尚不同，以公義相取。亮每奇正智術。先主既即尊號，[3]將東征孫權以復關羽之恥，羣臣多諫，一不從。章武二年，[4]大軍敗績，還住白帝。亮歎曰："法孝直若在，則能制主上令不東行；就復東行，必不傾危矣。"〔一〕

〔一〕先主與曹公爭,[5]勢有不便,宜退,而先主大怒不肯退,無敢諫者。矢下如雨,正乃往當先主前,先主云:"孝直避箭。"正曰:"明公親當矢石,況小人乎?"先主乃曰:"孝直,吾與汝俱去。"遂退。

[1] 護軍將軍:官名。掌禁兵,主武官選舉,隸屬領軍。資重者稱護軍將軍,資輕者稱中護軍。

[2] 奉車都尉:官名。秩比二千石。掌皇帝車輿,入侍左右。
漢陽:《續漢書·郡國志》犍爲屬國有漢陽縣。王先謙《集解》謂漢陽前漢縣,屬犍爲,三國蜀因屬朱提郡;又謂漢陽縣蜀置郡,旋省。漢陽縣治所在今貴州威寧彝族回族苗族自治縣東北。(本劉琳《華陽國志校注》)

[3] 即:殿本、盧弼《集解》本作"稱",百衲本、校點本作"即"。今從百衲本等。

[4] 章武:蜀漢昭烈帝劉備年號(221—223)。

[5] 先主與曹公爭:此裴松之注各本皆在《評》後。陳景雲《辨誤》云:"當在正傳後。裴氏以葛相有孝直若在,必能制主上令不東行之歎,故引此事爲證,見正智術有餘,能回劉主之意耳。今誤移《評》後,並脱引書名,皆傳録之失也。"校點本之裴松之注正在傳後。今從之。

　　評曰:龐統雅好人流,[1]經學思謀,于時荆、楚謂之高俊。法正著見成敗,有奇畫策算,然不以德素稱也。儗之魏臣,統其荀彧之仲叔,正其程、郭之儔儷邪?[2]

[1] 人流:趙幼文《校箋》云:"《漢書·外戚傳》'託長信之末流'注:'流,謂等列也。'則'人流'謂品第人物高下。"

[2] 程、郭:指程昱、郭嘉。

三國志 卷三八

蜀書八

許麋孫簡伊秦傳第八

　　許靖字文休，汝南平輿人。[1]少與從弟劭俱知名，並有人倫臧否之稱，[2]而私情不協。劭爲郡功曹，[3]排擯靖不得齒敍，以馬磨自給。潁川劉翊爲汝南太守，[4]乃舉靖計吏，[5]察孝廉，[6]除尚書郎，[7]典選舉。靈帝崩，董卓秉政，以漢陽周毖爲吏部尚書，[8]與靖共謀議，[9]進退天下之士，沙汰穢濁，顯拔幽滯。進用潁川荀爽、韓融、陳紀等爲公、卿、郡守，拜尚書韓馥爲冀州牧，[10]侍中劉岱爲兗州刺史，[11]潁川張咨爲南陽太守，[12]陳留孔伷爲豫州刺史，[13]東郡張邈爲陳留太守，[14]而遷靖巴郡太守，[15]不就，補御史中丞。[16]馥等到官，各舉兵還向京都，欲以誅卓。卓怒毖曰：“諸君言當拔用善士，卓從君計，不欲違天下人心。而諸君所用人，至官之日，還來相圖。卓何用相負！”叱毖令出，於外斬之。靖從兄陳相瑒，[17]又與伷合規，靖懼誅，奔仚。^{〔一〕}仚卒，依揚州刺史陳禕。^[18]禕死，吳郡都尉許貢、會稽太守王朗素與靖有舊，^[19]故往保焉。靖收恤親里，^[20]經紀振贍，出於仁厚。

〔一〕《蜀記》云：靖後自表曰：“黨賊求生，情所不忍；守官自危，死不成義。竊念古人當難詭常，權以濟其道。”

[1] 汝南：郡名。治所平輿縣，在今河南平輿縣北。

[2] 人倫臧否：謂品評褒貶人物。《後漢書》卷六八《許劭傳》云：“劭與靖俱有高名。好共覈論鄉黨人物，每月輒更其品題，故汝南俗有‘月旦評’焉。”

[3] 功曹：官名。漢代郡太守下設功曹史，簡稱功曹，爲郡太守之佐吏，除分掌人事外，并得參與一郡之政務。

[4] 潁川：郡名。治所陽翟縣，在今河南禹州市。

[5] 計吏：官名。漢代郡國遣吏至京都向朝廷呈上計簿，匯報本郡國的户口、錢糧、獄訟、盜賊等情況，稱爲上計。所遣之吏稱爲計吏或上計吏。

[6] 孝廉：漢代選拔官吏的主要科目。孝指孝子，廉指廉潔之士。原本爲二科，後混同爲一科，也不再限於孝子和廉吏。東漢後期定制爲不滿四十歲者不得察舉；被舉者先詣公府課試，以觀其能。郡國每年要向中央推舉一至二人。

[7] 尚書郎：官名。東漢之制，取孝廉之有才能者入尚書臺，初入臺稱守尚書郎中，滿一年稱尚書郎，三年稱侍郎，統稱尚書郎，秩四百石。凡置三十六員，分隷六曹尚書治事，主要掌文書起草。

[8] 漢陽：郡名。治所冀縣，在今甘肅甘谷縣東。　吏部尚書：錢大昭《辨疑》謂漢靈帝以侍中梁鵠爲選部尚書，非吏部也。至曹魏時始改選部爲吏部，主選部事。獻帝時尚未有吏部尚書，疑

此傳寫有誤。

[9] 謀議：殿本、盧弼《集解》本作“議謀”，百衲本、校點本作“謀議”。今從百衲本等。

[10] 尚書：官名。東漢有六曹尚書，即三公曹、民曹、客曹、二千石曹、吏曹、中都官曹等。秩皆六百石，皆稱尚書，不加曹號。（本《晋書・職官志》） 冀州：東漢末州牧刺史常置治所於鄴縣，在今河北臨漳縣西南鄴鎮東一里半。

[11] 侍中：官名。秩比二千石。職掌門下衆事，侍從左右，顧問應對。漢靈帝時置侍中寺，不再隸屬少府。獻帝時定員六人，與給事黃門侍郎出入禁中，近侍帷幄，省尚書事。 兗州：刺史治所昌邑縣，在今山東金鄉縣西北。

[12] 南陽：郡名。治所宛縣，在今河南南陽市。

[13] 陳留：郡名。治所陳留縣，在今河南開封市東南。 豫州：刺史治所譙縣，在今安徽亳州市。

[14] 東郡：治所濮陽縣，在今河南濮陽縣西南。

[15] 巴郡：治所江州縣，在今重慶渝中區。

[16] 御史中丞：官名。東漢時秩千石，爲御史臺長官，掌監察、執法。

[17] 陳：王國名。治所陳縣，在今河南淮陽縣。 相：官名。王國相由朝廷直接委派，執掌王國行政大權，相當於郡太守。

[18] 揚州：東漢時刺史治所歷陽縣，在今安徽和縣；東漢末刺史治所壽春縣，在今安徽壽縣。

[19] 吳郡：治所吳縣，在今江蘇蘇州市。 都尉：官名。西漢時郡置都尉，輔佐郡守并掌本郡軍事。東漢廢除，僅在邊郡或關塞之地置之。吳郡爲邊郡，故有都尉。本書卷五六《朱治傳》亦謂朱治曾爲吳郡都尉。而《朱治傳》與《孫討逆傳》及其注引《江表傳》皆謂許貢爲吳郡太守，蓋許貢先爲都尉，後爲太守，故有兩稱。 會稽：郡名。治所山陰縣，在今浙江紹興市。

[20] 親里：百衲本、殿本“里”字作“理”，盧弼《集解》

本、校點本作"里"。趙幼文《校箋》謂蕭常《續後漢書》作
"黨"。今從《集解》本等。親里,親族。

孫策東渡江,皆走交州以避其難,[1]靖身坐岸邊,
先載附從,疎親悉發,乃從後去,當時見者莫不歎息。
既至交阯,[2]太守士燮厚加敬待。[3]陳國袁徽以寄寓交
州,徽與尚書令荀彧書曰:[4]"許文休英才偉士,智
略足以計事。自流宕已來,與羣士相隨,每有患急,[5]
常先人後己,與九族中外同其饑寒。其紀綱同類,仁
恕惻隱,[6]皆有效事,不能復一二陳之耳。"鉅鹿張
翔[一]銜王命使交部,[7]乘勢募靖,欲與誓要,[8]靖拒而
不許。靖與曹公書曰:

世路(戎)〔威〕夷,[9]禍亂遂合,[10]駑怯偷
生,自竄蠻貊,成闊十年,[11]吉凶禮廢。昔在會
稽,得所貽書,辭旨款密,久要不忘。迫於袁術
放命圮族,[12]扇動羣逆,津塗四塞,雖縣心北
風,[13]欲行靡由。正禮師退,[14]術兵前進,[15]會稽
傾覆,景興失據,[16]三江五湖,[17]皆爲虜庭。臨
時困厄,無所控告。便與袁沛、鄧子孝等浮涉滄
海,南至交州。經歷東甌、閩越之國,[18]行經萬
里,不見漢地,漂薄風波,絕糧茹草,饑殍薦臻,
死者大半。[19]既濟南海,[20]與領守兒孝德相見,
知足下忠義奮發,整飭元戎,[21]西迎大駕,巡省
中嶽。[22]承此休問,[23]且悲且憙,[24]即與袁沛及徐
元賢復共嚴裝,欲北上荊州。[25]會蒼梧諸縣夷、
越蠢起,[26]州府傾覆,道路阻絕,元賢被害,老

弱並殺。靖尋循渚岸五千餘里,[27] 復遇疾癘,[28]
伯母隕命,并及羣從,自諸妻子,[29] 一時略盡。
復相扶侍,[30] 前到此郡,計爲兵害及病亡者,十
遺一二。生民之艱,辛苦之甚,豈可具陳哉![二]
懼卒顛仆,永爲亡虜,憂瘁慘慘,忘寢與食。欲
附奉朝貢使,自獲濟通,歸死闕庭,而荆州水陸
無津,交部驛使斷絕。欲上益州,[31] 復有峻防,
故官長吏,一不得入。前令交阯太守士威彦,[32]
深相分託於益州兄弟,又靖亦自與書,辛苦懇惻,
而復寂寞,未有報應。雖仰瞻光靈,延頸企踵,
何由假翼自致哉?

　　知聖主允明,[33] 顯授足下專征之任,凡諸逆
節,多所誅討,想力競者一心,順從者同規矣。
又張子雲昔在京師,志匡王室,今雖臨荒域,不
得參與本朝,亦國家之藩鎮,足下之外援也。[三]
若荆、楚平和,王澤南至,足下忽有聲命於子雲,
勤見保屬,令得假途由荆州出,不然,當復相紹
介於益州兄弟,使相納受。儻天假其年,[34] 人緩
其禍,得歸死國家,解逋逃之負,泯軀九泉,將
復何恨!若時有險易,事有利鈍,人命無常,隕
没不達者,則永銜罪責,入於裔土矣。

　　昔營丘翼周,[35] 杖鉞專征,博陸佐漢,[36] 虎賁
警蹕。[四]今日足下扶危持傾,爲國柱石,秉師望
之任,[37] 兼霍光之重,五侯九伯,制御在手,自
古及今,人臣之尊未有及足下者也。夫爵高者憂

深，禄厚者責重。足下據爵高之任，當責重之地，言出於口，即爲賞罰，意之所存，便爲禍福。行之得道，即社稷用寧；行之失道，即四方散亂。國家安危，在於足下；百姓之命，縣於執事。[38]自華及夷，顒顒注望。足下任此，豈可不遠覽載籍廢興之由，榮辱之機，棄忘舊惡，寬和羣司，審量五材，[39]爲官擇人？苟得其人，雖讎必舉；苟非其人，雖親不授。以寧社稷，以濟下民，事立功成，則繫音於管絃，勒勳於金石，願君勉之！爲國自重，爲民自愛。

翔恨靖之不自納，搜索靖所寄書疏，盡投之于水。

〔一〕《萬機論》云：翔字元鳳。

〔二〕臣松之以爲孔子稱“賢者避世，[40]其次避地”，蓋貴其識見安危，去就得所也。許靖羇客會稽，閭閻之士，孫策之來，於靖何爲？而乃泛萬里之海，入疫癘之鄉，致使尊弱塗炭，百罹備經，可謂自貽矣。謀臣若斯，[41]難以言智。孰若安時處順，端拱吳、越，與張昭、張紘之儔同保元吉者哉？[42]

〔三〕子雲名津，[43]南陽人，爲交州刺史。見《吳志》。

〔四〕《漢書·霍光傳》曰：“光出都肆郎羽林，[44]道上稱警蹕。”[45]未詳虎賁所出也。

[1] 交州：建安八年（203）置，刺史治所龍編縣，在今越南河内東天德江北岸；同年又移治所於廣信縣，在今廣西梧州市；建安十五年又移治所於番禺縣，在今廣東廣州市。

[2] 交阯：郡名。治所即龍編縣。

[3] 太守：百衲本、校點本“太守”上有“交阯”二字，殿

本、盧弼《集解》本無。今從殿本等。

[4] 尚書令：官名。東漢時爲尚書臺長官，秩千石。掌奏、下尚書曹文書衆事，選用署置官吏；總典臺中綱紀法度，無所不統。名義上仍隸少府。

[5] 患急：趙幼文《校箋》謂《册府元龜》卷七九一引"患"字作"援"，疑爲"緩"字之誤。按，宋本《册府元龜》亦作"患"。患急，猶急難。

[6] 惻隱：殿本、盧弼《集解》本作"惻怛"，百衲本、校點本作"惻隱"。今從百衲本等。

[7] 鉅鹿：郡名。治所廮陶縣，在今河北寧晋縣西南。

[8] 誓要（yāo）：約誓。

[9] 威夷：各本作"戎夷"。趙幼文《校箋》謂《太平御覽》卷五一三引"戎"字作"威"。薛君《韓詩章句》："威夷，險也。"此與劉孝標《廣絶交論》"世路險巇"義同。"戎夷"爲"威夷"之形誤。今從趙説改。謝靈運《歸途賦》有云："路威夷而詭狀，山側背而易形。"

[10] 遂合：趙幼文《校箋》謂《太平御覽》引"合"字作"爾"。

[11] 成闊：趙幼文《校箋》謂蕭常《續後漢書》作"契闊"。

[12] 放命圮（pǐ）族：殿本、盧弼《集解》本、校點本"放"字作"方"，百衲本作"放"，宋本《册府元龜》卷九〇四引亦作"放"。今從百衲本。《漢書》卷八二《傅喜傳》載傅太后詔曰："高武侯喜無功而封，内懷不忠，附下罔上，下與故大司空（師）丹同心背畔，放命圮族，虧損德化。"顏師古注"放命圮族"引應劭曰："放棄教令，毀其族類。"

[13] 北風：指北方。

[14] 正禮：劉繇字正禮。當時受命爲揚州刺史。

[15] 術兵：指袁術所轄孫策之軍隊。

[16] 景興：王朗字景興。時爲會稽太守。

[17] 三江五胡：泛指江南地區。《國語·越語下》范蠡曰：
"與我争三江五湖之利者，非吴耶?"又韋昭注："三江，吴江、錢
塘江、浦陽江也"；"五湖，今太湖也"。

[18] 東甌：百衲本"甌"字作"歐"，殿本、盧弼《集解》
本、校點本、蕭常《續後漢書》作"甌"。今從殿本等。東甌，指
今浙江南部地區。東甌本越族的一支，秦漢時分布於今浙江南部甌
江、靈江流域一帶。漢惠帝時封其族首領爲東海王，都東甌（今浙
江温州市），故俗號東甌王。後世因以東甌稱其地。　閩越：泛指
今福建一帶。閩越，爲越族的一支。最早福建一帶聚居着閩族人，
《周禮·夏官·職方氏》有七閩。後來又爲越人所居。秦并天下，
以其地爲閩中郡。漢高祖劉邦又封其首領爲閩越王，都東冶，在今
福建福州市。

[19] 饑殍：盧弼《集解》本、校點本作"飢殍"，今從百衲
本、殿本作"饑殍"。　大半：百衲本作"太半"，殿本、盧弼
《集解》本、校點本作"大半"。今從殿本等。

[20] 南海：郡名。治所番禺縣，在今廣東廣州市。

[21] 整飭：殿本、盧弼《集解》本作"整敕"，百衲本、校
點本作"整飭"。按，"飭"同"敕"。今從百衲本等。

[22] 巡省中嶽：指迎漢獻帝都許（今河南許昌縣東）。

[23] 承：吴金華《校詁》云："承猶聞也。"

[24] 憙：殿本作"喜"，百衲本、盧弼《集解》本、校點本
作"憙"。按，二字同，今從百衲本等。

[25] 荆州：東漢末刺史治所襄陽縣，在今湖北襄陽市襄州區。

[26] 蒼梧：郡名。治所廣信縣，在今廣西梧州市。

[27] 尋循：趙幼文《校箋》謂《太平御覽》卷五一二引無
"尋"字，有"涉南海"三字。

[28] 疾癘：趙幼文《校箋》謂《太平御覽》引作"疫癘"，
疑是。裴松之注有"入疫癘之鄉"句。按，《太平御覽》實作"疫
疾"。

〔29〕自：盧弼《集解》引何焯説，據《册府元龜》當作
"泊"。按，此見《册府元龜》卷九〇四，而宋本《册府元龜》亦
作"自"。

〔30〕侍：盧弼《集解》引何焯説，據《册府元龜》當作
"持"。

〔31〕益州：刺史治所成都縣，在今四川成都市舊東、西城區。

〔32〕士威彦：士燮字威彦。

〔33〕允明：殿本《考證》謂《册府元龜》作"光明"。按，
宋本《册府元龜》亦作"允明"。吳金華《校詁》又謂當作"欽
明"。

〔34〕儻：校點本作"倘"，百衲本、殿本、盧弼《集解》本
作"儻"。按，二字義同，今從百衲本等。

〔35〕營丘：校點本"丘"作"邱"，今從百衲本、殿本、盧
弼《集解》本作"丘"。營丘，邑名。在今山東淄博市臨淄區北。
周武王滅殷商後，封太公望呂尚於齊，都營丘。《史記》卷三二
《齊太公世家》云："周成王少時，管、蔡作亂，淮夷畔周，乃使
召康公命太公曰：'東至海，西至河，南至穆陵，北至無棣，五侯
九伯，實得征之。'齊由此得征伐，爲大國。"

〔36〕博陸：指霍光。漢武帝時霍光保衛武帝有功，武帝死時
遺詔封爲博陸侯。《漢書》卷六八《霍光傳》顏師古注謂博陸"蓋
亦取鄉聚之名以爲國號，非必縣也"。

〔37〕師望：即太公望呂尚。周文王在渭濱遇呂尚，曰："吾太
公望子久矣。"故號之太公望，並立以爲師。周武王又稱呂尚爲師
尚父。（見《史記》卷三二《齊太公世家》）

〔38〕執事：亦指曹操。與上句"足下"同。

〔39〕五材：指勇、智、仁、信、忠。《六韜·論將》："太公
曰：'所謂五材者，勇智仁信忠也。'"

〔40〕賢者避世：孔子此語見《論語·憲問》。

〔41〕謀臣：殿本《考證》李龍官曰："按'謀臣'疑當作

'謀身'。蓋讖文休避地交州，室家顛沛，無保身之哲也。"

　　[42] 元吉：大福，大吉利。《易·坤》六五："黄裳，元吉。"
孔穎達疏："元，大也。"

　　[43] 津：張津又見本書卷六《袁紹傳》注引《續漢書》。《續
漢書》謂袁紹使張津説何進誅除宦官，故許靖謂張津"志匡王
室"。

　　[44] 都肄：百衲本、殿本"肄"作"肆"，盧弼《集解》本、
校點本作"肄"。今從《集解》本等。《漢書》卷六八《霍光傳》
顏師古注引孟康曰："都，試也。肄，習也。"又顏師古曰："謂總
閲試習武備也。"

　　[45] 警蹕：帝王出入稱警蹕。左右侍衛爲警，禁止行人以清
道爲蹕。又按，《漢書·霍光傳》此句作"道上稱蹕"。

　　後劉璋遂使使招靖，靖來入蜀。[1]璋以靖爲巴郡、
廣漢太守。[2]南陽宋仲子於荆州與蜀郡太守王商書
曰：[3]"文休倜儻瑰瑋，有當世之具，足下當以爲指
南。"〔一〕建安十六年，[4]轉在蜀郡。〔二〕十九年，先主克
蜀，以靖爲左將軍長史。[5]先主爲漢中王，靖爲太
傅。[6]及即尊號，策靖曰："朕獲奉洪業，君臨萬國，
夙宵惶惶，[7]懼不能綏。百姓不親，[8]五品不遜，[9]汝
作司徒，[10]其敬敷五教。[11]五教在寬，君其勖哉！秉
德無怠，稱朕意焉。"

　　〔一〕《益州耆舊傳》曰：商字文表，廣漢人，以才學稱，聲
問著於州里。劉璋辟爲治中從事。[12]是時王塗隔絶，州之牧伯猶
七國之諸侯也，[13]而璋懦弱多疑，不能黨信大臣。[14]商奏記諫
璋，璋頗感悟。初，韓遂與馬騰作亂關中，[15]數與璋父焉交通信，

至騰子超復與璋相聞，有連蜀之意。[16]商謂璋曰："超勇而不仁，見得不思義，[17]不可以爲唇齒。《老子》曰：'國之利器，不可以示人。'今之益部，土美民豐，[18]寶物所出，斯乃狡夫所欲傾覆，超等所以西望也。若引而近之，則由養虎，[19]將自遺患矣。"璋從其言，乃拒絕之。荆州牧劉表及儒者宋忠咸聞其名，遺書與商敍致殷勤。[20]許靖號爲臧否，至蜀，見商而稱之曰："設使商生於華夏，雖王景興無以加也。"璋以商爲蜀郡太守。成都禽堅有至孝之行，[21]商表其墓，追贈孝廉。又與嚴君平、李弘立祠作銘，[22]以旌先賢。脩學廣農，百姓便之。在郡十載，卒於官，許靖代之。

〔二〕《山陽公載記》曰：建安十七年，漢立皇子熙爲濟陰王，[23]懿爲山陽王，[24]敦爲東海王。[25]靖聞之曰："'將欲歙之，必固張之；將欲取之，必固與之，'[26]其孟德之謂乎！"

[1] 蜀：地區名。指今四川成都平原一帶。秦滅蜀前爲蜀國地。

[2] 廣漢：郡名。治所雒縣，在今四川廣漢市北。

[3] 宋仲子：宋忠字仲子。漢末經學家。主要見本書卷六《劉表傳》裴松之注引《英雄記》。 蜀郡：治所成都縣，在今四川成都市舊東、西城區。

[4] 建安：漢獻帝劉協年號（196—220）。

[5] 左將軍長史：官名。總理左將軍府事，爲諸僚屬之長。

[6] 太傅：官名。劉備爲漢中王後置，掌輔國王，不預國政。劉備即帝位後不置。

[7] 惶惶：趙幼文《校箋》謂《太平御覽》卷二〇七引作"徨徨"。按，宋本《册府元龜》卷一九九引作"惶惶"。《廣雅·釋詁二》："惶，懼也。"

[8] 百姓不親：自此句至"在寬"，乃《尚書·堯典》之文。

[9] 五品不遜：蔡沈《集傳》："五品，父子、君臣、夫婦、

長幼、朋友五者之名位等級也。遜，順也。"

[10] 司徒：官名。東漢時，與太尉、司空並爲三公，共同行使宰相職能，位次太尉。本職掌民政。

[11] 五教：《尚書‧堯典》蔡沈《集傳》："五教，父子有親，君臣有義，夫婦有別，長幼有序，朋友有信。以五者當然之理而爲教令也。"又按，百衲本"五教"下還有"五教"二字，殿本、盧弼《集解》本、校點本無。趙幼文《校箋》謂《太平御覽》卷二〇七、《册府元龜》卷一九九引亦重"五教"二字。今從百衲本。

[12] 治中從事：官名。州牧刺史之主要屬吏，居中治事，主衆曹文書。

[13] 七國：指戰國時之齊、楚、燕、韓、趙、魏、秦等七國。

[14] 黨信：親信。《禮記‧雜記》："其黨也食之，非其黨弗食也。"鄭玄注："黨，猶親也。"

[15] 關中：地區名。指函谷關以内之地。包括今陝西和甘肅、寧夏、内蒙古的部分地區。

[16] 連蜀：梁章鉅《旁證》云："何校，'蜀'改'屬'。"趙幼文《校箋》云："《季漢書》正作'屬'，作'屬'字是。"按，宋本《册府元龜》卷七一七引亦作"蜀"。

[17] 見得不思義：趙幼文《校箋》謂《册府元龜》卷七一七引"得"下有"而"字。按，宋本《册府元龜》亦無"而"字。

[18] 土美：校點本"土"字作"士"，百衲本、殿本、盧弼《集解》本作"土"。今從百衲本等。

[19] 由：通"猶"。趙幼文《校箋》謂《册府元龜》卷七一七引正作"猶"。

[20] 敘致：百衲本"敘"字作"切"，殿本、盧弼《集解》本、校點本作"敘"。今從殿本等。

[21] 禽堅：字孟由，西漢成都人。堅尚未出生，父爲縣吏出使越嶲，爲夷所掠賣。堅生後，母改嫁。及堅成人，便至夷中尋父，經六年四月，歷盡艱辛，終于得父。夷人亦憐之，歸其父。堅

又迎母，同養雙親。州郡嘉其孝，召爲功曹，辟爲從事。（見《華陽國志》卷一〇上）

[22] 嚴君平：嚴遵字君平，西漢成都（今四川成都市）人。專精《周易》，尤好《老子》《莊子》。常卜筮於市，借以教化世人。又於家教授《老子》《莊子》，揚雄曾爲其弟子。著有《老子指歸》。 李弘：字仲元，亦西漢成都人。曾爲州從事，以正直著稱。揚雄曾説他"非正不言，非正不行，非正不聽"。（均見《華陽國志》卷一〇上）

[23] 濟陰：王國名。治所定陶縣，在今山東定陶縣西北。

[24] 山陽：王國名。治所昌邑縣，在今山東金鄉縣西北。

[25] 東海：盧弼《集解》引錢大昕曰："東海王祇以建安五年薨，子羨嗣，魏受禪始除，不應別封皇子，當是'北海'之訛。"東海治所郯縣，在今山東郯城縣北。北海治所劇縣，在今山東昌樂縣西。

[26] 必固與之：此句以上爲《老子》第三十章之言。"取之"，《老子》原文作"奪之"。

靖雖年逾七十，愛樂人物，誘納後進，清談不倦。[1]丞相諸葛亮皆爲之拜。章武二年卒。[2]子欽，先靖夭没。欽子游，景耀中爲尚書。[3]始靖兄事潁川陳紀，與陳郡袁涣、平原華歆、東海王朗等親善，[4]歆、朗及紀子羣，[5]魏初爲公輔大臣，咸與靖書，申陳舊好，情義款至，文多故不載。〔一〕

〔一〕《魏略》：王朗與文休書曰："文休足下：消息平安，甚善甚善。豈意脱別三十餘年而無相見之緣乎！詩人比一日之別於歲月，[6]豈況悠悠歷累紀之年者哉！自與子別，若没而復浮，若絕而復連者數矣。而今而後，居升平之京師，攀附於飛龍之聖主；

儕輩略盡，幸得老與足下並爲遺種之叟，而相去數千里，加有遭塞之隔，[7] 時聞消息於風聲，託舊情於思想，眇眇異處，與異世無以異也。往者隨軍到荆州，見鄧子孝、桓元將，粗聞足下動靜，云夫子既在益州，執職領郡，德素規矩，老而不墮。是時侍宿武皇帝於江陵劉景升聽事之上，[8] 共道足下於通夜，拳拳飢渴，[9] 誠無已也。自天子在東宮，[10] 及即位之後，每會羣賢，論天下髦雋之見在者，豈獨人盡易爲英士，[11] 鮮易取最，故乃猥以原壤之朽質，[12] 感夫子之情聽；每敍足下，以爲謀首，豈其注意，乃復過於前世，《書》曰‘人惟求舊’，[13]《易》稱‘同聲相應，同氣相求’，[14] 劉將軍之與大魏，[15] 兼而兩之，總此二義。前世邂逅，以同爲睽，[16] 非武皇帝之旨；頃者蹉跌，其泰而否，亦非足下之意也。深思《書》《易》之義，利結分於宿好，故遣降者送吳所獻致名馬、貂、罽，得因無嫌。道初開通，展敍舊情，以達聲問。久闊情愊，[17] 非夫筆墨所能寫陳，亦想足下同其志念。今者，親生男女凡有幾人？年並幾何？僕連失一男一女，今有二男：大兒名肅，[18] 年二十九，生於會稽；小兒裁歲餘。臨書愴恨，[19] 有懷緬然。”

又曰：“過聞‘受終於文祖’之言於《尚書》。[20] 又聞‘歷數在躬，允執其中’之文於《論語》。[21] 豈自意得於老耄之齒，正值天命受於聖主之會，親見三讓之弘辭，觀衆瑞之總集，覩升堂穆穆之盛禮，瞻燔燎熆曜之青烟；[22] 于時忽自以爲處唐、虞之運，際於紫微之天庭也。徒慨不得攜子之手，共列於（世）〔廿〕有二子之數，[23] 以聽有唐‘欽哉’之命也。子雖在裔土，想亦極目而迴望，[24] 側耳而遐聽，延頸而鶴立也。昔汝南陳公初拜，[25] 不依故常，讓上卿於李元禮。以此推之，吾宜退身以避子位也。苟得避子以竊讓名，然後（綏）〔緩〕帶委質，[26] 游談於平、勃之間，[27] 與子共陳往時避地之艱辛，樂酒酣讌，[28] 高談大噱，亦足遺憂而忘老。捉筆陳情，隨以喜笑。”

又曰："前夏有書而未達,今重有書,而并致前問。皇帝既深悼劉將軍之早世,[29]又愍其孤之不易,又惜使足下孔明等士人氣類之徒,遂沈溺於羌夷異種之間,永與華夏乖絕,而無朝聘中國之期緣,瞻眄故土桑梓之望也,故復運慈念而勞仁心,重下明詔以發德音,申敕朗等,使重爲書與足下等。以足下聰明,揆殷勤之聖意,亦足悟海岱之所常在,知百川之所宜注矣。昔伊尹去夏而就殷,[30]陳平違楚而歸漢,[31]猶曜德於阿衡,[32]著功於宰相。若足下能弼人之遺孤,定人之猶豫,去非常之僞號,事受命之大魏,客主兼不世之榮名,上下蒙不朽之常耀,功與事并,聲與勳著,考〔其〕績效,[33]足以超越伊、呂矣。[34]既承詔(直)〔旨〕,[35]且服舊之情,情不能已。若不言足下之所能,陳足下之所見,則無以宣明詔命,弘光大之恩,敍宿昔夢想之思。若天啓衆心,子導蜀意,誠此意有攜手之期。若險路未夷,子謀不從,則懼聲問或否,復面何由!前後二書,言每及斯,希不切然有動於懷。足下周游江湖,以暨南海,歷觀夷俗,可謂徧矣;想子之心,結思華夏,可謂深矣。爲身擇居,猶願中土;爲主擇(居)安,[36]豈可以不繫意於京師,而持疑於荒裔乎?詳思愚言,速示還報也。"

[1] 清談:此指議論品評人物。

[2] 章武:蜀漢昭烈帝劉備年號(221—223)。

[3] 景耀:蜀漢後主劉禪年號(258—263)。

[4] 平原:郡名。治所平原縣,在今山東平原縣西南。

[5] 及紀子羣:百衲本、殿本、盧弼《集解》本作"及紀并子群"。盧弼引沈家本說,陳紀卒於建安初,時魏國猶未建,此"并"字爲衍文。盧弼又引《古文苑》載邯鄲淳《鴻臚陳君碑》謂陳紀卒於建安四年(199)六月,證沈説是。校點本正無"并"字。今從之。

　　[6] 一日之別於歲月：《詩·王風·采葛》有云："一日不見，如三月兮"；"一日不見，如三秋兮"；"一日不見，如三歲兮"。

　　[7] 邅（zhān）蹇（jiǎn）：謂路途艱難。

　　[8] 武皇帝：即曹操。　江陵：縣名。治所在今湖北荆州市荆州區。　劉景升：劉表字景升。

　　[9] 於通夜：趙幼文《校箋》謂《太平御覽》卷一八五引"於"上有"至"字。　拳拳飢渴：趙幼文《校箋》謂《太平御覽》引無"拳拳"二字，有"不寐忘倦"四字。

　　[10] 天子：指曹丕。

　　[11] 盡易：百衲本無"易"字，殿本、盧弼《集解》本、校點本有。今從殿本等。

　　[12] 原壤：春秋時孔子之老友。此人不遵禮節，有一次他張腿坐着等待孔子。孔子見到便罵他："幼而不孫弟，長而無述焉，老而不死，是爲賊。"（《論語·憲問》）

　　[13] 人惟求舊：此語見《尚書·盤庚》。

　　[14] 同氣相求：此語見《易·乾》文言。

　　[15] 劉將軍：指劉備。

　　[16] 睽（kuí）：乖離，背離。《玉篇·目部》："睽，乖也。"

　　[17] 慉（xù）：聚積，蓄積。《正字通·心部》："慉，積也。"

　　[18] 大兒：殿本、盧弼《集解》本作"大男"，百衲本、校點本作"大兒"。今從百衲本等。

　　[19] 慉恨：百衲本、殿本、盧弼《集解》本"恨"字作"恨"，校點本作"悢"。盧弼《集解》云："'恨'疑作'悢'。"趙幼文《校箋》謂作"悢"字是。《文選》班彪《北征賦》"心慉悢以傷懷"，李善注："《廣雅》曰：慉悢，悲也。"今從校點本。

　　[20] 過：殿本《考證》謂《册府元龜》作"愚"。按，宋本《册府元龜》卷九〇四引作"過"。　受終於文祖：《尚書·舜典》蔡沈《集傳》："文祖者，堯始祖之廟，未詳所指何人也。"

　　[21] 論語：此所引《論語》，見《論語·堯曰》。以上所引

《尚書》《論語》之言，皆堯禪讓於舜之語。王朗以此贊揚魏代漢之事。

[22] 燔燎：燒柴祭天。此指曹丕代漢即帝位後，燒柴祭天之禮。　焜（kūn）曜：明亮。

[23] 廿：各本皆作"世"。盧弼《集解》引李慈銘曰："'世'當作'廿'。此用《舜典》之'咨！汝有二十有二人'也。"校點本即從李説改"世"爲"廿"。今從之。又《尚書》蔡沈《集傳》云："二十二人，四岳、九官、十二牧也。"

[24] 迵望：趙幼文《校箋》謂"迵"字疑當作"迥"。《説文·辵部》："迥，遠也。"《爾雅·釋詁》："迥，遐也。"許靖在蜀，時曹丕在洛即位，故朗謂之爲迥望遐聽也。

[25] 陳公：指陳蕃。汝南平輿人，漢桓帝延熹八年（165）由太中大夫拜太尉。蕃辭讓曰："聰明亮達，文武兼姿，臣不如弛刑徒李膺。"（《後漢書》卷六六《陳蕃傳》）李膺，字元禮。因在河南尹任上懲治大姓羊元群，元群賄賂宦官，李膺反被罰作刑徒。故陳蕃稱之爲"弛刑徒"。

[26] 緩帶：各本皆作"綬帶"，校點本從何焯據《册府元龜》改作"緩帶"。今從校點本。按，此見《册府元龜》卷九〇四。緩帶，寬鬆衣帶。形容悠閑自在，從容不迫。《穀梁傳·文公十八年》："一人有子，三人緩帶。"楊士勛疏："緩帶者，優游之稱也。"

[27] 平勃：指陳平、周勃。吕后死後，陳平、周勃等合謀誅除諸吕，立漢文帝。漢文帝即位後，陳平欲讓高位於周勃，因託病不治事。文帝問之。平曰："高祖時，勃功不如臣平。及誅諸吕，臣功亦不如勃。願以右丞相讓勃。"文帝因以周勃爲右丞相，位次第一；陳平爲左丞相，位次第二。後周勃自知能力遠不如陳平，又託病請免相職。陳平遂一人爲丞相。（見《史記》卷五六《陳丞相世家》）

[28] 讌：百衲本作"宴"，殿本、盧弼《集解》本、校點本作"讌"。按，二字通。今從殿本等。

[29]劉將軍之早世：按，劉備卒於章武三年（223）四月，王朗之書修於此後，而許靖卒於章武二年，故殿本《考證》李清植謂此書"靖不及見矣。豈異國乖隔，靖雖歿而朗不知耶"？

[30]伊尹：《史記》卷三《殷本紀》謂伊尹爲夏代有莘氏之媵臣，後投歸湯。湯任以國政。

[31]陳平：《史記·陳丞相世家》謂陳平先投項羽，項羽以之爲信武君，拜都尉。不久，陳平暗自離項羽而投劉邦。

[32]阿衡：官名。伊尹爲之。《詩·商頌·長發》："實維阿衡，左右商王。"

[33]考其：各本皆無"其"字。盧弼《集解》引李慈銘曰："'考'下當脱一'其'字。"校點本從李説增"其"字。今從之。

[34]伊呂：伊尹、呂尚。

[35]詔旨：各本皆作"詔直"。盧弼《集解》謂何焯校改"直"作"旨"。校點本從何説改。今從之。

[36]擇安：各本皆作"擇居安"。潘眉《考證》云："此句多'居'字。一本作'爲主擇居'，皆因上文有'爲身擇居'而誤耳。"校點本從潘説删"居"字。今從之。

　　麋竺字子仲，東海朐人也。[1]祖世貨殖，僮客萬人，[2]貲産鉅億。〔一〕後徐州牧陶謙辟爲別駕從事。[3]謙卒，竺奉謙遺命，迎先主於小沛。[4]建安元年，呂布乘先主之出拒袁術，襲下邳，虜先主妻子。先主轉軍廣陵海西，[5]竺於是進妹於先主爲夫人，奴客二千，金銀貨幣以助軍資；[6]于時困匱，賴此復振。後曹公表竺領嬴郡太守，〔二〕[7]竺弟芳爲彭城相，[8]皆去官，隨先主周旋。先主將適荆州，遣竺先與劉表相聞，以竺爲左將軍從事中郎。[9]益州既平，拜爲安漢將軍，[10]班在軍師將軍之右。竺雍容敦雅，而幹翻非所長。[11]是以待之以上賓之禮，未嘗有所統御。然賞賜優寵，無與爲比。

〔一〕《搜神記》曰：竺嘗從洛歸，[12]未達家數十里，[13]路傍見一婦人，[14]從竺求寄載。行可數里，[15]婦謝去，[16]謂竺曰：“我天使也，當往燒東海麋竺家，感君見載，故以相語。”竺因私請之，[17]婦曰：“不可得不燒。[18]如此，君可馳去，我當緩行，日中火當發。”[19]竺乃還家，[20]遽出財物，[21]日中而火大發。[22]

〔二〕《曹公集》載公表曰：[23]“泰山郡界廣遠，[24]舊多輕悍，權時之宜，可分五縣爲嬴郡，[25]揀選清廉以爲守將。偏將軍麋竺，[26]素履忠貞，文武昭烈，請以竺領嬴郡太守，撫慰吏民。”

[1] 子仲：趙幼文《校箋》謂《太平御覽》卷四九三引“仲”字作“真”。　朐：縣名。治所在今江蘇連雲港市海州鎮西南錦屏山側。

[2] 祖世貨殖：趙幼文《校箋》謂《太平御覽》卷四九三引作“世殖貨財”。　僮客：即奴客。他們是東漢以來依附豪強大姓的破產農民，其人身依附關係越來越強。或從事家內勞務，或從事農、工、牧生產，相當於奴隸或農奴。

[3] 徐州：東漢末刺史治所下邳縣，在今江蘇睢寧縣西北。別駕從事：官名。爲州牧刺史之主要屬吏，州牧刺史巡行各地時，別乘傳車從行，故名別駕。

[4] 小沛：即沛縣。治所在今江蘇沛縣。因沛縣屬沛國，而沛國治所在相縣，故時人稱沛縣爲小沛。

[5] 廣陵：郡名。治所廣陵縣，在今江蘇揚州市西北蜀岡上。海西：縣名。屬廣陵郡，治所在今江蘇灌南縣東南。

[6] 金銀貨幣以助軍資：趙幼文《校箋》謂《太平御覽》卷四九三引“銀”字作“帛”，“資”字作“實”。

[7] 嬴郡：建安中置，治所嬴縣，在今山東萊蕪市西北。不久廢。

[8] 彭城：王國名。治所彭城縣，在今江蘇徐州市。　相：官名。王國相由朝廷直接委派，執掌王國行政大權，相當於郡太守。

[9] 左將軍從事中郎：官名。左將軍府之屬官。東漢三公府及將軍府均置從事中郎，秩六百石，職參謀議，位在長史、司馬下。

[10] 益州既平：殿本《考證》云：“‘既平’，《太平御覽》作‘既定’。”趙幼文《校箋》謂此見《太平御覽》卷二四〇。安漢將軍：官名。建安末劉備置，班在軍師將軍上。

[11] 幹翮（hé）：梁章鉅《旁證》云：“‘幹’《太平御覽》作‘翰’。”趙幼文《校箋》謂此見《太平御覽》卷二四〇。按，翮，羽的主莖。借喻理事之才能。

[12] 洛：指洛陽縣。治所在今河南洛陽市東北白馬寺東。

[13] 未達家：趙幼文《校箋》謂《藝文類聚》卷八〇、《太平御覽》卷八六八引“達”字俱作“至”。

[14] 路傍見一婦人：趙幼文《校箋》謂《藝文類聚》卷八〇、《太平御覽》卷八六八引俱作“見路次有好新婦”，卷八八四引無“好”字，餘均同。

[15] 行可數里：趙幼文《校箋》謂《藝文類聚》卷八〇、《太平御覽》卷八六八、卷八八四引俱作“行二十餘里”。

[16] 婦謝去：趙幼文《校箋》謂《藝文類聚》卷八〇、《太平御覽》卷八六八引“婦”上俱有“新”字。

[17] 竺因私請之：趙幼文《校箋》謂《藝文類聚》卷八〇、《太平御覽》卷八六八、卷八八四引俱無“私”字。

[18] 不可得不燒：趙幼文《校箋》謂《太平御覽》引俱無“可”字。按，《藝文類聚》引卻作“不可不得不燒”。

[19] 日中火當發：趙幼文《校箋》謂《藝文類聚》、《太平御覽》卷八六八引作“日中必火發”，卷八八四作“日中必發火”。

[20] 竺乃還家：趙幼文《校箋》謂《白孔六帖》卷三引作

"竺乃急歸",《太平御覽》卷八六八引作"竺乃急行達家",卷八八四引"達"字作"至",餘均同。

[21] 遽出：趙幼文《校箋》謂《藝文類聚》"遽"字作"便",《太平御覽》卷八八四引同，惟"出"下有"其"字。按，《太平御覽》卷八八四、卷八六八"便"字實作"使"。

[22] 日中而火大發：《太平御覽》卷八八四引作"明日日中果火大發"。

[23] 曹公集：沈家本《三國志注所引書目》謂《隋書·經籍志》著録《魏武帝集》二十六卷，梁三十卷。《舊唐書·經籍志》《新唐書·藝文志》又著録爲三十卷，殆梁時之本復出。

[24] 泰山：郡名。治所奉高縣，在今山東泰安市東。

[25] 五縣：吳增僅謂五縣是嬴、萊蕪、南武陽、南城、牟等縣。（見《三國郡縣表附考證》）

[26] 偏將軍：官名。雜號將軍中地位較低者。

芳爲南郡太守，[1]與關羽共事，而私好攜貳，叛迎孫權，羽因覆敗。[2]竺面縛請罪，先主慰諭以兄弟罪不相及，崇待如初。[3]竺慚恚發病，歲餘卒。子威，官至虎賁中郎將。[4]威子照，虎騎監。[5]自竺至照，皆便弓馬，善射御云。

[1] 南郡：治所即江陵縣。

[2] 因：趙幼文《校箋》謂《太平御覽》卷五一五引作"用"。

[3] 崇待：趙幼文《校箋》謂《太平御覽》引"待"字作"寵"。

[4] 虎賁中郎將：官名。秩比二千石，掌虎賁宿衛。

[5] 虎騎監：官名。蜀漢置，典禁衛騎兵。

孫乾字公祐，北海人也。先主領徐州，辟爲從事，[一][1] 後隨從周旋。先主之背曹公，遣乾自結袁紹，將適荆州，乾又與麋竺俱使劉表，皆如意指。後表與袁尚書，説其兄弟分争之變，曰：“每與劉左將軍、孫公祐共論此事，未嘗不痛心入骨，相爲悲傷也。”其見重如此。先主定益州，乾自從事中郎爲秉忠將軍，[2] 見禮次麋竺，與簡雍同等。[3] 頃之，卒。

〔一〕《鄭玄傳》云：玄薦乾於州。乾被辟命，玄所舉也。

[1] 從事：官名。漢代州牧刺史的佐吏，有别駕從事史、治中從事史、兵曹從事史、部從事史等，均可簡稱爲從事。

[2] 秉忠將軍：官名。建安末劉備置。

[3] 同等：趙幼文《校箋》謂郝經《續後漢書》“等”字作“列”。

簡雍字憲和，涿郡人也。[1] 少與先主有舊，隨從周旋。先主至荆州，雍與麋竺、孫乾同爲從事中郎，常爲談客，往來使命。先主入益州，劉璋見雍，甚愛之。後先主圍成都，遣雍往説璋，璋遂與雍同輿而載，出城歸命。先主拜雍爲昭德將軍。[2] 優游風議，[3] 性簡傲跌宕，在先主坐席，猶箕踞傾倚，[4] 威儀不肅，自縱適；諸葛亮已下則獨擅一榻，[5] 項枕卧語，無所爲屈。時天旱禁酒，[6] 釀者有刑。吏於人家索得釀具，論者欲令與作酒者同罰。雍與先主游觀，[7] 見一男（女）

〔子〕行道，[8]謂先主曰："彼人欲行淫，[9]何以不縛？"先主曰："卿何以知之？"雍對曰："彼有其具，[10]與欲釀者同。"先主大笑，而原欲釀者。雍之滑稽，[11]皆此類也。〔一〕

〔一〕或曰：雍本姓耿，幽州人語謂耿爲簡，遂隨音變之。

[1] 涿郡：治所涿縣，在今河北涿州市。

[2] 昭德將軍：官名。曹魏、蜀漢皆置。魏爲五品。

[3] 風議：百衲本作"風儀"，殿本、盧弼《集解》本、校點本作"風議"。按，"風議"即"諷議"，謂諷諫議論。蕭常《續後漢書》即作"諷議"，今從殿本等。

[4] 箕踞：隨意張開兩腿坐着，形似簸箕，是一種輕慢、不拘禮節的坐姿。

[5] 諸葛亮：趙幼文《校箋》謂《北堂書鈔》卷一三三、《太平御覽》卷七〇六引"諸"上俱有"自"字。

[6] 天旱：趙幼文《校箋》謂蕭常《續後漢書》"天"字作"大"，《白孔六帖》卷三九引同。

[7] 雍與先主：趙幼文《校箋》謂《藝文類聚》卷二四、《群書治要》卷二七、《白孔六帖》卷三九、《太平御覽》卷四五三及卷八四四引"與"字俱作"從"。

[8] 一男子行道：各本皆作"一男女行道"。趙幼文《校箋》謂《藝文類聚》卷二四、《群書治要》卷二七、《白孔六帖》卷三九、《太平御覽》卷四五三及卷八四四引"女"字俱作"子"。又《太平御覽》卷八四四引"行"下有"於"字。今從趙説改"女"字爲"子"。

[9] 欲行淫：趙幼文《校箋》謂《藝文類聚》卷二四、《太平御覽》卷四五三及卷八四四引無"行"字。

　　[10] 其具：趙幼文《校箋》謂《藝文類聚》卷二四、《群書治要》卷二七、《白孔六帖》卷三九、《太平御覽》卷四五三引"其"字俱作"淫"。

　　[11] 滑（gǔ）稽：謂能言善辯，言辭流利。百衲本《史記》卷一二六《滑稽列傳》司馬貞《索隱》云："滑，謂亂也；稽，同也。言辯捷之人，言非若是，説是若非，能亂異同也。"又"崔浩云：滑音骨；稽，流酒器也。轉注吐酒，終日不已。言出口成章，詞不窮竭，若滑稽之吐酒"。

　　伊籍字機伯，山陽人也。[1]少依邑人鎮南將軍劉表。[2]先主之在荆州，籍常往來自託。表卒，遂隨先主南渡江，從入益州。益州既定，以籍爲左將軍從事中郎，見待亞於簡雍、孫乾等。遣東使於吳，孫權聞其才辯，欲逆折以辭。籍適入拜，權曰："勞事無道之君乎？"籍即對曰："一拜一起，未足爲勞。"籍之機捷，類皆如此，權甚異之。後遷昭文將軍，[3]與諸葛亮、法正、劉巴、李嚴共造《蜀科》；[4]《蜀科》之制，由此五人焉。

　　[1] 山陽人也：百衲本、盧弼《集解》本、校點本無"也"字，殿本有。今從殿本。又潘眉《考證》云："山陽，郡名，其邑未詳。下云'少依邑人劉表'，然則籍山陽高平人也。"

　　[2] 鎮南將軍：官名。將軍名號之一，東漢末有鎮東、西、南、北將軍各一人。

　　[3] 昭文將軍：官名。蜀漢置。

　　[4] 蜀科：書名。蜀漢法律條令之專集，凡二卷，已佚。

　　秦宓字子勅，廣漢緜竹人也。[1]少有才學，州郡辟
命，輒稱疾不往。奏記州牧劉焉，薦儒士任定祖曰：[2]
"昔百里、蹇叔以耆艾而定策，[3]甘羅、子奇以童冠而
立功，[4]故《書》美黃髮，[5]而《易》稱顏淵，[6]固知
選士用能，不拘長幼，明矣。乃者以來，海內察舉，
率多英雋而遺舊齒，衆論不齊，異同相半，此乃承平
之翔步，非亂世之急務也。夫欲救危撫亂，脩己以安
人，則宜卓犖超倫，與時殊趣，震驚鄰國，駭動四方，
上當天心，下合人意；天人既和，內省不疚，雖遭凶
亂，何憂何懼！昔楚葉公好龍，[7]神龍下之，好僞徹
天，何況於真？今處士任安，仁義直道，流名四遠，
如今見察，[8]則一州斯服。昔湯舉伊尹，不仁者遠，[9]
何武貢二龔，[10]雙名竹帛，[11]故貪尋常之高而忽萬仞
之嵩，[12]樂面前之飾而忘天下之譽，斯誠往古之所重
慎也。甫欲鑿石索玉，剖蚌求珠，今乃隨、和炳
然，[13]有如皎日，復何疑哉！誠知晝不操燭，日有餘
光，[14]但愚情區區，[15]貪陳所見。"〔一〕

　　〔一〕《益部耆舊傳》曰：安，廣漢人。少事聘士楊厚，[16]究
極圖籍，游覽京師，還家講授，與董扶俱以學行齊聲。郡請功曹，
州辟治中、別駕，終不久居。舉孝廉、茂才，[17]太尉載辟，[18]除
博士，[19]公車徵，[20]皆稱疾不就。州牧劉焉表薦安味精道度，屬
節高邈，揆其器量，國之元寶，宜處弼疑之輔，[21]以消非常之咎。
玄纁之禮，[22]所宜招命。王塗隔塞，遂無聘命。年七十九，建安
七年卒，門人慕仰，爲立碑銘。[23]後丞相亮問秦宓以安所長，宓
曰："記人之善，忘人之過。"

　　［1］緜竹：縣名。治所在今四川德陽市黃許鎮。

　　［2］任定祖：任安字定祖。《後漢書》卷七九《儒林傳》有傳。

　　［3］百里：即百里傒。春秋時曾爲虞國大夫。晋滅虞，百里傒被俘，又作陪嫁臣被送入秦國。後逃亡至楚，被楚人所執。秦穆公聞百里傒賢，因以五羖羊皮贖之，任之以國政，號曰五羖大夫。時百里傒已七十餘歲。百里傒又薦其老友蹇叔，説蹇叔多次指點自己，方免於難。秦穆公又使人厚禮迎蹇叔，以爲上大夫。（見《史記》卷五《秦本紀》）　定策：百衲本作“治策”，今從殿本等作“定策”。

　　［4］甘羅：戰國末人，甘茂之孫。十二歲即爲秦相呂不韋之下屬。秦始皇欲擴大河間之地，命甘羅出使趙國。甘羅遂説趙王割五城與秦，以功得爲上卿。（見《史記》卷七一《甘茂列傳》）　子奇：戰國人。《文選》潘正叔《贈河陽詩》：“密生化單父，子奇莅東阿。”李善注：“《説苑》曰：子奇年十八，齊君使治阿，既行，齊君悔之，遣使追。使者返，曰：‘子奇必能矣。共載者皆白首也。’子奇至阿，鑄庫兵以爲耕器。魏聞童子爲君，庫無兵，倉無粟，乃起兵擊之。阿人父率子，兄率弟，以私兵戰，遂敗魏師。”

　　［5］黃髮：指高壽老人。老人髮白，白久則黃，故以黃髮稱之。《尚書·秦誓》：“惟今之謀人，姑將以爲親。雖則云然，尚猷詢兹黃髮，則罔所愆。”據《書序》云，《秦誓》乃秦晋崤之戰後秦穆公悔己之過而爲誓以戒群臣之作。此事見《左傳》僖公三十二年、三十三年。秦穆公欲擊鄭國，詢問於蹇叔。蹇叔以爲不可。穆公不聽，使孟明、西乞、白乙等率軍前往。蹇叔哭着送行，曰：“孟子！吾見師之出而不見其入也！”蹇叔之子亦在軍中，又哭着告之曰：“晋人禦師必於殽（即崤），殽有二陵焉。其南陵，夏后皋之墓也；其北陵，文王之所辟風雨也。必死是間，余收爾骨焉！”（《左傳·僖公三十二年》）秦軍東行後，以爲鄭國有備，遂返回。行至崤山，果遭晋軍之襲擊，秦軍大敗，孟明、西乞、白乙被俘。

後孟明等被釋回國，秦穆公向師而哭曰：“孤違蹇叔，以辱二三子，孤之罪也。”（《左傳·僖公三十三年》）故《秦誓》中有“尚猷詢茲黃髮，則罔所愆”之語。

[6] 顏淵：孔子最得意之弟子，名回，字子淵。《易·繫辭下》：“子曰：‘顏氏之子，其殆庶幾乎！有不善，未嘗不知；知之，未嘗復行也。’”

[7] 葉（shè）公好龍：《新序·雜事》：“葉公子高好龍，鈎以寫龍，鑿以寫龍，屋室雕文以寫龍。於是天龍聞而下之，窺頭於牖，拖尾於堂。葉公見之，棄而還走，失其魂魄，五色無主。是葉公非好龍也，好夫似龍而非龍者也。”

[8] 如今：盧弼《集解》本、校點本“今”字作“令”，百衲本、殿本作“今”，蕭常《續後漢書》、宋本《冊府元龜》卷八二八引亦作“今”。今從百衲本等。

[9] 不仁者遠：《論語·顏淵》：“子夏曰：‘湯有天下，選於衆，舉伊尹，不仁者遠矣。’”

[10] 何武：漢成帝時曾爲司隷校尉、京兆尹等。後因事徙爲楚内史，又徙爲沛郡太守。後進爲御史大夫、大司空等。《漢書》卷八六《何武傳》云：“武爲人仁厚，好進士，獎稱人之善。爲楚内史厚兩龔，在沛郡厚兩唐，及爲公卿，薦之朝廷。此人顯於世者，何侯力也，世以此多焉。”顏師古注：“兩龔，龔勝、龔舍也。兩唐，唐林、唐尊也。”

[11] 雙名：趙幼文《校箋》謂蕭常《續後漢書》“雙”字作“垂”。

[12] 仞：古八尺爲一仞。

[13] 隨和：指隨侯珠、和氏璧，爲寶珠珍玉。

[14] 日：盧弼《集解》本作“自”，百衲本、殿本、校點本作“日”。今從百衲本等。

[15] 愚情：殿本、盧弼《集解》本作“餘情”，百衲本、校點本作“愚情”。今從百衲本等。

［16］聘士：猶徵士。即不應朝廷徵聘的隱士。

［17］茂才：即秀才，東漢人避光武帝劉秀諱改，爲漢代薦舉人材科目之一。東漢之制，州牧刺史歲舉一人。三國沿之，或稱秀才。

［18］太尉：官名。東漢時與司徒、司空並爲三公，共同行使宰相職能，而位列三公之首，名位甚重，或與太傅並録尚書事，綜理全國軍政事務。　載：通“再”。

［19］博士：官名。掌教授經學。

［20］公車：官署名。以公車司馬令主之。東漢時掌皇宮南闕門，並接待臣民上書及徵召。

［21］弼疑：輔佐君王之臣。《尚書大傳》卷二：“古者天子必有四鄰：前曰疑，後曰丞，左曰輔，右曰弼。”

［22］玄纁（xūn）：黑色和淺紅色的布帛。帝王常用作延聘賢士之禮品。

［23］立：殿本、盧弼《集解》本作“之”，百衲本、校點本作“立”。今從百衲本等。

劉璋時，宓同郡王商爲治中從事，與宓書曰：“貧賤困苦，亦何時可以終身！卞和衒玉以燿世，[1]宜一來，與州尊相見。”宓答書曰：“昔堯優許由，[2]非不弘也，洗其兩耳；楚聘莊周，[3]非不廣也，執竿不顧。《易》曰‘確乎其不可拔’，[4]夫何衒之有？且以國君之賢，子爲良輔，[5]不以是時建蕭、張之策，[6]未足爲智也。僕得曝背乎隴畝之中，[7]誦顏氏之簞瓢，[8]詠原憲之蓬户，[9]時翱翔於林澤，與沮、溺之等儔，[10]聽玄猿之悲吟，[11]察鶴鳴於九皋，[12]安身爲樂，無憂爲福，處空虛之名，居不靈之龜，[13]知我者希，則我貴矣。

斯乃僕得志之秋也，何困苦之戚焉！”後商爲嚴君平、李弘立祠，宓與書曰：“疾病伏匿，甫知足下爲嚴、李立祠，可謂厚黨勤類者也。觀嚴文章，冠冒天下，由、夷逸操，[14]山嶽不移，使揚子不歡，[15]固自昭明。如李仲元不遭《法言》，[16]令名必淪，其無虎豹之文故也，可謂攀龍附鳳者矣。[17]如揚子雲潛心著述，有補於世，泥蟠不滓，[18]行參聖師，于今海内，談詠厥辭。邦有斯人，以耀四遠，怪子替兹，不立祠堂。蜀本無學士，文翁遣相如東受七經，[19]還教吏民，於是蜀學比於齊、魯。故《地里志》曰：[20]‘文翁倡其教，相如爲之師。’漢家得士，盛於其世；仲舒之徒，[21]不達封禪，[22]相如制其禮。[23]夫能制禮造樂，移風易俗，非禮所秩有益於世者乎！雖有王孫之累，[24]猶孔子大齊桓之霸，[25]公羊賢叔術之讓。[26]僕亦善長卿之化，宜立祠堂，速定其銘。”

先是，李權從宓借《戰國策》，宓曰：“戰國從橫，用之何爲？”權曰：“仲尼、嚴平，[27]會聚衆書，以成《春秋》《指歸》之文，[28]故海以合流爲大，君子以博識爲弘。”宓報曰：“書非史記周圖，仲尼不采；道非虛無自然，[29]嚴平不演。海以受淤，歲一蕩清；君子博識，非禮不視。今戰國反覆儀、秦之術，[30]殺人自生，亡人自存，經之所疾。故孔子發憤作《春秋》，大乎居正，復制《孝經》，[31]廣陳德行。杜漸防萌，預有所抑，是以老氏絕禍於未萌，[32]豈不信邪！成湯大聖，覩野魚而有獵逐之失，[33]定公賢者，[34]見女樂而棄朝事，〔一〕若此輩類，焉可勝陳。道家法曰：[35]‘不見所欲，[36]使心不亂。’是故天地貞觀，[37]日月貞明；其直如矢，君子所履。《洪範》記災，[38]發於言貌，何戰國之譎權乎哉！”

〔一〕臣松之案：書傳魯定公無善可稱。宓謂之賢者，淺學所未達也。

[1]卞和：春秋楚人。《史記》卷八三《鄒陽列傳》：“昔卞和獻寶，楚王刖之。”此事見《韓非子·和氏》。相傳和氏在楚山中得玉璞，先後獻與楚厲王、武王，皆以爲欺詐，被砍去雙脚。楚文王即位，和氏抱璞哭於楚山之下，文王命玉人琢璞，果得寶玉，因名曰“和氏璧”。

[2]許由：傳說堯時之隱士。《史記》卷六一《伯夷列傳》張守節《正義》引皇甫謐《高士傳》云：“許由字武仲。堯聞致天下而讓焉，乃退而遁於中岳潁水之陽，箕山之下隱。堯又召爲九州長，由不欲聞之，洗耳於潁水濱。”

[3]楚聘莊周：《莊子·秋水》：“莊子釣於濮水，楚王使大夫二人往先焉，曰：‘願以境內累矣。’莊子持竿不顧，曰：‘吾聞楚有神龜，死已三千歲矣，王巾笥而藏之廟堂之上。此龜者，寧其死爲留骨而貴乎，寧其生而曳尾於塗中乎？’二大夫曰：‘寧生而曳尾塗中。’莊子曰：‘往矣！吾將曳尾於塗中。’”

[4]確乎其不可拔：此語見《易·乾》文言。

[5]良輔：趙幼文《校箋》謂蕭常《續後漢書》“良”字作“之”。

[6]蕭張：指蕭何、張良。漢高祖劉邦之功臣。

[7]曝背乎隴畝：謂耕耘土地。

[8]顏氏：指顏回。《論語·雍也》：“子曰：‘賢哉，回也！

一簞食，一瓢飲，在陋巷，人不堪其憂，回也不改其樂。賢哉，回也！'"簞（dān），古代盛飯的圓形竹器。

[9]原憲：孔子弟子。《莊子·讓王》云："原憲居魯，環堵之室，茨以生草，蓬戶不完，桑以爲樞，而甕牖二室，褐以爲塞，上漏下濕，匡坐而弦。"

[10]沮溺：指長沮、桀溺。春秋時的隱士。《論語·微子》："長沮、桀溺耦而耕，孔子過之，使子路問津焉。"

[11]玄猿：黑色猿。《文選》司馬相如《長門賦》："孔雀集而相存兮，玄猿嘯而長吟。"

[12]九皋：曲折的沼澤。《詩·小雅·鶴鳴》："鶴鳴于九皋，聲聞于野。"

[13]靈之龜：即上引《莊子·秋水》之"神龜"。

[14]由：指許由。 夷：指伯夷。殷末孤竹君之子。父欲立其弟叔齊。及父死，叔齊讓伯夷。伯夷不受而逃，叔齊亦不肯立而與之逃。二人欲投奔周西伯，及至，西伯卒，武王出師伐紂。伯夷、叔齊攔馬諫阻。及武王滅殷，伯夷、叔齊恥食周粟，隱於首陽山而餓死。（見《史記·伯夷列傳》）

[15]揚子：百衲本、殿本"揚"字作"楊"，盧弼《集解》本、校點本作"揚"。今從《集解》本等。揚子，指揚雄。雄字子雲，西漢成都人。博學多識，尤善辭賦。經歷漢成帝、哀帝、平帝三朝，曾任郎官、給事黃門郎。著有《法言》《太玄》《訓纂》等（見《漢書》卷八七《揚雄傳》）。《華陽國志》卷一〇上載揚雄贊歎嚴君平曰："不慕夷即由矣"；"不作苟見，不治苟得，久幽而不改其操，雖隨、和何以加諸！"

[16]法言：《法言·淵騫篇》有稱贊李仲元之言曰："不屈其意，不累其身"；"仲元，世之師也。見其貌者肅如也，聞其言者愀如也，觀其行者穆如也"；"非正不視，非正不聽，非正不言，非正不行"。

[17]攀龍附鳳：比喻依附有聲望之人而揚名。《法言·淵騫

篇》："攀龍麟，附鳳翼，巽以揚之，勃勃乎其不可及也。"

[18] 泥蟠不滓：蟠曲泥中而不受污。《法言·問神篇》："龍蟠於泥，蚖（蜥蜴）其肆矣。蚖哉！蚖哉！惡睹龍之志也歟！"

[19] 文翁：西漢廬江郡舒縣（今安徽舒城縣東南）人。漢景帝末，爲蜀郡守，見蜀地文化落後，乃選郡縣小吏聰慧有材者張叔等十餘人，至京師從博士受學，學成後回歸，文翁皆授以高職。文翁又在成都建立學校，招收各縣子弟入學，予以優待，求學者衆多，數年間學風大盛，可比之於齊、魯。（見《漢書》卷八九《文翁傳》）　相如：指司馬相如。西漢成都人，字長卿。長於辭賦。漢景帝時曾爲武騎常侍，因病免。漢武帝好辭賦，又召至京師，任爲郎。後奉命出使西南，拜爲孝文園令。辭賦以《子虛賦》《上林賦》最有名。（見《漢書》卷五七《司馬相如傳》）又按，《文翁傳》文翁遣至京師受學者乃"張叔等十餘人"，未言司馬相如；《司馬相如傳》亦未言相如受文翁之遣至京受學事；《漢書·地理志》雖有"文翁倡其教，相如爲之師"之説，但細玩上下文，相如之爲師，係指文章辭賦爲蜀士後學之師，與文翁建學置師似無關係。未知秦宓此説何據。　七經：《後漢書》卷三五《張純傳》"乃案七經讖"，李賢注："七經，《詩》《書》《禮》《樂》《易》《春秋》及《論語》也。"

[20] 地里志：即《漢書·地理志》。

[21] 仲舒：指董仲舒。西漢廣川（今河北棗强縣東南）人。專精《春秋》，漢景帝時爲博士。武帝時以賢良對策，得到重視，命以爲江都相，又爲膠西相。後託病辭官，居家講學著述，而朝廷有大議，每使使問之。（見《漢書》卷五六《董仲舒傳》）

[22] 封禪：古代帝王在泰山、梁甫舉行的祭天地大典。即在泰山上築壇祭天，報天之功，稱封；在泰山下的梁甫山上闢場祭地，報地之德，稱禪。

[23] 相如制其禮：《漢書·司馬相如傳》云："相如既病免，家居茂陵。天子曰：'司馬相如病甚，可往從悉取其書，若後之

矣。'使所忠往，而相如已死，家無遺書。問其妻，對曰：'長卿未嘗有書也。時時著書，人又取去。長卿未死時，爲一卷書，曰有使來求書，奏之。'其遺札書言封禪事，所忠奏焉，天子異之。"此即《封禪書》，《史記》《漢書》均載其文。《漢書》又云："相如既卒五歲，上始祭后土。八年而遂禮中岳，封於太山，至梁甫，禪肅然。"

　　[24] 王孫：指卓王孫。臨邛（今四川邛崍市）富人。其女文君，被司馬相如所挑引，文君亦喜相如，竟私奔之。（見《漢書·司馬相如傳》）

　　[25] 孔子大齊桓之霸：《論語·憲問》中孔子稱贊齊桓公霸業之語："桓公九合諸侯，不以兵車，管仲之力也。""管仲相桓公，霸諸侯，一匡天下，民到於今受其賜。""晋文公譎而不正，齊桓公正而不譎。"

　　[26] 公羊賢叔術之讓：《公羊傳·昭公三十一年》云："賢者子孫，宜有地也。賢者孰謂？謂叔術也。何賢乎叔術？讓國也。"叔術，邾婁國（《左傳》等作"邾"，先都於今山東曲阜市東南，後都於今鄒城市東南）顏公之弟，顏公死，被周天子立爲國君。叔術又娶顏公夫人爲妻。顏公夫人先有顏公之子，叔術甚愛其子，後遂讓國於子。

　　[27] 嚴平：即嚴君平。

　　[28] 春秋：《史記》卷四七《孔子世家》謂孔子"因史記作《春秋》，上至隱公，下訖哀公十四年，十二公。據魯，親周，故殷，運之三代"，"《春秋》之義行，則天下亂臣賊子懼焉"。　指歸：指《老子指歸》。《隋書·經籍志》著録《老子指歸》十一卷，嚴遵注。《舊唐書·經籍志》《新唐書·藝文志》皆謂《老子指歸》十四卷。正統《道藏》又稱《老子指歸》爲《道德真經指歸》。

　　[29] 虛無：百衲本"虛"字作"盈"，殿本、盧弼《集解》本、校點本作"虛"，蕭常《續後漢書》亦作"虛"。今從殿本等。

　　[30] 儀秦：指張儀、蘇秦，戰國縱橫家。事見《史記》卷六

九《蘇秦列傳》、卷七〇《張儀列傳》。

［31］孝經：《漢書·藝文志》云：“《孝經》者，孔子爲曾子陳孝道也。”這是説《孝經》爲孔子所作。而《史記·仲尼弟子列傳》又謂曾子“作《孝經》”。但此説不爲漢魏人所重視，漢魏人普遍認爲《孝經》爲孔子所作。至宋代，始有學者懷疑《孝經》爲孔子或曾子所作，提出作者爲曾子門人或子思，但皆無實證。經現代學者研究，《孝經》當成書於公元前三世紀間，作者已不可考。

［32］老氏絶禍於未萌：《老子》第六十四章云：“其安易持，其未兆亦謀，其脆易泮，其微易散。爲之於未有，治之於未亂。”

［33］野魚：趙幼文《校箋》謂《太平御覽》卷六一八（當作六一九）引“魚”字作“漁”。按，盧弼《集解》引何焯曰：“湯事未詳。”

［34］定公：指春秋時魯定公。《史記·孔子世家》謂孔子在魯定公時爲相三月，國内大治。齊國恐懼，慮魯强必爲霸。“於是選齊國中女子好者八十人，皆衣文衣而舞《康樂》，文馬三十駟，遺魯君。”定公在季桓子的慫恿下，“往觀終日，怠於政事”。

［35］道家法：《老子》第三章云：“不見可欲，使民心不亂。”

［36］所欲：趙幼文《校箋》謂《太平御覽》卷六一八（當作六一九）引“所”字作“可”。

［37］是故：趙幼文《校箋》謂《太平御覽》引“是故”下有“君子無以懿文德也”八字。　貞觀：謂以正道示人。《易·繫辭下》：“天地之道，貞觀者也。日月之道，貞明者也。”孔穎達疏：“天覆地載之道以貞正得一，故其功可爲物之所觀也。”

［38］洪範：《尚書》中之一篇。古代對此篇的形成，説法較多，且不大可信。近世學者研究認爲，乃戰國間作品。篇中認爲龜筮可預測人事吉凶禍福、國家之治亂興衰，能使氣象變化，等等。

或謂宓曰：“足下欲自比於巢、許、四皓，[1]何故揚文藻見瑰穎乎？"[2]宓答曰："僕文不能盡言，言不能盡意，[3]何文藻之有揚乎！[4]昔孔子三見哀公，言成七卷，[5]事蓋有不可嘿嘿也。〔一〕接輿行且歌，[6]論家以光篇；漁父詠滄浪，[7]賢者以耀章。此二人者，非有欲於時者也。夫虎生而文炳，鳳生而五色，豈以五采自飾畫哉？天性自然也。蓋《河》《洛》由文興，[8]六經由文起，[9]君子懿文德，采藻其何傷！以僕之愚，猶恥革子成之誤，況賢於己者乎！"〔二〕

〔一〕劉向《七略》曰：[10]孔子三見哀公，作《三朝記》七篇，[11]今在《大戴禮》。[12]臣松之案：《中經部》有《孔子三朝》八卷，[13]一卷目録，餘者所謂七篇。

〔二〕臣松之案：今《論語》作棘子成。[14]子成曰："君子質而已矣，何以文為！"屈於子貢之言，[15]故謂之誤也。

[1] 巢許：指巢父、許由。傳説堯時的隱士。《史記》卷六一《伯夷列傳》張守節《正義》引皇甫謐《高士傳》謂堯讓天下於許由，許由不受，遁於潁水之陽箕山之下。堯又召之為九州長，"由不欲聞之，洗耳於潁水之濱。時有巢父牽犢欲飲之，見由洗耳，問其故。對曰：'堯欲召我為九州長，惡聞其聲，是故洗耳。'巢父曰：'子若處高岸深谷，人道不通，誰能見子？子故浮游，欲聞求其名譽。污吾犢口。'牽犢上流飲之"。　四皓：指商山四皓。漢初隱於商山的四位老人，名東園公、綺里季、夏黃公、角（又作"甪"，音ㄌㄨˋ）里先生。四人鬚眉皆白，故稱四皓。漢高祖劉邦召，不應。後劉邦欲廢太子，呂后用張良計，迎四皓以輔太子。劉邦見四人已從太子，因輟廢太子之議。（見《史記》卷五五《留侯世家》）

〔2〕璝穎：奇特的才智。

〔3〕僕文不能盡言言不能盡意：殿本《考證》云：“《册府》作‘僕聞書不能盡言言不能盡意’。”趙幼文《校箋》云：“《册府》見卷八三三引。《易·繫辭》：‘書不盡言，言不盡意。’宓蓋本之。”按，宋本《册府元龜》仍作“僕文不能盡言言不能盡意”。

〔4〕文藻之有揚：趙幼文《校箋》謂蕭常《續後漢書》無“有”字。

〔5〕七卷：趙幼文《校箋》謂《册府元龜》八三三引“卷”字作“篇”。按，宋本《册府元龜》作“事”。

〔6〕接輿：春秋時楚國之隱士。《論語·微子》：“楚狂接輿歌而過孔子曰：‘鳳兮鳳兮！何德之衰？往者不可諫，來者猶可追。已而已而！今之從政者殆而！’”

〔7〕漁父：屈原《楚辭·漁父》中之漁翁。《楚辭》謂屈原被放逐後，漫游至江邊，遇漁父而問之。屈原與之對答後，漁父歌曰：“滄浪之水清兮，可以濯吾纓。滄浪之水濁兮，可以濯吾足。”

〔8〕河：指《河圖》。傳説的八卦。《尚書·顧命》：“大玉、夷玉、天球、河圖，在東序。”孔安國傳：“《河圖》，八卦。伏犧王天下，龍馬出河，遂則其文以畫八卦，謂之《河圖》。” 洛：指《洛書》。傳説的《尚書·洪範》“九疇”。《尚書·洪範》：“天乃錫禹《洪範》九疇，彝倫攸叙。”孔安國傳：“天與禹，洛出書。神龜負文而出，列於背，有數至於九。禹遂因而第之以成九類常道。”

〔9〕六經：指《周易》《尚書》《詩經》《儀禮》《春秋》《樂》。

〔10〕七略：書目名。西漢劉歆撰。漢成帝時，歆父劉向受命整理群書，成《別録》。向卒後，歆在《別録》基礎上，撰成《輯略》《六藝略》《諸子略》《詩賦略》《兵書略》《術數略》《方技略》等七篇，合稱《七略》。它是我國第一部有系統的圖書分類目録。《漢書·藝文志》即在《七略》基礎上撰成。《隋書》《舊唐

書》之《經籍志》、《新唐書·藝文志》皆著録劉歆《七略》七卷。後佚，今有清代馬國翰、姚振宗等輯本。

　　[11] 三朝記：書名。《漢書·藝文志》著録《孔子三朝》七篇。顏師古注云：“今《大戴禮》有其一篇。蓋孔子對哀公語也，三朝見公，故曰三朝。”潘眉《考證》引宋王應麟說，謂七篇即《大戴禮記》中的《千乘》《四代》《虞戴德》《誥志》《小辨》《用兵》《少間》等。

　　[12] 大戴禮：書名。相傳爲西漢戴德所選編，共八十五篇。因戴德之從兄子戴聖亦有一選編本，共四十九篇。後人遂稱戴德所編本爲《大戴禮記》，戴聖所編本爲《小戴禮記》（即《禮記》）。後來《小戴禮記》因文字比較通暢，難度較小，遂得以廣泛傳習。《大戴禮記》之研讀者則較少，至唐代已佚四十六篇，留傳至今僅三十九篇（其中《盛德》《明堂》實爲一篇）。

　　[13] 中經部：本作《中經簿》。西晋荀勖所撰之目録書。詳見本書卷一三《王肅傳》注。

　　[14] 棘子成：徐紹楨《質疑》云：“棘子成，《漢書·古今人表》亦作‘革子成’，二字蓋通用。”棘子成，春秋衛國大夫。其語見《論語·顏淵》。

　　[15] 子貢：孔子弟子。《論語·顏淵》謂棘子成說了以上之言後，子貢即反駁說：“惜乎，夫子之說君子也！駟不及舌。文猶質也，質猶文也。虎豹之鞟猶犬羊之鞟。”

　　先主既定益州，廣漢太守夏（侯）纂請宓爲師友祭酒，[1]領五官掾，[2]稱曰仲父。宓稱疾，臥在第舍，[3]纂將功曹古朴、主簿王普，[4]廚膳即宓第宴談，宓臥如故。纂問朴曰：“至於貴州養生之具，實絶餘州矣，不知士人何如餘州也？”朴對曰：“乃自先漢以來，[5]其爵位者或不如餘州耳，至於著作爲世師式，不負於餘州也。嚴君平見黃、老作《指歸》，揚雄見《易》作《太玄》，[6]見《論語》作《法言》，司馬相如爲武帝制封禪之文，于今天下所共聞也。"纂曰："仲父何如？"宓以簿擊頰，[一][7]曰："願明府勿以仲父之言假於小草，[8]民請爲明府陳其本紀。蜀有汶阜之山，[9]江出其腹，帝以會昌，神以建福，故能沃野千里。[二]淮、濟四瀆，[10]江爲其首，此其一也。禹生石紐，[11]今之汶山郡是也。[三][12]昔堯遭洪水，鯀所不治，[13]禹疏江決河，東注于海，爲民除害，生民已來功莫先者，此其二也。天帝布治房、心，[14]決政參、伐，[15]參、伐則益州分野，[16]三皇乘祇車出谷口，[17]今之斜谷是也。[四][18]此便鄙州之阡陌，明府以雅意論之，何若於天下乎？"於是纂逡巡無以復答。

〔一〕簿，手版也。

〔二〕《河圖括地象》曰：岷山之地，[19]上爲東井絡，[20]帝以會昌，神以建福，上爲天井。

左思《蜀都賦》曰：遠則岷山之精，上爲井絡，天地運期而會昌，景福肸蠁而興作。[21]

〔三〕《帝王世紀》曰：[22]鯀納有莘氏女曰志，是爲脩己。上山行，見流星貫昴，[23]夢接意感，又吞神珠（臆妃）〔薏苡〕，胸坼而生禹於石紐。[24]

譙周《蜀本紀》曰：禹本汶山廣柔縣人也，[25]生於石紐，其地名刳兒坪，見《世帝紀》。[26]

〔四〕《蜀記》曰：三皇乘祇車出谷口。未詳宓所由知爲斜谷也。

　　[1] 夏纂：各本皆作"夏侯纂"。吳金華《校詁》謂《藝文類聚》卷四六、《太平御覽》卷二三六引作"夏纂"，《後漢書》卷八二下《董扶傳》李賢注引《蜀志》亦作"夏纂"。今據三書刪"侯"字。　師友祭酒：官名。漢代郡、縣，除選拔一些人才擔任具體職務外，還對郡縣內一些德行高或才能出眾而又不願擔任具體職務的人，以無具體職事的散吏名義聘養在府中，待以師友之禮。其中地位最高者稱爲祭酒，師友祭酒即其中之一；再如決疑祭酒、東閣祭酒等亦是。後世或沿襲。

　　[2] 五官掾：官名。漢代之郡國屬吏，地位僅次於功曹，祭祀居諸吏之首，無固定職掌，凡功曹及諸曹員吏出缺，即代理其職務。

　　[3] 第舍：殿本、盧弼《集解》本作"茅舍"，百衲本、校點本作"第舍"。今從百衲本等。

　　[4] 主簿：官名。郡府屬吏。職爲典領文書，辦理事務。

　　[5] 以來：百衲本"以"作"已"，殿本、盧弼《集解》本、校點本作"以"。按，二字通，今從殿本等。

　　[6] 太玄：《漢書・揚雄傳贊》謂揚雄"以爲經莫大於《易》，故作《太玄》；傳莫大於《論語》，作《法言》；史篇莫善於《倉頡》，作《訓纂》"。

　　[7] 擊頰：同"搏頰"。打嘴巴。古人乞求之方式。

　　[8] 明府：對郡太守的敬稱。　　小草：小民，草民。秦宓自稱。

　　[9] 汶阜之山：即岷山。在今四川松潘縣北。《山海經・海內東經》："大江出汶山。"即此山。

　　[10] 四瀆：四大河川。《爾雅・釋水》："江、河、淮、濟爲四瀆。四瀆者，發源注海者也。"

　　[11] 石紐：地名。在今四川汶川縣西北石紐山下。《史記》卷二《夏本紀》張守節《正義》引揚雄《蜀王本紀》："禹本汶山郡廣柔縣人也，生於石紐。"

　　[12] 汶山郡：治所綿虒道，在今四川汶川縣西南綿虒鎮。

[13] 鯀（gǔn）：禹之父，因治水無功，被舜誅於羽山。（見《史記》卷二《夏本紀》）

[14] 房心：星宿名。二十八宿中房宿和心宿之並稱。《史記·天官書》司馬貞《索隱》引《春秋説題辭》云：“房、心爲明堂，天王布政之宫。”

[15] 參伐：星宿名。參是二十八宿之一，西方白虎七宿之末一宿。有星十顆。伐是參宿中一字斜排的三顆小星。《晉書·天文志》謂參宿“又爲天獄，主殺伐。又主權衡，所以平理也”。《史記·天官書》張守節《正義》引《春秋運斗樞》又云：“參、伐，事主斬艾。”

[16] 分野：古代天象家將天空分爲十二次，與地上州國的位置相呼應，稱爲分野。《史記·天官書》：“觜觿、參，益州。”趙幼文《校箋》云：“《開元占經·西方七宿占》引《黄帝占》云：‘參中央三小星曰伐。’鄭注《周禮·考工記》謂‘伐屬白虎宿’，白虎在西，益州在中原之西，故宓遂謂參伐爲益州分野也。”

[17] 三皇：《白虎通·號》云：“三皇者何謂也？謂伏羲、神農、燧人也。”

[18] 斜（yé）谷：斜谷在今陝西眉縣西南，爲古褒斜道之北口。古褒斜道，北起斜谷，南至褒谷（在褒城鎮北），總計四百七十里，爲秦蜀間險要之道。（本《讀史方輿紀要》卷五六）

[19] 河圖括地象：讖緯書名。《隋書·經籍志》僅著録《河圖》二十卷，無篇名。隋煬帝時嚴屬禁絶，讖緯之書不再流傳。此《河圖括地象》又見《昭明文選》左思《蜀都賦》劉淵林注引。
岷山之地：趙幼文《校箋》云：“‘地’當作‘籍’，《水經·江水注》引正作‘籍’。”按，《水經·江水注》引不作“籍”而作“精”。楊守敬疏云：“考《類聚》七、八、《文選·江賦》注、《事類賦注》七引《河圖》並作‘之地’，《蜀都賦》作‘之精’，據上‘昞靈’字，此蓋參以《蜀都賦》。”

[20] 東井絡：趙幼文《校箋》云：“《蜀都賦》李注引劉淵林

注無'東'字。"按,《水經·江水注》楊守敬疏云:"趙(一清)
云:按《蜀志·秦宓傳》注引《河圖括地象》作'上爲東井絡',
至《蜀都賦》乃省裁'東'字。"井絡,謂井宿區域。井宿是二十
八宿中,南方朱雀七宿的第一宿,亦稱東井。

[21] 肦(xǐ)饗(xiǎng):肦,各本皆作"肦",校點本據《昭
明文選》左思《蜀都賦》改爲"肹",而胡刻《昭明文選》正作
"肦",是二字相同,不煩改動。肦饗,散布,彌漫。《玉篇·十部》:
"肹,許乞切。饗,布也。今爲'肦'。"

[22] 帝王世紀:《晋書》卷五一《皇甫謐傳》謂謐撰有《帝
王世紀》。《隋書·經籍志》著録《帝王世紀》十卷,皇甫謐撰。
起三皇,盡漢魏。《宋史·藝文志》尚著録九卷。後亡佚。

[23] 昴(mǎo):星名。二十八宿中西方白虎七宿之一,有
星四顆。

[24] 薏苡:各本作"臆圮"。趙幼文《校箋》云:"《史記·
夏本紀》'名曰文命'正義:《帝王紀》云:'父鯀妻修己,見流星
貫昴,夢接意感,又吞神珠薏苡,胸坼而生禹。'《御覽》卷八十
二引'臆圮'亦作'薏苡'。疑此'臆圮'爲'薏苡'之形誤。
坼,《説文·土部》:'坼,裂也。'作'坼'字是。"按,趙説是。
薏苡,即薏苡仁,淡褐色,似珠,去殼爲白色,可食用。又"坼"
字,百衲本、殿本、盧弼《集解》本作"坼",校點本作"折"。
今從百衲本等及趙説改。

[25] 廣柔:縣名。治所在今四川理縣東北古城鄉。

[26] 世帝紀:書名。作者卷數未詳。已佚。

　　益州辟宓爲從事祭酒。[1]先主既稱尊號,將東征
吳,宓陳天時必無其利,坐下獄幽閉,[2]然後貸出。建
興二年,[3]丞相亮領益州牧,選宓迎爲別駕,尋拜左中
郎將、長水校尉。[4]吳遣使張溫來聘,百官皆往餞焉。

衆人皆集而宓未往，亮累遣使促之，溫曰：“彼何人也？”亮曰：“益州學士也。”及至，溫問曰：“君學乎？”宓曰：“五尺童子皆學，何必小人！”[5] 溫復問曰：“天有頭乎？”宓曰：“有之。”溫曰：“在何方也？”宓曰：“在西方。《詩》曰：‘乃眷西顧。’[6] 以此推之，頭在西方。”溫曰：“天有耳乎？”宓曰：“天處高而聽卑，《詩》云：‘鶴鳴九皋，[7] 聲聞于天。’若其無耳，何以聽之？”溫曰：“天有足乎？”宓曰：“有。《詩》云：‘天步艱難，之子不猶。’[8] 若其無足，何以步之？”溫曰：“天有姓乎？”宓曰：“有。”溫曰：“何姓？”宓曰：“姓劉。”溫曰：“何以知之？”答曰：“天子姓劉，故以此知之。”溫曰：“日生於東乎？”宓曰：“雖生于東而没於西。”答問如響，應聲而出，於是溫大敬服。宓之文辯，皆此類也。遷大司農，[9] 四年卒。初宓見帝系之文，五帝皆同一族，[10] 宓辨其不然之本。[11] 又論皇帝王霸（養）〔豢〕龍之説，[12] 甚有通理。譙允南少時數往諮訪，[13] 紀録其言於《春秋然否論》，[14] 文多故不載。

[1] 從事祭酒：官名。東漢末州府屬官，常爲榮譽散職。位在治中從事下。

[2] 幽閉：囚禁。

[3] 建興：蜀漢後主劉禪年號（223—237）。

[4] 左中郎將：官名。秩比二千石。漢代光禄勳下設五官、左、右三署，各置中郎將統領一署，各主其署郎官，爲皇帝侍衛。
長水校尉：官名。秩比二千石，掌京師宿衛兵。

　　[5] 何必：趙幼文《校箋》謂《華陽國志》"必"字作"況"。

　　[6] 乃眷西顧：《詩·大雅·皇矣》之語。趙幼文《校箋》謂此句下《太平御覽》卷一、《事類賦》卷一有"天若無頭何以顧之"八字。

　　[7] 鶴鳴九皋：殿本、盧弼《集解》本"鳴"下無"于"字，百衲本、校點本有。據近現代學者研究，唐以前之古本《詩》此句無"于"字。今從殿本等。又此語見《詩·小雅·鶴鳴》。

　　[8] 之子不猶：《詩·小雅·白華》之語。

　　[9] 大司農：官名。秩中二千石，漢列卿之一。掌全國租賦收入和國家財政開支；原屬少府管理的帝室財政開支，東漢時亦并歸大司農。蜀漢沿置。

　　[10] 五帝：《史記》卷一《五帝本紀》以黃帝、顓頊、帝嚳、堯、舜爲五帝。

　　[11] 辨：殿本、盧弼《集解》本作"辯"，百衲本、校點本作"辨"。今從百衲本等。

　　[12] 豢龍：各本皆作"養龍"。盧弼《集解》引何焯説"養"當作"豢"。校點本即從何説改。今從之。《左傳·昭公二十九年》："昔有飂（古國名）叔安，有裔子曰董父，實甚好龍，能求其耆欲以飲食之，龍多歸之，乃擾畜龍，以服事帝舜，帝賜之姓曰董，氏曰豢龍。"杜預注："豢龍，官名。官有世功，則以官氏。"

　　[13] 譙允南：譙周字允南。

　　[14] 春秋然否論：姚振宗《三國藝文志》謂譙周撰有《五經然否論》，《春秋然否論》即其中之篇目。

　　評曰：許靖夙有名譽，既以篤厚爲稱，又以人物爲意，雖行事舉動，未悉允當，蔣濟以爲"大較廊廟器"也。〔一〕麋竺、孫乾、簡雍、伊籍，皆雍容風議，見禮於世。秦宓始慕肥遯之高，[1]而無若愚之實。然專對有餘，文藻壯美，可謂一時之才士矣。

〔一〕《萬機論》論許子將曰：[2]許文休者，大較廊廟器也，而子將貶之。若實不貴之，是不明也；誠令知之，蓋善人也。

[1] 肥遯：隱退。《易·遯》上九：“肥遯，無不利。”孔穎達疏：“子夏傳曰：‘肥，饒裕也。’四五雖在於外，皆在內有應，猶有反顧之心，惟上九最在外極，無應於內，心無疑顧，是遯之最優，故曰肥遯。”後世因以肥遯指隱退。

[2] 萬機論：蔣濟撰。姚振宗《三國藝文志》謂蔣濟《萬機論》十卷。《館閣書目》謂該書雜論立政、用人、兵家之説，及考論前賢故事雜聞。　許子將：許劭字子將。